CONSTITUCIONALIZAÇÃO SUPERVENIENTE?

Melina Breckenfeld Reck

CONSTITUCIONALIZAÇÃO SUPERVENIENTE?

RENOVAR
Rio de Janeiro
2012

Todos os direitos reservados à
LIVRARIA E EDITORA RENOVAR LTDA.
MATRIZ: Rua da Assembléia, 10/2.421 - Centro - RJ
CEP: 20011-901 - Tel.: (21) 2531-2205 - Fax: (21) 2531-2135
FILIAL RJ: Tels.: (21) 2589-1863 / 2580-8596 - Fax: (21) 2589-1962

www.editorarenovar.com.br   SAC: 0800-221863
© 2012 by Livraria Editora Renovar Ltda.

Conselho Editorial:

Arnaldo Lopes Süssekind — Presidente
Antonio Celso Alves Pereira
Caio Tácito (*in memoriam*)
Carlos Alberto Menezes Direito (*in memoriam*)
Celso de Albuquerque Mello (*in memoriam*)
Gustavo Binenbojm
Gustavo Tepedino
Lauro Gama
Luís Roberto Barroso
Luiz Edson Fachin
Luiz Emygdio F. da Rosa Jr.
Manoel Vargas
Nadia de Araujo
Nelson Eizirik
Ricardo Lobo Torres
Ricardo Pereira Lira
Sergio Campinho

Capa: Agência Muu - Comunicação Integrada

Editoração Eletrônica: TopTextos Edições Gráficas Ltda.

466

CIP-Brasil. Catalogação-na-fonte
Sindicato Nacional dos Editores de Livros, RJ.

C186r   Reck, Melina Breckenfeld
Constitucionalização superveniente? / Melina Breckenfeld Reck. — Rio de Janeiro: Renovar, 2012.
273p. ; 21cm.

ISBN 978-85-7147-826-8
Inclui bibliografia.

1. Direito constitucional. I. Título.

CDD 346.810922

Proibida a reprodução (Lei 9.610/98)
Impresso no Brasil
Printed in Brazil

Aos meus pais, Garrone e Hilda, pela importância fundamental na minha formação como pessoa e cidadã.

In memorian de meu estimado avô, Miguel José Beltrão Breckenfeld.

Meus sinceros agradecimentos:

À Profa Regina Maria Macedo Nery Ferrari, orientadora deste trabalho, pela atenção, apoio e incentivo aos estudos de Direito Constitucional, desde os tempos de graduação;

Ao Prof. Clèmerson Merlin Clève, pelo estímulo na defesa de um Direito Constitucional emancipatório e pela inestimável contribuição à minha formação acadêmica e profissional;

Ao meu esposo, Rodrigo, pelo afeto incondicional e pela incansável atenção e colaboração;

Aos funcionários do Programa de Pós-Graduação em Direito e da Faculdade de Direito da UFPR, aos funcionários e colegas das Faculdades Integradas do Brasil - Grupo Educacional Unibrasil;

A todos que, direta ou indiretamente, contribuíram para a realização deste trabalho.

Apresentação

Tive a honra de, ao lado dos respeitados publicistas Regina Maria Macedo Nery Ferrari e Octávio Campos Fischer, compor a banca de julgamento que examinou o trabalho de conclusão de mestrado do qual decorre esta obra. Aprovada com distinção e louvor, a qualidade que ostenta rende homenagem ao modo sério de fazer pesquisa no programa de pós-graduação em Direito da UFPr. Da lavra da Professora Melina Breckenfeld Reck era de se esperar um texto assim, pertinente, denso e, no entanto, cristalino, redigido com clareza.

Melina foi minha aluna no curso de graduação em Direito da UFPr. Uma das melhoras alunas que tive em minha longa vida docente. Foi estagiária e pesquisadora do meu escritório de advocacia, tendo mais tarde passado a integrá-lo na condição de sócia. Pesquisadora talentosa, exerce também a docência universitária no curso de Direito da *UniBrasil — Faculdades Integradas do Brasil*. Conferencista, tem sido convidada a falar nos inúmeros conclaves de direito público realizados, anualmente, no país. Apresenta uma notável habilidade para conciliar a vida acadêmica com o exercício da advocacia, aliás de uma advocacia intensa. E isso tudo, sem deixar de levar a sua contribuição ao órgão de representação de classe dos advogados, participando, na condição de membro, de relevante Comissão da Seccional do Paraná da Ordem dos Advogados do Brasil. A experiência profissional da Professora Melina reflete com fidelidade o modo como pensa o Direito. O Direito está aí para a solução de casos, para a intervenção no mundo da vida, e não apenas para o debate estrangeiro da vivência concreta. De sorte que a docência e a atividade forense compatibilizam-se do mesmo modo que a significação da teoria reclama o momento da práxis. É o acordo entre a advocacia exemplar e a pesquisa teórica que supõe o casamento entre pensamento e ação, verdadeira síntese substanciadora da chave para o entendimento da reconhecida aptidão da Professora Melina para o labor forense.

Nossa curta passagem por este pequeno planeta, entretanto, não pode ser marcada apenas pelo exercício profissional. Muito mais queremos. Muito mais se espera de nós. E neste ponto não se pode esquecer a dimensão humana, demasiado humana, da Professora Melina. Trata-se de um ser generoso, sério, sensível aos reclamos do afeto. Discreta, nem por isso deixa de estar sempre presente nos momentos felizes ou difíceis daqueles que têm a felicidade de residir no seu círculo familiar ou de amizade.

São estas as razões pelas quais escrevo de modo bastante confortável esta apresentação. Uma palavra, entretanto, deve ser dita sobre a obra (*Constitucionalização superveniente?*). Explorando um tema raro na literatura nacional, pelo menos em sede de discurso monográfico, na conclusão da obra teve a autora ocasião de afirmar que: "A jurisdição constitucional assentou-se como o mais importante instrumento de contenção do poder político nas democracias contemporâneas e, por conseguinte, de proteção dos direitos fundamentais, tornando-se, inclusive, elemento integrante da própria definição do estado de direito democrático, na medida em que preserva determinados princípios e direitos que se encontram subtraídos do embate político cotidiano, da atuação de maiorias legislativas ocasionais. No entanto, ela encontra-se em tensão dialética permanente com a democracia, havendo questionamentos em relação à sua legitimidade pelo fato de os membros das cortes constitucionais não serem eleitos pelo povo". Isso para, depois, dizer que "Sem embargo desses questionamentos, a jurisdição constitucional encontra-se comprometida não só com os direitos fundamentais, mas também com a democracia, sendo imprescindível a fundamentação racional de suas decisões, uma vez que essa corresponde essencialmente a um 'diálogo', no qual sucedem perguntas e respostas nas bases das quais se apresentam diferentes argumentos e contra-argumentos". É preciso concordar com a lição. Ora, a lição desenha o modo de conceber e praticar o direito constitucional que autoriza a autora a sustentar que não pode eventual emenda constitucional pretender recepcionar ou convalidar, com efeitos retroativos, este ou aquele ato normativo padecente de inconstitucionalidade congênita. A conclusão, entretanto, não é a mesma nas circunstâncias envolvendo mudança de Constituição em virtude de ação do Constituinte Originário. Claro, têm-se aqui teses que reclamam fundamentação. Pois é disso que cuida esta estimulante obra. Deixo, portanto, os leitores com a indispensável leitura.

Curitiba, Alto da Glória, em 31 de outubro de 2011.

Clèmerson Merlin Clève
Professor Titular dos Cursos de Direito da UFPr e da *UniBrasil* — Faculdades Integradas do Brasil.

Prefácio

Desde os primeiros dias de convivência com a aluna Melina, no curso de Direito da Universidade Federal do Paraná, já era possível identificar que se tratava de uma jurista em potencial, talhada para uma trajetória de sucesso. Escrevia muito bem e, sabia como ninguém, sistematizar suas ideias.

Não foi surpresa tê-la encontrado no curso de Mestrado da UFPR e nesta oportunidade pude confirmar o meu sentimento inicial. Estava frente a uma estudiosa diferenciada.

Tive a honra de orientá-la quando da realização da sua dissertação de mestrado e, mais uma vez, fui surpreendida, pois a escolha do tema para desenvolvimento recaiu sobre a **constitucionalização superveniente**.

Um ato de coragem da mestranda, pois se o estudo sobre a inconstitucionalidade superveniente já não é satisfatório, pela falta de posicionamento que oriente um pensamento homogêneo, quanto mais seria difícil analisar matéria apta a desvendar o seu estudo com sinal trocado, ou seja, "**a constitucionalização superveniente**".

Apresentada uma bibliografia, inicialmente, referencial, mãos a obra, iniciam-se os trabalhos de pesquisa e desenvolvimento.

A meta proposta, pela mestranda, foi enfrentar o seguinte questionamento: o advento de emenda constitucional revogando parâmetro que ensejou contrariedade de diploma legislativo em relação à Constituição Federal, pode convalidá-lo, ou a lei inconstitucional será recepcionada (novação)?

Melina passa a buscar sua resposta e analisa: a supremacia constitucional, o controle da constitucionalidade, a natureza de seu vício e sanção, bem como os efeitos da decisão.

Conclui, a partir de análise criteriosa, que *"Àquele que desrespeita a supremacia da Constituição, ao produzir lei desconforme aos ditames constitucionais, não se pode conceder a garantia de que bastará a aprovação de uma emenda constitucional para que a ofensa praticada seja olvidada"*

Foi audaciosa e admiravelmente inovadora na escolha da matéria a ser analisada e na abordagem do assunto, características que determinam um jurista consciencioso e criterioso.

Continue Melina, a Ciência Jurídica precisa de você.

Regina Maria Macedo Nery Ferrari
Professora de Direito Constitucional
da UFPR, advogada e parecerista

Sumário

INTRODUÇÃO 1

CAPÍTULO I — SUPREMACIA DA CONSTITUIÇÃO, CONTROLE DA CONSTITUCIONALIDADE E LEGITIMIDADE DA JURISDIÇÃO CONSTITUCIONAL 7
1. SUPREMACIA CONSTITUCIONAL 7
1.1. O surgimento histórico da ideia de supremacia, Estado de Direito e a relação estreita com os direitos fundamentais 7
1.2. Supremacia constitucional e hierarquia normativa 19
1.3. Supremacia e rigidez constitucional 30
1.4. Constituição como Lei Fundamental e a razão de sua preservação 34
2. CONTROLE DA CONSTITUCIONALIDADE COMO MECANISMO DE GARANTIA DA SUPREMACIA DA CONSTITUIÇÃO 36
2.1. A necessidade de existência da fiscalização da constitucionalidade 36
2.2. Pressupostos da fiscalização e classificação conforme a natureza do órgão fiscalizante 42
2.3. Espécies de controle da constitucionalidade — critérios: sujeito, tempo, modo, interesses subjacentes, objeto do processo 50
2.4. Ausência de um padrão absoluto de controle da constitucionalidade 55

3. LEGITIMAÇÃO DEMOCRÁTICA DA JURISDIÇÃO
CONSTITUCIONAL 58
3.1. Democracia e constitucionalismo 58
3.2. Jurisdição Constitucional: risco democrático? 60
3.3. Teorias positivistas: positivismo tradicional e positivismo
normativo 64
3.4. Teorias pós-positivistas (tópica, teoria dos princípios e
teoria do discurso), reserva de consistência e direitos
fundamentais 71

CAPÍTULO II — INCONSTITUCIONALIDADE 99
1. CONCEITO E NATUREZA JURÍDICA DA
INCONSTITUCIONALIDADE 99
1.1. Definição e perspectivas de análise da
inconstitucionalidade 99
1.2. Valores jurídicos atribuídos à inconstitucionalidade 105
1.3. Os três planos: existência, validade e eficácia 110
1.4. Kelsen e validade (essência ou qualidade da norma
jurídica?) 116
2. SANÇÃO E DECISÃO DE
INCONSTITUCIONALIDADE 127
2.1. Regimes sancionatórios da inconstitucionalidade 127
2.2. Dissociação entre valor e efeitos e natureza da decisão
de inconstitucionalidade 138
2.3. Ausência de teoria geral das nulidades, não aplicação ao
direito constitucional da teoria civilista e nulidade atípica 146
3. A INCONSTITUCIONALIDADE NO DIREITO
BRASILEIRO 158
3.1. Natureza da decisão de inconstitucionalidade no direito
brasileiro 158
3.2. O advento das leis 9868/99 e 9882/99: modelação dos
efeitos da decisão de inconstitucionalidade 176

CAPÍTULO III CONSTITUCIONALIZAÇÃO
SUPERVENIENTE? 185
1. PROBLEMÁTICA E EXEMPLOS DO FENÔMENO
DA CONSTITUCIONALIZAÇÃO SUPERVENIENTE 185
1.1. Definição da problemática 185
1.2. Exemplos no direito brasileiro 187
1.3. Exemplos no direito norte-americano 196

2. NOVA CONSTITUIÇÃO E REFORMA
CONSTITUCIONAL.. 200
2.1. Distinção 200
2.2. Lei fundamental nova e legislação infraconstitucional
anterior: recepção/novação e inconstitucionalidade
superveniente 215
3. CONSTITUCIONALIZAÇÃO SUPERVENIENTE? —
EXPLANAÇÃO SOBRE AS POSSÍVEIS RESPOSTAS À
INDAGAÇÃO FORMULADA... **227**
3.1. Premissas de análise.. 227
3.2. Cotejo com a inconstitucionalidade superveniente e
com a novação 228
3.3. Análise de quatro alternativas de resposta à indagação
formulada 239

CONCLUSÃO..**255**

BIBLIOGRAFIA **265**

Introdução

O objetivo do presente estudo é tratar sobre a constitucionalização superveniente, isto é, sobre o fenômeno no qual uma lei originariamente inconstitucional apresenta-se compatível com modificações introduzidas na Constituição por meio do poder reformador. Na abordagem desse tema, almejar-se-á encontrar a solução cabível, no ordenamento jurídico brasileiro, à seguinte indagação: com o advento de emenda revogando o parâmetro constitucional que ensejava a contrariedade de diploma legislativo em relação à Lei Fundamental, a lei inconstitucional será recepcionada (novação), convalidada?

A resposta a esse questionamento depende, irrefutavelmente, de explanações a respeito da supremacia constitucional, do controle da constitucionalidade, da natureza do vício e sanção, dos efeitos conferidos à pronúncia da inconsittucionalidade. É dizer, por meio dessas considerações, buscar-se-á estruturar a solução efetivamente cabível ao problema formulado.

Pois bem, no primeiro capítulo, analisar-se-á não só se há uma estreita relação de dependência entre a supremacia constitucional, o Estado de Direito, a fiscalização da constitucionalidade e a proteção e tutela dos direitos fundamentais; mas também a legitimidade democrática da jurisdição constitucional, indagando-se seja a procedência ou não dos argumentos utilizados para sustentar o caráter antidemocrático dessa jurisdição, seja a possibilidade, a título de controle democrático posterior, de correção de suas decisões por meio do exercício do poder reformador. Retornar-se-á, também, à essa problemática da correção no último capítulo.

No segundo capítulo, tratar-se-á sobre a inconstitucionalidade, esboçando-se, inicialmente, uma definição e explicando quais seriam as perspectivas de análise da inconstitucionalidade. Na sequência, serão explanados e cotejados os diferentes valores jurídicos atribuídos à inconstitucionalidade, com o escopo de estabelecer qual é o mais apropriado.

Na primeira seção desse capítulo, questionar-se-á a existência ou não de diferenças entre os planos da existência, validade e eficácia, bem como se norma inexistente equivaleria à norma inválida? Ou se haveria distinção entre inexistência, invalidade e ineficácia da norma jurídica? Indagando-se, também, se a norma inválida poderia ser eficaz, isto é, se surtiria efeitos? Ainda, quanto à validade, abordar-se-ão as discussões quanto a ela ser essência ou qualidade da norma jurídica?

De outra parte, na segunda seção, tratar-se-á a respeito da sanção e decisão de inconstitucionalidade, explanando-se sobre os regimes sancionatórios e cogitando uma possível aproximação entre os sistemas clássicos (austríaco e americano) em relação aos efeitos atribuídos à pronúncia de inconstitucionalidade.

Ademais, far-se-á uma dissociação entre o valor atribuído ao vício e os efeitos da decisão de inconstitucionalidade. Afinal, há ou não uma relação de dependência entre nulidade e efeitos retroativos, isto é, a nulidade implica, necessariamente, efeitos *ex tunc*? A sentença que pronúncia a inconstitucionalidade é declaratória, constitutiva ou pode apresentar essas duas cargas eficaciais?

Indagar-se-á, outrossim, nessa segunda seção, se a ausência de uma teoria geral das nulidades acarreta a não aplicação ao direito constitucional da teoria civilista? Vale dizer, é possível utilizar, para o vício da inconstitucionalidade, a dicotomia nulidade e anulabilidade do Direito Civil? O vício da inconstitucionalidade corresponde a mais grave invalidade? Poder-se-ia falar em nulidade atípica ou nulidade *sui generes* e dizer que a sentença que pronuncia o vício é declaratória de invalidade e constitutiva de ineficácia?

No cerne desses questionamentos, encontra-se a principal indagação: o vício da inconstitucionalidade é insanável, inconvalidável?

Na última seção do segundo capítulo, cuidar-se-á sobre a inconstitucionalidade no direito brasileiro, contemplando-se, principalmente, as seguintes perguntas: qual é a natureza da decisão de inconstitucionalidade?; Por força das Leis 9868/99 e 9882/99, prevendo expressamente a atenuação dos efeitos da pronúncia, a lei inconstitucional tornou-se sanável, convalidável?

No último capítulo, centrar-se-á a análise no fenômeno da *constitucionalização superveniente*, almejando-se estruturar resposta à pergunta acima formulada: com o advento da emenda revogando o parâmetro constitucional que ensejava a contrariedade de diploma legislativo em relação à Lei Fundamental, a lei inconstitucional será recepcionada (novação), convalidada?

Para tanto, inicialmente, não apenas se promoverá uma definição do fenômeno, por meio da qual ele é diferenciado da cessação do vício de inconstitucionalidade oriunda da transição constitucional, isto é, do surgimento de uma nova Lei Fundamental; mas também são contemplados e explicados exemplos do fenômeno encontrados no Brasil e nos EUA.

No bojo da explanação desses exemplos, analisar-se-á a problemática relativa à correção das decisões da jurisdição constitucional pelo poder reformador, eis que, mediante essa abordagem, extrair-se-ão subsídios para solucionar o questionamento acima formulado.

Na segunda seção, do terceiro capítulo, buscar-se-á estabelecer a distinção entre Constituição nova e reforma constitucional, visando a saber se, com o advento de emenda superveniente compatível com lei inconstitucional, haverá a recepção (novação) dessa lei?

Para erigir tal distinção, analisar-se-ão as diferenças entre poder constituinte originário e poder reformador, por meio do cotejo dos efeitos de seus exercícios em relação seja às normas constitucionais anteriores, seja à normativa infraconstitucional anterior; indagando-se, aliás: se é possível o controle de constitucionalidade de normas constitucionais?; Se há adoção da tese da inconstitucionalidade superveniente, na relação com a legislação infraconstitucional?

Por derradeiro, na terceira seção do último capítulo, estabelecer-se-ão as premissas para solucionar a pergunta formulada, reportando-se às explanações realizadas nos capítulos anteriores; bem como serão tecidas considerações sobre quatro alternativas de resposta, com o fim de definir qual é a solução mais adequada à pergunta que constitui o fio condutor do presente trabalho: o advento de emenda revogando o parâmetro constitucional que dava azo à contrariedade em relação à Lei Fundamental importa a recepção, a convalidação da lei inconstitucional?

Estreitamente relacionada a isso, emerge outra pertinente indagação: a superveniência de uma Emenda Constitucional "sanando" o vício da inconstitucionalidade não ensejaria uma circunstância de burla ao sistema, efetuável através da produção de leis inconstitucionais em antecipação a Emendas futuras? É dizer, ao se obstar o reconhecimento de inconstitucionalidades, à vista do expediente de produzir emenda sucessiva, não haveria fraude, burla ao sistema constitucional, à supremacia da constituição?

CAPÍTULO I

SUPREMACIA DA CONSTITUIÇÃO, CONTROLE DA CONSTITUCIONALIDADE E LEGITIMIDADE DA JURISDIÇÃO CONSTITUCIONAL

1. SUPREMACIA CONSTITUCIONAL

1.1. O surgimento histórico da ideia de supremacia, Estado de Direito e a relação estreita com os direitos fundamentais

A compreensão semântica da supremacia da Constituição implica a necessidade de analisar-se o seu surgimento histórico e as transformações que se verificaram em seu conteúdo até que se chegasse ao estreito vínculo com os direitos fundamentais, os quais consubstanciam a razão de ser não só dessa supremacia, mas também da jurisdição constitucional e do controle da constitucionalidade.

A abordagem histórica da supremacia, por sua vez, exige que se faça menção ao constitucionalismo[1], movimento

---

1 "A Constituição emerge do constitucionalismo. Mas que coisa é o

que culminou nas Constituições norte-americana (1787) e francesa (1791) e ditou a tendência de organização dos Estados mediante constituições formais, às quais incumbia realizar a estruturação jurídica do poder político do Estado (definição da forma, sistema de governo, divisão e funcionamento dos órgãos, modelo econômico) e fixar limitações ao poder político por meio dos direitos e garantias individuais. Isso porque, antes do emergir do constitucionalismo, não havia a ideia de supremacia como uma qualidade da Constituição.

Nesse sentido, analisando a trajetória da supremacia como um dos atributos da Constituição, Nelson Saldanha destaca que ela não se explicita nos textos antigos[2] que falam da constituição, tal como, por exemplo, os estudos de Aristóteles e seu conceito de *politeia*, tampouco está presente no caso que envolveu o Juiz Edward Coke[3], na Ingla-

---

constitucionalismo? Neste lugar, devemos contentarmo-nos com afirmar que é um produto perfeito do racionalismo jurídico, social e político. Ou para citar os factores imediatos e mais vultosos: racionalismo, jusnaturalismo, iluminismo, enciclopedismo, contratualismo, individualismo, tudo convergiu para a Constituição. Não nos cumpre avaliar de que maneira e em que grau se conjugaram." (MIRANDA, Jorge. **Contributo para uma Teoria da Inconstitucionalidade.** Reimpressão. Coimbra: Coimbra Editora, 1996, p.30-31).

2 A propósito, Regina Maria Macedo Nery Ferrari anota: "Encontra-se, já na Antiguidade, diferença entre as leis constitucionais e as denominadas leis ordinárias. Aquelas estruturavam o Estado e o governo, estas eram criadas pelo governo, sendo portanto inferiores às primeiras. Ressalte-se, por oportuno, que naquela época não havia a consciência de que a organização fosse estabelecida por um poder especial criador dos demais, não havendo a ideia de um poder constituinte." (FERRARI, Regina Maria Macedo Nery. **Controle de Constitucionalidade das leis municipais.** 3. ed. São Paulo: RT, 2003, p. 18).

3 "No episódio histórico que envolveu o Juiz Edward Coke na Inglaterra, os historiadores encontram a afirmação da superioridade do *com-*

terra, eis que se fez necessária uma passagem da supremacia do direito à supremacia da constituição.

Deveras, embora uma não negue a outra, uma vez que a supremacia da constituição é certamente também do direito, isto é, de normas jurídicas que embasam o Estado e que formam o alicerce da ordem vigente, "enquanto a ideia de uma submissão ao direito, envolvendo monarcas e estamentos, correspondeu ao conceito semicostumeiro de um direito nascente de costumes e fundado no *jus naturale* com chancela divina, a submissão à constituição corresponde à sociedade pós-feudal, com uma imagem leiga do Estado e da política, e com um conceito mais racionalista, mais técnico e legalista do direito"[4].

Destarte, obtempera Nelson Saldanha que a eclosão da ideia de supremacia deu-se nas grandes revoluções liberais — sobretudo a americana e francesa, mais ainda esta[5]: "ela

---

mon law, como direito geral, em face dos atos do rei. Estaria ali a raiz do problema do controle dos atos legislativos e executivos em função de sua compatibilidade com a constituição. Entretanto o problema, no caso (1608), era também o do limite da competência dos juízes; e a 'constituição' era, muito inglesamente, o todo, quase se confundindo com o *common law*, como de fato se confunde nos relatos históricos mais conspícuos. Não era ainda a noção contemporânea de constituição, nem a de uma supremacia constitucional no sentido que veio a vigorar depois do fim do século XVIII. Tratava-se em grande medida de cercear poderes pessoais através da valorização da superioridade do Direito mesmo, ou da ordem normal simbolizada nas instituições (*Parliament and judges*). E era a ideia de um direito natural, latente e manifestado nesta ordem, ou no mesmo Direito." (SALDANHA, Nelson. **Formação da Teoria Constitucional**. 2. ed. Rio de Janeiro: Renovar, 2000, p. 138-9).

4   SALDANHA, *op. cit*, p. 139.

5   Em relação à revolução americana, a concepção da supremacia da constituição sofreu uma espécie de refração, por força da adoção da forma de estado federal, assentando-se, apenas gradativamente, a no-

veio com a própria vigência da noção liberal/formal/escrita de constituição. A constituição é suprema porque nela (isto é, em seu texto normativo) se põem os fundamentos do Estado, com poderes e limites, e os do Direito com procedimentos e competências."[6]

Como se vê, a supremacia da Constituição consubstancia uma das características imprescindíveis do Estado de Direito, na medida em que a Carta Magna não só estabelece as regras essenciais do relacionamento entre o Estado e os indivíduos e *cria (conforma) o próprio Estado*, mas também é fundamento de validade de todas as demais normas de um ordenamento jurídico, de sorte que a validade de uma lei depende de sua conformidade com a Constituição, caso contrário será inconstitucional.

Neste aspecto, Canotilho ressalta, ao também considerar a supremacia da Constituição (Constituição como lei fundamental do Estado) como um dos pilares de sustentação do Estado de Direito, que, sendo o Estado de Direito um estado constitucional, pressupõe-se a "existência de uma constituição que sirva — valendo e vigorando — de ordem jurídico-normativa fundamental vinculativa de todos os poderes públicos."[7]

ção de uma supremacia correspondente ao texto constitucional da União sobre as leis federais, bem como sobre as constituições dos Estados, a qual restou consolidada, de forma decisiva, durante a presidência de Marshall na Suprema Corte. De outra parte, na França, não se tratando de uma estrutura federal, a questão da supremacia pôde repercutir com maior intensidade, desde a discussão mantida por Sieyès. (Id, p.139-140)

6   Ibid, p. 139.

7   Prossegue, ainda, "A constituição confere à ordem estadual e aos actos dos poderes públicos medida e forma. Precisamente por isso, a lei não é apenas — como sugeria a teoria tradicional do estado de direito — uma simples lei incluída no sistema ou no complexo normativo-esta-

Ainda em relação ao Estado de Direito, destaque-se que, a par da supremacia, separação dos poderes e superioridade da lei, há outra característica de extrema relevância, qual seja, a garantia dos direitos individuais[8], isto é, a declaração de direitos que não poderão ser suprimidos pelo Estado, nem mesmo por lei; ao redor da qual gravitam os demais atributos do Estado de Direito, com o escopo de assegurá-la: a supremacia da Constituição estabelece os termos essenciais entre o Estado e os indivíduos; a superioridade da lei reflete o princípio da legalidade ('ninguém será obrigado a fazer ou deixar de fazer alguma coisa senão em virtude de lei'); por fim, a divisão de poderes está presente para evitar a concentração de poder e, com isso, os desmandos e as arbitrariedades.[9]

---

dual. Trata-se de uma verdadeira ordenação normativa fundamental dotada de supremacia — supremacia da constituição — e é nesta supremacia normativa da lei constitucional que o 'primado do direito' do estado de direito encontra uma primeira e decisiva expressão'. Do princípio da constitucionalidade e da supremacia da Constituição deduzem-se vários outros elementos constitutivos do estado de direito" (CANOTILHO, José Joaquim Gomes. **Direito Constitucional e Teoria da Constituição**. Coimbra: Almedina, 1999, p. 241-242).

8   Quando se fala em Estado de direito, no âmbito da doutrina liberal do Estado, é preciso agregar à definição tradicional uma determinação subsequente: a constitucionalização dos direitos naturais, ou seja, a transformação destes direitos protegidos juridicamente como direitos positivados. Norberto Bobbio assevera que "Na doutrina liberal, o Estado de direito não só significa subordinação dos poderes públicos de qualquer grau às leis gerais do País, limite puramente formal, como também das leis ao limite material do reconhecimento de alguns direitos fundamentais considerados constitucionalmente e, portanto, invioláveis" (BOBBIO, Norberto. **Liberalismo y Democracia**. México: Fondo de Cultura Económica, 1989, p.19).

9   Para Mandelli, com a garantia dos direitos individuais, "nasce a ideia de direito subjetivo público, ou seja, direitos do indivíduo contra o próprio Estado. Direitos estes também conhecidos por liberdades pú-

Conforme já explanado, de forma coetânea ao advento do constitucionalismo e, assim, da supremacia, operou-se o estabelecimento dos Estados Liberais de Direito, em cujo modelo econômico, também liberal[10], não havia a preocupação imediata de promover o desenvolvimento e a realização da justiça social.

Nos Estados Liberais, as Constituições eram classificadas como Constituições-garantia, eis que, além de estruturar o Estado, visavam a garantir a liberdade, limitando o poder estatal. Conferiam, assim, ao Estado uma estruturação permeada com as seguintes características: supremacia da Constituição, separação de poderes[11], superioridade da lei[12] e garantia dos direitos individuais.

---

blicas". (MANDELLI JUNIOR, Roberto Mendes. **Arguição de Descumprimento de Preceito Fundamental — Instrumento de Proteção dos Direitos Fundamentais e da Constituição.** São Paulo: RT, 2003, p.25)

10 "Esta intervenção do Estado liberal, aparentemente excepcional e discreta, trazia consigo o potencial para o "absolutismo jurídico", potencial que, no entanto, se manifestava de modo muito incompleto, resultando num desenvolvimento desigual do campo jurídico. Considerava-se que o direito privado, (...) estava desvinculado de qualquer conteúdo político e social e era capaz de libertar as relações sociais dos vínculos e hierarquias do antigo regime" (SOUZA SANTOS, Boaventura de. **A Crítica da Razão Indolente: contra o desperdício da experiência.** v. 1, São Paulo: Cortez, 2000, p.143).

11 Corresponde à necessidade, no Estado de Direito, de repartição das funções estatais entre órgãos distintos que se controlam mutuamente, almejando lograr um equilíbrio entre eles e evitar o desmando e o arbítrio de um deles em detrimento dos demais, mediante um sistema de freios e contrapesos. Clèmerson Merlin Clève apresenta uma abordagem atual do princípio da separação de poderes, afirmando que: "Montesquieu criou para sua época um sistema de equilíbrio do poder (que não corresponde necessariamente a um sistema de equilíbrio entre os poderes), oferecendo as bases para a constituição de um governo misto, moderado pela ação das forças dinamizadoras do tecido socie-

O que distingue o Estado de Direito liberal dos outros tipos históricos que lhe antecederam não é tanto uma diferente estruturação dos poderes, mas o assumir a defesa e a garantia dos direitos naturais do homem como fim primordial do Estado. De tal sorte, vislumbra-se um Estado de Direito material tendo em vista que a limitação jurídica do Poder se justifica em função da garantia de um núcleo de valores considerado indisponível pelo próprio Estado.[13]

Haja vista a mudança paradigmática verificada na passagem do Estado Liberal ao Estado Social, é relevante analisar, outrossim, o constitucionalismo e a supremacia constitucional à luz dessa passagem, uma vez que as diferenças entre as duas estruturações de Estado[14] refletem na supremacia.

---

tário. A missão atual dos juristas é a de adaptar a ideia de Montesquieu à realidade constitucional de nosso tempo. Nesse sentido, aceita-se aparelhar o Executivo, sim, para que possa, afinal, responder às crescentes e exigentes demandas sociais. Mas cumpre, por outro lado, aprimorar os mecanismos de controle de sua ação, para o fim de torná-los (tais mecanismos) mais seguros e eficazes." (CLÈVE, Clèmerson Merlin. **Atividade Legislativa do Poder Executivo**. 2. ed. São Paulo: RT, 2000, p. 43)

12 "Quanto à superioridade da lei no Estado de Direito, passa esta a ser considerada expressão da vontade geral. Observa-se a influência do pensamento de Jean-Jacques Rousseau. A lei, dessa forma, submete os atos administrativos e as decisões judiciais. Portanto, às autoridades administrativas e judiciárias cabe realizar concretamente a vontade geral, de maneira impessoal, sem interferência de vontades particulares (princípio da legalidade)." (MANDELLI JUNIOR, *op. cit*, p.23-24)

13 NOVAIS, Jorge Reis. **Contributo Para Uma Teoria do Estado de Direito: do Estado de direito liberal ao Estado social e democrático de Direito**. Coimbra: Coimbra Editora, 1987, p.101

14 Realizando cotejo entre o Estado Liberal e o Estado Social, Oswaldo Palu sintetiza as matizes principais desses dois modelos constitucionais: "O modelo constitucional de Estado liberal. (...) a) o referente da Constituição é o Estado; b) o arquétipo de estado é o liberal, caracteri-

Pois bem, na fase posterior do constitucionalismo, com a criação do Estado Social, não há uma total substituição do Estado Liberal, uma vez que há a incorporação do Estado Democrático de Direito, de modo que os direitos, as liberdades e as garantias passam a se articular com os direito so-

---

zado pelos princípios: (I) da *subsidiariedade* (...); (II) do *Estado mínimo* (...) e (III) da *neutralidade*, onde o Estado deve abster-se de intervenções econômico-sociais (...); c) o objetivo da Constituição liberal é racionalizar e limitar o poder; d) a *força normativa* da Constituição traduz-se pela sua pretensão de organizar os órgão do Estado; e) a estrutura da Constituição é essencialmente negativa por conformar a sociedade negativamente, estabelecendo limites ao poder estatal e consagrando liberdades e direitos ao cidadão oponíveis contra o Estado; f) a verdade da Constituição procura-se no seu texto expresso e no contexto (oculto) ou seja, embora seja um ato estatal, a Constituição pressupõe um modelo econômico-social existente (economia privada, economia de mercado, valores fundamentais do individualismo etc.) O *modelo constitucional do Estado social (...)*: a) o referente é o Estado e a sociedade; b) o arquétipo e o estado social caracterizado pelos princípios: (I) do compromisso conformador, cabendo ao Estado intervir na sociedade para melhor assegurar a existência social, (II) da democratização da sociedade, que obriga a intervenções de caráter econômico e social tendentes a atingir a igualdade e (III) do Estado de direito formal, limitador das medidas intervencionistas (princípio da liberdade); c) o objetivo da Constituição social-democrática é a conciliação da racionalização dos limites ao poder estatal com as exigências da sociedade e democracia; d) a força normativa da Constituição exprime-se através da eficácia conformadora de suas normas; e) a estrutura da Constituição social é positiva, posto conformar a sociedade através da eleição de finalidades e consagrar, ao lado dos direitos negativos, direitos fundamentais positivos, ou seja, direitos através do Estado (participação, prestações); f) a verdade da Constituição encontra-se no texto e no contexto descodificados, pois a Constituição não esconde sua mensagem social, econômica, cultural, formulando explicitamente objetivos e fins sociais e econômicos, sem destruir as relações econômicas do capitalismo." (PALU, Oswaldo Luiz. **Controle de Constitucionalidade**. 2. ed. São Paulo: RT, 2001, p.38-39)

ciais; a igualdade jurídica com a igualdade social e a segurança jurídica com a segurança social.[15] A respeito dessa passagem ao Estado Social, Clèmerson Merlin Clève assevera que as primeiras constituições, no sentido jurídico, eram compreendidas como mero instrumento de limitação do Estado[16], sendo que os direitos individuais ali consagrados, compreendidos como meras declarações, dependiam, para operar força normativa a favor do cidadão, de legislação integrativa.[17] Ao revés, sustenta que as Constituições, agora, são documentos normativos do Estado e da sociedade[18], passando a operar "força normativa, vinculando, sempre, positiva ou negativamente, os Poderes Públicos", de modo que "os cidadãos têm, hoje, acesso direto à normativa constitucional, inclusive para buscar proteção contra o arbítrio ou a omissão do Legislador."[19]

---
15 MANDELLI, op. cit., p. 29.

16 "suas disposições voltavam-se para os Poderes, especialmente o Legislativo e o Executivo. Não vinculavam o Judiciário, nem o cidadão que não podia, em princípio, fundamentar uma pretensão perante o juiz valendo-se deste ou daquele preceito constitucional" (CLÈVE, Clèmerson Merlin. Fiscalização Abstrata da Constitucionalidade no Direito Brasileiro. 2. ed. São Paulo: RT, 2000, p. 22-23)

17 "nessa oportunidade, a Constituição não passava de juridicização da política tal como compreendida pela burguesia. A Constituição era do estado. A sociedade seria regida por outra sorte de domínio normativo, especialmente o direito privado erigido a partir da noção de autonomia da vontade." (Id)

18 "A Constituição representa um momento de redefinição das relações políticas e sociais desenvolvidas no seio de determinada formação social. Ela não apenas regula o exercício do poder, transformando a *potestas* em *auctoritas*, mas também impõe diretrizes específicas para o Estado, apontando o vetor (sentido) de sua ação, bem como de sua interação com a sociedade." (CLÈVE, Fiscalização..., p. 22-23)

19 "A Constituição, atualmente, é o grande espaço, o grande lócus onde se opera a luta jurídico-política. O processo constituinte é, agora,

Em outra parte, centrando-se na questão da supremacia constitucional, Clève conclui que "o tipo de cultura jurídica desenvolvida, especialmente no mundo ocidental, acabou por forjar a compreensão da supremacia da Constituição"[20].

---

um processo que se desenvolve sem interrupção, inclusive após a promulgação, pelo Poder Constituinte, após a elaboração do documento constitucional, apenas se transfere para o campo da prática constitucional (aplicação e interpretação). Por isso a Constituição há de ser visualizada como processo e como espaço de luta". (CLÈVE, Fiscalização..., p. 22-23). Oswaldo Luiz Palu, por sua vez, obtempera "No segundo pós-guerra a Constituição assumiu significado novo: ela passa a ser o ordenamento jurídico das funções estatais e determinação fundamental dos valores sociais. (...) A Constituição, então, passou a ser vista como o *pacto refundador* da sociedade estabelecendo os valores fundamentais, longe da concepção racionalista-iluminista. A Constituição na fase política de desenvolvimento em que nos encontramos é uma Constituição fruto de *contratos e compromissos* entre sujeitos. É Constituição sem soberano, ao dizer que a soberania pertence ao povo, o que multifaceta os caminhos; esta a Constituição *pluralista* que se apresenta como fruto de acordo entre numerosos sujeitos particulares. Isso distingue as Constituições *modernas* daquelas dos antigos regimes, onde o corpo social atuava nos próprios interesses e a Constituição era resultado de tantas quantas acomodações particulares houvesse. A Constituição *pluralista* é, ao contrário, um esforço comum de dar, através de um compromisso, um desenho social e político *geral*. O direito constitucional irradia-se através do político e do social. O direito constitucional *pluralista* é um *sistema aberto*, conforme a pluralidade de forças que nele se encontra e não um *invólucro fechado*; tampouco exaure uma *totalitária tirania de valores*. Essa a fundamental diferença entre a Constituição *pluralista* e a Constituição *corporativa*, do regime anterior. A justiça *constitucional*, hoje, é antes de tudo *controle de constitucionalidade das leis*. O princípio da *insindicabilidade da vontade parlamentar* — dogma constitucional do século XVIII — cede posto à sindicabilidade da lei como consequência do temos da instabilidade política e dos riscos conexos que o pluralismo introduz na vida parlamentar." (PALU, *op. cit*, p. 37).

20 Nesse sentido, conferir: "Mesmo sem a adesão ao formalismo, po-

Para ele, "a supremacia da Constituição decorre menos de postulados teóricos e mais de uma concepção histórica progressivamente incorporada à consciência jurídica da civilização ocidental"[21].

Nesse sentido, Ronald Dworkin adverte que:

"a ideia da Constituição como o direito fundamental está tão cimentada nos pressupostos comuns que constituem nossa ordem jurídica que uma interpretação que a negasse seria a interpretação de outra coisa completamente diferente, como uma interpretação de estilos arquitetônicos que afirmasse que a catedral de Chartres não é gótica; ou uma interpretação de Hamlet que ignorasse o príncipe".[22]

Com efeito, a consagração constitucional dos direitos fundamentais importa limitação de todos os poderes do Estado, desde que acompanhada do reconhecimento da supremacia da Constituição relativamente ao poder legislativo ordinário, sob pena de o Estado readquirir, pela via do legislador, os poderes que perdera com o reconhecimento do caráter *supra-estadual* dos direitos.[23] Assim, vislumbra-

---

rém, é corrente tomar-se a supremacia da constituição como um ponto de referência *dentro* do ordenamento, e tomar-se o próprio ordenamento como algo cuja 'vida' *depende* da constituição: da consolidação que dela provém para as demais normas, das atribuições de competências que ela contém com vistas ao funcionamento dos 'poderes' do Estado, e da produção de 'normalidade' geral que surge da aplicação ao menos tácita de seus dispositivos" (SALDANHA, *op. cit*, p.146-147)
21 CLÈVE, **Fiscalização...**, p. 25.
22 DWORKIN, Ronald. **Uma Questão de Princípio**. São Paulo: Martins Fontes, 2000, p.49.
23 NOVAIS, *op.cit.*, p.73.

se a estreita relação de dependência entre a consagração e efetivação desses direitos e a supremacia da Constituição.[24] Perante a diversidade de concepções sobre o Estado de Direito, cabe destacar, como aspecto de maior relevância e determinante no conceito, o núcleo constituído pela liberdade e direitos fundamentais do cidadão. A partir desse enfoque, o outro pólo da ideia (que é a limitação jurídica do Estado e dos titulares do Poder) só adquire sentido, justificação, em função do respeito, garantia e promoção dos direitos e liberdades fundamentais.

Destarte, somente haverá Estado de Direito, quando, no âmago das preocupações do Estado e dos seus fins, figurar a proteção e garantia dos direitos fundamentais, os quais não deixam de ser o ponto de partida e de chegada do seu conceito e que, por sua vez, exigem a consagração da supremacia, na medida em que esses direitos correspondem àquelas posições jurídicas concernentes às pessoas, que, do ponto de vista do direito constitucional positivo, foram, por seu conteúdo e importância (fundamentalidade no sentido material), integradas ao texto da Constituição e, portanto, retiradas da esfera de disponibilidade dos poderes constituídos (fundamentalidade formal), bem como as que, por seu conteúdo e significado, possam lhes ser equiparadas, agregando-se à Constituição material, tendo, ou não, assento na Constituição formal.[25]

O Estado de Direito corresponde ao Estado vinculado e limitado, juridicamente, em favor da proteção, garantia e

---

24 Voltar-se-á nessa questão quanto se tratar da legitimidade democrática da jurisdição constitucional.
25 Nesse sentido conferir: ALEXY, Robert. **Teoria de los Derechos Fundamentales**. Madrid: Centro de Estúdios Constitucionales, 1993.; SARLET, Ingo Wolfgang. **A Eficácia dos Direitos Fundamentais**. 2ª ed. Porto Alegre: Livraria do Advogado, 2001, p. 82.

realização dos direitos fundamentais, que surgem como indisponíveis em face dos detentores do poder constituído e do próprio Estado, justificando-se, assim, a supremacia constitucional.

1.2. Supremacia constitucional e hierarquia normativa

Delineada a forte relação de dependência entre a supremacia e a tutela dos direitos fundamentais, na medida em que esta consubstancia o esteio que justifica a relevância da consagração da supremacia, cumpre analisar a posição ocupada pela Constituição na estruturação da hierarquia normativa.

Nelson Saldanha afirma existir uma certa conexão entre as ideias de *supremacia* e *soberania*, uma vez que suprema era a *potestas* do monarca ou a do Estado, ao passo que a soberania constituía um poder de *império* existente no Estado e pertencente a ele, Estado, ou a um monarca soberano. Demais disso, quando a soberania passou a ser indivisível e a caber ao corpo político inteiro, "começou-se a reservar o termo *supremacia* para designar a preeminência de uma ordem (estatal primando sobre as vidas privadas), ou a da própria *lei* que estatuía tal ordem. Isto inclusive viria em nosso século a significar uma coisa muito importante: que a supremacia atribuída aos poderes, como a do judiciário em certos Estados[26], não é deles: é sempre supremacia da constituição."[27]

---

26 A propósito do direito norte-americano, Rafael Bielsa leciona *"en realidad no hay supremacia judicial, sino supremacía constitucional, mediante el examen y enervamiento de la ejecutoriedad de las leyes en sentido material"* (BIELSA, Rafael. Supremacía de la Constitución — lineamento general del principio. **Revista de Ciencias Jurídicas y So-**

Segundo García de Enterría[28], a Constituição, em todos os seus conteúdos, isto é, seja ao configurar e ordenar os poderes do Estado por ela constituídos, seja ao estabelecer os limites do exercício do poder e o âmbito das liberdades e direitos fundamentais, seja ao prever objetivos positivos e as prestações que o poder deve cumprir em benefício da comunidade, apresenta-se como um sistema preceptivo que emana do povo como titular da soberania, em sua função constituinte, dirigindo-se aos diversos órgãos do poder e aos cidadãos.

Nessa linha de raciocínio, Saldanha conclui que:

"pareceu de certa forma evidente, durante o século XIX, que a constituição é 'superior' às leis comuns. Ou por outra, que a norma constitucional tem nível supremo em relação à legislação dita ordinária: ela provém de um poder constituinte, enquanto esta vem de competências funcionais derivadas da norma constitucional. Mesmo as normas constitucionais provenientes do legislativo ordinário — as emendas, por exemplo — pos-

---

ciales. Univ. de Santa Fé, Argentina, ano XXIII, n. 109-112, 1962, páginas 7 e ss). Nelson Saldanha, por seu turno, assevera: "*Supremacia como 'princípio'*. O postulado da existência de uma norma cujo conteúdo fosse mais 'importante' que o das demais radicou por certo tempo no jusnaturalismo. Em Althusius, por exemplo, ele encontra guarida. Era o próprio arcabouço do 'sistema', requeridor de coerência e simetria, que pedia uma diversidade de *nível* e de força entre as normas. Era também a necessidade de proteger os conteúdos centrais da ordem (social, política, jurídica) contra o alcance do legislador ordinário. Este — sobretudo na urgência das oscilações partidárias — poderia deformar ou mesmo destruir conquistas basilares obtidas dentro de um universo de valores que cabia consolidar."(SALDANHA, *op.cit.*, p. 136-7)
27   ibid, p. 136
28   ENTERRÍA, Eduardo Garcia de. **La Constitución como norma y el Tribunal Constitucional**. 3. ed. Madrid: Civitas, 1985, p. 49

suem espécie diferente, já pelo conteúdo, pois ferem matéria mais alta, já pela forma."[29]

A par dessa conexão com a soberania, buscando delinear a razão que enseja a superioridade da Constituição, assevera Oswaldo Palu[30] que há quem defenda o entendimento de que "a superioridade material de uma Constituição resulta do fato de que ela organiza competências estatais, estabelecendo as competências, ela é necessariamente superior às autoridades que nelas estão investidas (maior importância das normas constitucionais)"[31], na medida em que indagam como podem, essas autoridades cujas competências são atribuídas constitucionalmente, contrariar a Constituição, isto é, o fundamento jurídico de sua própria autoridade.

Para Enterría, há várias razões para a Constituição não ser somente uma simples norma, mas precisamente a primeira de todas as normas do ordenamento, a norma fundamental, *lex superior*.[32] Assevera, ainda, fazer da Constitui-

---

29 SALDANHA, *op.cit.*, p. 137
30 PALU, *op cit.*, p.22.
31 "É da constituição que os legisladores retiram seus poderes; como poderiam alterá-la sem destruir o fundamentos de sua autoridade? E a autoridade reforçada que a Constituição atribui a seu conteúdo diz logicamente a uma consagração formal (hierarquia entre a Constituição e demais atos normativos)." Em outro trecho, acentua: "Para Burdeau, a superioridade da Constituição decorre do fato de ser ela que funda juridicamente a ideia de Direito dominante, enunciando e sancionando o finalismo da instituição estatal, organizando as competências. A Constituição não suprime as pretensões rivais, mas, ao menos, constrange-as a se utilizarem das vias e meios que a organização política constitucional oferece à oposição." (Ibid, p.27)
32 "Primero, porque la Constitución define el sistema de fuentes formales del Derecho, de modo que sólo por dictarse conforme a lo dispuesto por la Constitución (órgano legislativo por ella diseñado, su

ção um parâmetro normativo superior determinante da validade das leis editadas pelo Congresso, o qual não fica fora do alcance dos juízes e tribunais, constituiria significativa contribuição americana ao direito constitucional moderno.[33]

Roberto Mendes Mandelli, por seu turno, preconiza que "é na Constituição que o Poder Público encontrará a forma de elaboração legislativa e o seu conteúdo; a Constituição será responsável por dar fundamento de validade ao direito infraconstitucional."[34]

De outra parte, não se olvide que "vivendo o homem em uma sociedade estatal, sua conduta encontra-se submetida a um conjunto de normas, normas estas que se acham escalonadas sistematicamente, de tal forma que, em determinado ordenamento jurídico, não possuem todas elas o mesmo valor, havendo uma hierarquia no sistema".[35]

Pois bem, sendo o Direito um sistema de leis, esse sis-

---

composición, competencia y procedimiento) una Ley será válida o un Reglamento vinculante; en este sentido es la primera de las 'normas de producción', la *norma normarum*, la fuente de las fuentes. Segundo, porque en la medida en que la Constitución es la expresión de una intención fundacional, configuradora de un sistema entero que en ella se basa, tiene una pretensión de permanencia (una 'Ley Perpetua' era la aspiración de nuestros comuneros) o duración (*dauernde Grundordnung*: ordenamiento fundamental estable, 'el momento reposado y perseverante de la vida del Estado: FLEINER), lo que parece asegurarla una superioridad sobre las normas ordinarias carentes de una intención total relevante y limitada a objetivos mucho más concretos, todo singulares dentro del marco globalizador y estructural que la Constitución ha establecido."(ENTERRÍA, *op. cit.*, p.49-50)

33 ENTERRÍA, *op. cit.*, p.53.
34 MANDELLI JUNIOR, *op.cit.*, p.35.
35 FERRARI, Regina. Maria Macedo Nery. **Efeitos da Declaração de Inconstitucionalidade**. 5. ed. rev. e atual. São Paulo: RT, 2004, p.53.

tema precisa ser necessariamente hierárquico[36]. Nesse esquema hierárquico, a Constituição ocupa o *cimo*, o ápice.

De acordo com Marcelo Neves, "a unidade do ordenamento jurídico, enquanto unidade formal, é inseparável da hierarquia das fontes de produção jurídica, diretamente vinculada, por sua vez, à hierarquização das normas de Direito positivo, não advém de puras relações lógicas inferencial-dedutivas, antes decorrendo do relacionamento hierárquico das fontes de produção jurídica".[37]

Oswaldo Palu observa que "iniludivelmente os atos normativos não estão no mesmo plano hierárquico. As relações de subalternidade surgem, necessariamente, para que se tenha um sistema orgânico e funcional de normas e atos normativos."[38]

Para estruturar os diferentes patamares normativos, Kelsen[39] recorre à figura geométrica de uma pirâmide, as-

---

36 Para Nelson Saldanha, essa necessidade de hierarquização decorreu da assunção/adoção por parte do direito moderno de um racionalismo sistematizante e de um padrão legalista. (SALDANHA, *op. cit.*, p.136). "Na verdade, toda e qualquer norma jurídica só encontra o seu sentido e validez quando interpretada como parte de um todo, o ordenamento jurídico." (NEVES, Marcelo. **Teoria da Inconstitucionalidade das Leis**. São Paulo: Saraiva, 1988, p.19).

37 No entanto, Giacomo Gavazzi adverte: "De um ponto de vista histórico, este, da hierarquia das fontes, não é o único modo de determinar a superioridade e a inferioridade das normas. A concepção hierárquica das fontes é uma teoria que só em tempos recentes se sobrepôs e quase terminou por absorver a concepção hierárquica das normas" (GAVAZZI, Giacomo. **Delle antinomie**. Torino, Gisppichelli, 1959, p.78, *apud* NEVES, Marcelo. **Teoria da Inconstitucionalidade das Leis**. São Paulo: Saraiva, 1988, p.27-28)

38 PALU, *op. cit.*, p. 69.

39 Analisando o pensamento kelseniano, Regina Ferrari registra: "Se reconhecermos o escalonamento da ordem jurídica e admitirmos que a unidade da mesma se realiza na existência de uma norma de grau supe-

severando que "uma norma para ser válida é preciso que busque seu fundamento de validade em um norma superior, e assim por diante, de tal forma que todas as normas cuja validade pode ser reconduzida a uma mesma norma fundamental formam um sistema de normas, uma ordem normativa."[40]

Conforme o magistério de Regina Maria Macedo Nery Ferrari, a Constituição de um Estado é, no sistema normativo, a norma suprema, fundamental, de sorte que nela se busca a validade das normas existentes no ordenamento jurídico, isto é, uma norma, para ter validade dentro do siste-

---

rior, que fundamenta a validade do sistema como um todo, sentimos necessidade de buscar a validade desta norma, que se encontra no ápice da pirâmide kelseniana, e que, se seguirmos a mesma linha de pensamento, isto é, que uma norma inferior busca sua validade em uma norma imediatamente superior, e assim por diante, chegaríamos sempre à existência de uma norma fundamental, a qual não poderia, sob pena de levarmos este raciocínio ao infinito, buscar sua validade em outra que seria o fundamento de validade desta (...) Assim, resta perguntar qual seria o fundamento de validade da Constituição. Essa é uma questão interessante, magistralmente analisada por Kelsen, que nos leva à existência e ao reconhecimento da norma hipotética fundamental, responsável pela unidade do sistema jurídico, embora não seja uma norma de direito positivo. (...) Então, a ordem jurídica decorre de um pressuposto lógico-transcendental, de algo que serve de base para o ordenamento jurídico, mas que se encontra fora dele, na norma hipotética fundamental, que é uma norma pressuposta, cujo enunciado é: devemos nos conduzir como a Constituição prescreve; enunciado este pressuposto logicamente e que serve de base para a norma fundamental da ordem jurídica, que é a Constituição (...) Assim, a Constituição, considerada lei suprema do Estado, orienta todas as manifestações normativas, de tal forma que podemos dizer que a lei ordinária é determinada, em seu conteúdo e seus efeitos, pela norma constitucional de que deriva".(Id) Conferir, também, síntese do entendimento kelseniano realizada por Oswaldo Palu (*op. cit.*, p. 70-71).

40   KELSEN, Hans. Teoria Pura do Direito. 3. ed. Coimbra: Arménio Amado, 1974, p. 269.

ma, deve ser produzida em concordância com a norma superior, a qual constitui seu fundamento de validade.[41] Ressalta, ainda, que "a norma que proporciona a unidade do sistema normativo é a Constituição, considerada, desta forma, como fundamento de validade de um determinado ordenamento jurídico".[42]

A par da estrutura de pirâmide normativa, Regina Ferrari aduz ser possível conceber a ideia de hierarquia por meio de círculos concêntricos:

> "Sanchez Viamonte, reconhecendo a supremacia constitucional, explica que no Estado de Direito, organizado contemporaneamente, 'a ordem jurídica, considerada em sua totalidade, apresenta-se em forma de círculos concêntricos e que, em primeiro lugar e como círculo máximo, que circunscreve e compreende toda a vida jurídica da nação, encontra-se a Constituição, que traça a órbita de juridicidade dentro da qual deve conter-se o ordenamento jurídico'".[43]

Não obstante seja inquestionável que Kelsen elaborou "o discurso jurídico mais completo a respeito do escalonamento hierárquico das normas jurídicas", a aceitação dessa estruturação hierárquica da ordem jurídica não implica, de imediato, adesão aos seus postulados formalistas[44], eis que:

> "a história ocidental desde há muito tempo reconhece a existência de leis superiores, embora só recentemente tenha atribuído consequências jurídicas a tal circuns-

---

41 FERRARI, **Efeitos** ..., p.54
42 id.
43 FERRARI, **Efeitos** ..., p. 54.
44 CLÈVE, **Fiscalização Abstrata** ..., p.25.

tância. Com razão, portanto, Jorge Miranda quando sustenta que não é preciso entronizar as teses da teoria pura para reconhecer que as fontes e as normas se distribuem por níveis bastante diversos. Apesar de só no século XX, disso se ter tomado perfeita consciência, a supremacia da Constituição decorre da sua função do ordenamento."[45]

Deveras, apesar da importância do pensamento kelseniano[46] em relação à hierarquia normativa, há muitos questionamentos aos seus pressupostos e postulados teóricos.

Nesse aspecto, Marcelo Neves externa não ser possível atribuir à estrutura escalonada do ordenamento jurídico o significado uniforme, linear e perfeito que lhe pretendeu conferir "o pensamento kelseniano através do recurso à 'norma fundamental'." Isso porque se constata a possibilidade fática de ingressarem na ordem jurídica "normas que se desconformam material ou formalmente às normas superiores, nele permanecendo até que se manifeste o órgão competente através de mecanismo especial de desconstituição normativa"[47].

---

45 Por essas razões, conclui Clève, em trecho anteriormente transcrito, que "a supremacia da Constituição decorre menos de postulados teóricos e mais de uma concepção histórica progressivamente incorporada à consciência jurídica da civilização ocidental." (id).

46 Segundo Elival Ramos, Kelsen "constrói a relação hierárquica entre a Constituição e as demais fontes a partir do conceito material de Constituição, entendido no sentido estrito de conjunto de normas reguladoras da produção de normas jurídicas gerais." (SILVA RAMOS, Elival da. **A inconstitucionalidade das Leis — Vício e Sanção**. São Paulo: Saraiva, 1994, p.55-56)

47 "Além do mais, a perspectiva semiótica revela os limites semântico-pragmáticos da construção *absolutamente* hierárquica do ordenamento jurídico. A heteronímia significativa, do ponto de vista semânti-

Conclui, de tal sorte, Neves ser "insustentável a tese da *linearidade e perfeição* hierárquica do ordenamento jurídico", razão pela qual propõe "a distinção entre *pertinência* das normas ao ordenamento jurídico ('existência' jurídica) e *validade*. A perfeição hierárquica em Kelsen depende diretamente da confusão[48] entre validade e 'existência' jurídica específica das normas."[49]

Jorge Miranda, por seu turno, acentua que não adere ao entendimento kelseniano de que a validade de um ato decorre do regular processo de criação (ou seja, conforme à norma que, por isso, lhe é superior), e não do seu conteúdo, vez que, para o constitucionalista português, "a supremacia da Constituição é uma supremacia material; a Constituição não é Constituição por ser obra de um poder constituinte; é o poder constituinte que é poder constituinte por fazer a Constituição. Por seu lado, a lei, que encontra na norma constitucional limites que não pode exercer, fornece ao mesmo tempo sentido e substância à acção administrativa."[50]

A supremacia constitucional, ao erigir a Constituição como norma de maior hierarquia no ordenamento, não im-

---

co, e as divergências e conflitos entre as diversas autoridades oficiais na interpretação-aplicação normativa, do ponto de vista pragmático, levam a situações em que uma mesma norma é considerada válida por certos setores oficiais, sendo então por eles regularmente aplicada, enquanto é qualificada como inválida por outros setores oficiais, que por isso lhe afastam a aplicação. Mesmo que haja órgão encarregado de formular critério uniforme de interpretação, esta situação permanecerá por tempo indeterminado, enquanto não se proferir a decisão do órgão competente." (NEVES, *op. cit.*, p. 29)

48 Abordar-se-á esse assunto no próximo capítulo.
49 NEVES, *op. cit.*, p. 29.
50 MIRANDA, Jorge. **Manual de Direito Constitucional**. Tomo VI. Inconstitucionalidade e Garantia da Constituição. Coimbra: Coimbra Editora, 2001, p. 38.

plica apenas a compatibilidade formal do direito infraconstitucional com as regras constitucionais definidoras do processo legislativo, mas também a observância de sua dimensão material, mesmo porque a "Constituição, afinal, como quer Hesse, é uma ordem fundamental, material e aberta de uma comunidade. É ordem fundamental, eis que reside em posição de supremacia. É, ademais, ordem material porque, além de normas, contém uma ordem de valores: o conteúdo do direito, que não pode ser desatendido pela regulação infraconstitucional."[51]

Como se vê, a preeminência da Constituição em relação às demais normas do ordenamento jurídico pode ser observada mediante uma ótica tanto formal, quanto material.[52]

---

51 CLÈVE, Fiscalização Abstrata ..., p.26. Acentua, ainda, Clèmerson Clève: "Advirta-se que dos valores consagrados pela Constituição, dos *standards* valorativos densificados nos princípios constitucionais e nos preceitos, especialmente aqueles definidores de direitos fundamentais, é possível deduzir uma teoria da justiça, válida e suficiente para servir de parâmetro obrigatório para a atuação dos operadores jurídicos, inclusive os juízes. E, finalmente, expressa a Constituição uma ordem aberta, porque mantém uma interação com a realidade. A Constituição contém um registro de aprendizagem, comunicando-se, por isso, continuamente com a realidade histórica. A baixa densidade normativa da Constituição e a alta abstração de seus comandos constituem meios adequados para garantir a constante evolução de seu significado e o ajustamento de seu sentido às exigências da realidade sem a necessidade de se convocar a todo instante a manifestação do Poder Constituinte Derivado. (...) A força normativa da Constituição implica, pois, a construção de uma via de duas mãos: a Constituição conforma a realidade, mas ao mesmo tempo é, de certo modo, também pela realidade conformada. Está-se a referir à permanente tensão normatividade/realidade constitucionais."(Ibid, p.26-27).

52 "Sob uma ótica formal, a Constituição é vista diante das demais normas jurídicas revestida de força superior (hierarquia) dotada de preeminência. Toda Constituição emanada de um Poder Constituinte

Destarte, a Constituição consubstancia uma lei que apresenta, em razão seja da forma e do procedimento de criação, seja da posição hierárquica das suas normas, atributos especiais que a distinguem dos demais atos com valor legislativo do ordenamento jurídico. É dizer, caracteriza-se pela sua posição hierárquico normativa superior em relação às outras normas, superioridade essa que se expressa de três modos: (i) as normas constitucionais constituem uma *lex superior* que recolhe o fundamento de validade em si própria (*autoprimazia normativa*); (ii) são *normas de normas (normae normarum)*, é dizer, são fonte de produção

---

democraticamente legitimado que manifeste a intenção de elaborar documento desse jaez, seguindo procedimento específico, organicamente elaborada, é considerada como Constituição em sentido formal, independentemente de seu conteúdo. Os requisitos para uma Constituição (em sentido formal) São: Poder Constituinte + procedimento + intenção normativo-constitucional. (...) O sentido material da Constituição atende ao seu objeto, em que o conteúdo da norma tem preeminência, e não simples procedimentos ou intenções; aqui, o importante é o conteúdo, advindo e correlacionado ao conjunto de forças sociais e políticas que conformam a realidade social de um Estado. Uma classificação material das constituições — e da maior importância — foi feita por Karl Loewenstein a que chamou "ontológica" (critério a levar em conta não o conteúdo das Constituições, mas a sua concordância com a realidade no processo de Poder, sua real observância e efetividade, não apenas sob o signo jurídico) que classifica as constituições em: a) Constituição normativa, que é aquela real e efetivamente observada pela comunidade e pelos agentes estatais; b) Constituição nominal, que não é observada por falta de condições sociais, culturais, etc., mas sobre a qual se mantém a esperança de que, cedo ou tarde, tornar-se-á uma Constituição normativa. A decisão de promulgá-la é, eventualmente, prematura, e seu objetivo é mais educativo que efetivo; e c) Constituição semântica, que, ao contrário de sua origem, não limita, mas legitima e eterniza os detentores do poder, sendo utilizada pelos detentores fáticos deste para impedir o livre jogo das forças sociais da comunidade. Se não houvesse a Constituição semântica, nada mudaria, substancialmente." (PALU, *op. cit.*, p.39-40)

jurídica de outras normas (leis, regulamentos, estatutos); (iii) tal superioridade normativa enseja o princípio da conformidade de todos os atos do poder público com a Constituição.[53]

1.3. Supremacia e rigidez constitucional

A doutrina, ao tratar do tema da supremacia constitucional, em regra, analisa a relação com a ideia de rigidez constitucional, no entanto cumpre indagar se há ou não um vínculo de dependência entre supremacia e rigidez constitucional.

Pois bem, conferindo ao princípio da supremacia constitucional a condição de alicerce em que se assenta o edifício do moderno Direito Público[54], asseverando que as normas constitucionais põem-se acima das demais normas jurídicas (hierarquia) e que essa preeminência é o que vai constituir superioridade da Constituição, Oswaldo Palu assevera que "todas as constituições — rígidas ou flexíveis, escritas ou costumeiras — estão dotadas dessa preeminência, na lição de Barthélemy e Duez, e a 'Constituição, costumeira ou escrita, flexível ou rígida, retira, em princípio, do seu próprio conteúdo, uma certa supremacia.' A afirmação é significativa; são os aspectos intrínsecos da supremacia da Constituição."[55]

---

53 CANOTILHO, Teoria da..., p.1074.
54 Pinto Ferreira reputa a supremacia constitucional "como uma pedra angular, em que assenta o edifício do moderno direito político" (FERREIRA, Pinto. **Princípios Gerais do Direito Constitucional**. 6. ed. São Paulo: Saraiva, 1983, p.90).
55 PALU, *op. cit.*, p.22. Conforme o percuciente magistério de Regina Maria Macedo Nery Ferrari: "as rígidas só podem ser modificadas

Nesse sentido, Marcelo Neves assevera:

"Mesmo nos sistemas carentes de Constituição em sentido formal, há um núcleo normativo regulador do processo de produção das normas jurídicas gerais, caracterizado como Constituição em sentido material escrito, cujo conteúdo tem uma supremacia jurídica intrínseca, por ser logicamente anterior às demais normas gerais (legais e costumeiras) pertencentes ao ordenamento jurídico."[56]

Regina Maria Macedo Nery Ferrari, por sua vez, registra que "da rigidez decorre, como primeira consequência, a supremacia constitucional, do que resulta a necessidade de concordância das normas jurídicas inferiores à Constituição, que só valerão se com ela forem compatíveis."[57]

Nesse aspecto, Elival Ramos[58] sustenta que a doutrina extrai do atributo formal da rigidez das normas constitucionais, ou seja, da sua inalterabilidade pelos procedimentos usuais de renovação da legislação comum o princípio da supremacia da Constituição.

Em outro excerto, embora destaque que "sem rigidez constitucional não é possível falar em supremacia (formal), posto que as normas constitucionais flexíveis são colocadas

---

por um processo especial e mais solene que o previsto para a elaboração de leis ordinárias, enquanto as flexíveis são modificadas pelo processo legislativo comum." (FERRARI, **Controle** ..., p. 22)

56 NEVES, *op. cit.*, p.65. "Em realidade, quando, nos sistemas de Constituição flexível, a legislatura ordinária reforma as normas de conteúdo intrinsecamente constitucional (Constituição em sentido material estrito), deve atuar de acordo com o procedimento por elas mesmas prescrito, sob pena de sanção por invalidade formal." (Id, p.65).

57 FERRARI, **Controle** ..., p. 22.

58 RAMOS, *op. cit.*, p.54-55.

em pé de igualdade com as demais normas do ordenamento, na medida em que são modificadas pelo mesmo procedimento destas, valendo nas relações entre ambas o princípio da *lex posterior derogat priori*", reconhece que, na doutrina, há quem defenda existir, nos Estados de Constituições flexíveis, "uma supremacia hierárquica entre as normas constitucionais e as demais, ao menos no que concerne à regulação do procedimento legislativo ordinário pelas normas constitucionais."[59]

A propósito do entendimento de Marcelo Neves acima transcrito, Elival Ramos ressalta que se estaria tentando obter a supremacia formal a partir da supremacia material e não como decorrência da característica formal da rigidez, isto é, assegurar que uma lei ordinária não possa violar as normas materialmente constitucionais (acerca do processo legislativo), sob pena de invalidade. Destaca, outrossim, que "essa doutrina, porém, não prevaleceu nos Estados regidos por Constituições flexíveis, como se pode observar do ordenamento inglês, o paradigma dos sistemas constitucionais flexíveis."[60]

Não obstante conclua, Elival Ramos, que "no plano puramente lógico-formal, o princípio da supremacia aparece como decorrência da rigidez constitucional, consubstanciada em normas que estabelecem o procedimento especial (por diversidade orgânica ou procedimental) de revisão das normas da Constituição."[61], afirma, outrossim, que em:

---

59 RAMOS, *op. cit.*, p.54-55.
60 Ibid, p. 55-56. "No Direito inglês, efetivamente, vigora desde a revolução de 1688 a doutrina da supremacia do Parlamento, segundo a qual o Poder Legislativo é absolutamente soberano, em referência à função legiferante, não estando adstrito à observância de nenhuma norma jurídica preexistente." (Ibid, p.57)
61 Ibid, p.55-6

"uma abordagem histórico-política, verificar-se-á que, normalmente, a supremacia hierárquica, enquanto regra estrutural dos sistemas rígidos precede a rigidez, que a segue como consectário lógico, invertendo-se, destarte, os termos da equação. Com efeito, bem encaminhado o problema, constata-se que, no momento de edificação de ordenamento constitucional rígido, em regra, parte-se da supremacia, ao se efetuar a 'distinção entre Poder Constituinte, que dá início à ordem jurídica, e Poderes Constituídos, que a desdobram nos limites e nas formas estabelecidas pela Constituição."[62]

Em relação à indagação formulada no início desse item, para Clèmerson Merlin Clève, embora a supremacia constitucional seja, em princípio, dependente da rigidez constitucional, "a rigidez não é capaz, por si só, de assegurar a supremacia da Constituição", uma vez que "a real primazia de

---

62 RAMOS, op. cit., p.59. Isso porque, para Elival Ramos, "a justificativa para a superioridade da Constituição sobre os atos propriamente legislativos, afirmada por Sieyès no Capítulo V do *Que é o Terceiro Estado?*, reside no argumento de que a Constituição é obra de Poder superior ao Poder Legislativo. Daí, sentindo a necessidade de criar um mecanismo de modificação das normas constitucionais, aporta Sieyès na rigidez constitucional, ou seja, a Constituição somente poderia ser alterada por um Poder, também de natureza Constituinte, derivado do Poder Constituinte originário, que o cria para o desdobramento de sua obra inicial, e não pelo Poder Legislativo ordinário. (...) Não é de estranhar que a regra estrutural do sistema preceda as normas constitucionais, até mesmo as que tratam de sua reforma. Afinal, a regra estrutural, ao menos normalmente, já está presente na atuação do Poder Constituinte, antes mesmo de dar vida à Constituição. Apenas excepcionalmente se poderia imaginar um Poder Constituinte sem consciência de sua supremacia institucional, elaborando uma Constituição que agasalhe o atributo da rigidez, a partir dele, extraindo-se, então, o princípio e a regra estrutural da supremacia hierárquica." (Ibid, p. 60).

uma Constituição depende de sua efetividade (eficácia social). Sem efetividade (Constituição normativa) não há verdadeira preeminência. Mas mesmo no campo estritamente jurídico, a supremacia imprescinde de uma certa consciência constitucional, de um modo peculiar de cuidar e de compreender a Constituição."[63] De qualquer sorte, em que pesem os posicionamentos colacionados, o relevante é reconhecer a estreita relação entre a rigidez e a supremacia das normas constitucionais, bem como atribuir à supremacia hierárquica a condição de regra estrutural (do ordenamento) que precede, inclusive, a ideia de rigidez. Não olvidando, todavia, que a efetiva primazia da Constituição depende da sua eficácia social.

1.4. Constituição como Lei Fundamental e a razão de sua preservação

A ideia de supremacia da Constituição, seja qual for a ótica de análise, constitui uma marca indelével da ordem jurídica de um Estado de Direito.

Entretanto, não basta afirmá-la, isto é, não basta dizer que a Constituição é suprema, é Lei Fundamental do Estado. A fim de concretizar a superior autoridade constitucional, faz-se necessária:

"a compreensão da Constituição como norma, aliás norma dotada de superior hierarquia, a aceitação de que tudo que nela reside constitui norma jurídica, não havendo lugar para lembretes, avisos, conselhos ou regras morais e, por fim, a percepção de que o cidadão tem acesso à Constituição, razão pela qual o Legislativo

---

63 CLÈVE, **Fiscalização Abstrata** ..., p.32.

não é o seu único intérprete, são indispensáveis para a satisfação da superior autoridade constitucional.

A supremacia constitucional deve vir acompanhada, também, de uma certa consciência constitucional, ou, como prefere Hesse, de uma vontade de constituição. Ela reclama a defesa permanente da obra e dos valores adotados pelo Poder Constituinte. Afinal, sem consciência constitucional ou sem vontade de constituição, nenhuma sociedade consegue realizar satisfatoriamente sua Constituição ou cumprir com seus valores."[64]

A Constituição deve ser vista e entendida como lei fundamental, isto é, como fornecedora do fundamento de validade de todas as demais leis e atos normativos. Atribuir-lhe a qualidade de lei suprema importa reconhecê-la como o estatuto que sintetiza os valores fundamentais de um Estado e de uma sociedade, visando ao bem comum.

Deveras, a Constituição deve ser preservada não por uma razão tautológica, tampouco por anseios doutrinários, mas sim porque implica preservar os valores mais básicos e fundamentais acolhidos pela sociedade e plasmados no corpo constitucional, mormente na qualidade de direitos fundamentais.

Nesse sentido, Regina Ferrari preconiza: "esta superioridade constitucional é a mais eficaz garantia da liberdade e da dignidade do indivíduo, já que obriga a enquadrar todos os atos normativos às regras prescritas na Constituição"[65].

Jorge Miranda, outrossim, sustenta:

"seja como for, a Constituição traduz algo de diverso e original. (...) Na Constituição se plasma um determina-

---

64 CLÈVE, **Fiscalização Abstrata...**, p.33-34.
65 FERRARI, **Efeitos...**, p.55.

do sistema de valores da vida pública, dos quais é depois indissociável (...) Sob uma perspectiva científica, não importa senão pensar em Constituição num sentido rigoroso e próprio e esse vem a ser o que se descobre com o constitucionalismo. Os institutos por estes inspirados contrastam com os institutos do direito precedente profundamente. E sobretudo o confronto entre dois períodos pode fazer-se em face do relevo assumido pela Constituição: torna-se a base de todo o Direito positivo, contém as *têtes de chapitres* dos demais ramos do Direito (na célebre fórmula de Pellegrino Rossi) e é por essa função de superioridade que se realiza e se define."[66]

Por fim, saliente-se que a tutela efetiva da supremacia da Constituição não prescinde da existência de uma especial proteção em face de violações decorrentes de atos normativos inferiores às suas normas. Razão pela qual, no próximo item, analisar-se-á o controle/fiscalização[67] da constitucionalidade. Isto é, traçada a importância e os motivos pelos quais deve haver a proteção das normas constitucionais no sistema hierárquico-nomativo, realizar-se-á, então, o estudo da forma pela qual se dá a defesa da Constituição.

2. CONTROLE DA CONSTITUCIONALIDADE COMO MECANISMO DE GARANTIA DA SUPREMACIA DA CONSTITUIÇÃO

2.1. A necessidade de existência da fiscalização da constitucionalidade

---

66 MIRANDA, **Manual** ..., 30-31
67 Os termos controle e fiscalização serão utilizados no presente trabalho como sinônimos.

Conforme explanado na seção anterior, confere-se à Constituição, no ordenamento jurídico, preeminência, supremacia, de modo que ela ocupa, na hierarquia normativa, o mais elevado escalão e consubstancia a mais relevante e eficaz garantia dos direitos fundamentais.

No entanto, essa assertiva, para ser efetivamente concretizada, impõe a existência de um meio ou modo de garantia em face de investidas normativas inferiores dos poderes constituídos.[68] É dizer, a existência de mecanismos suficientes para assegurar sua supremacia, mediante a verificação da adequação formal e material do direito infraconstitucional à própria Constituição, preservando, de tal sorte, os seus valores e, mormente, os direitos fundamentais.

Deveras, "a compreensão da Constituição como Lei Fundamental implica não apenas o reconhecimento de sua supremacia na ordem jurídica, mas, igualmente a existência de mecanismos suficientes para garantir juridicamente (eis um ponto importante) apontada qualidade."[69]

Essa necessidade de garantia[70], consistente em um juízo

---

68 "Obviamente que "la supériorité des lois constitutionnelles" seria uma palavra vã, caso elas pudessem ser impunemente violadas pelos órgãos do Estado; a violação da Constituição por atos estatais é a inconstitucionalidade e o meio de reprimir tais atos é a fiscalização da constitucionalidade das leis e atos normativos." (PALU, op. cit., 22)

69 CLÈVE, **Fiscalização Abstrata** ..., p.25. A propósito, observa Octávio Fischer: "uma Constituição somente é norma suprema de uma Comunidade se houver mecanismos que a proteja tanto dos atos (comissivos e omissivos) dos poderes públicos como, em certa medida, da própria sociedade civil". (FISCHER, Octávio Campos. **Os Efeitos da Declaração de Inconstitucionalidade no Direito Tributário Brasileiro**. Rio de Janeiro: Renovar, 2004, pág 12-13)

70 Buscando definir *garantia*, Jorge Miranda leciona que "a garantia tem de estar de fora da norma. Porquanto ela é de alguma norma, não a própria norma garantida. Representa-se como algo de necessário, que

de conformidade ou desconformidade das normas face aos preceitos constitucionais, cujo escopo é obter a subordinação de atos normativos aos ditames constitucionais, está, segundo Jorge Miranda, estreitamente relacionada com a evolução operada no conteúdo da Constituição na passagem do Estado Liberal[71] ao Estado Social, uma vez que se trataria do "decurso de uma Constituição, tida por garantia

---

se acrescenta, que reforça a norma, que lhe imprime um poder ou um alcance maior. Constituindo num acto ou num conjunto de actos ou de atividades, em faculdades de fazer ou de exigir, numa função (consoante os prismas que se adoptem), a garantia traduz-se num mecanismo ao serviço da norma jurídica." (MIRANDA, **Manual** ..., p.45)

71 "O constitucionalismo liberal, todavia, não se estabelece em nome da garantia da constitucionalidade. É movido pela Constituição. Conquistada esta, espera-se que se inicie uma época de felicidade geral e que o sistema jurídico, que, à sua luz, se instaure — não se pensa muito na situação social — venha por acréscimo e em concordância natural com ela. Não se temem, por conseguinte, actos legislativos que façam perigar o sentido da Constituição. Não apenas se avolumam os obstáculos de natureza política a que se transgridam as normas como a ideologia triunfante conta com as leis para consolidar o que está constitucionalmente delineado. De resto, duas outras razões haveriam de vir dificultar a produção de normas legais inconstitucionais: uma reduzida actividade legiferante (em confronto com a do século XX) e o carácter das normas da Constituição, pedindo do estado mais uma abstenção do que uma intervenção ampla na vida da comunidade. Mesmo quando se verificam indesmentíveis casos de inconstitucionalidade, o optimismo liberal não perde o ânimo, não perde a fé na força e intangibilidade do edifício constitucional. Esmein, no seu tratado célebre, relaciona o advento das Constituições escritas com as ideias conjugadas de superioridade da lei sobre o costume, de renovação do contrato social através de forma mais completa e mais solene do que as Constituições, assim redigidas, claras e sistemáticas, proporcionarem um excelente meio de educação capaz de espalhar entre os cidadãos o amor de seus direitos. Seria oportuno acrescentar que para os constitucionalistas liberais uma Constituição escrita haveria de encerrar uma garantia: a de que se tornariam mais patentes as violações das suas normas."(MIRANDA, **Contributo** ..., p.42-43).

terminante e necessária, para uma autonomizada garantia das normas; como sendo a passagem de uma luta pela constituição, título de segurança e justiça, para um empenho em se rodear de meios acessórios de coercibilidade. Não basta que a Constituição outorgue garantias; tem, por seu turno, de ser garantida."[72]

Pois bem, a supremacia da Constituição enseja a necessidade de fiscalização da constitucionalidade[73] das leis e conduz ao reconhecimento da inconstitucionalidade[74], im-

---

72 MIRANDA, **Contributo** ...p. 77.

73 "O objetivo do controle de constitucionalidade é afastar do ordenamento jurídico os atos do Poder Público que se mostrem desconformes, incompatíveis, inadequados com algum preceito ou princípio constitucional, seja materialmente, seja formalmente." (MANDELLI, *op.cit.*, p.35) "Define-se o controle da constitucionalidade dos atos normativos como o ato de submeter-se à verificação de compatibilidade normas de um determinado ordenamento jurídico, inclusive advindas do Poder Constituinte derivado, com os comandos do parâmetro constitucional em vigor, formal e materialmente (forma, procedimento e conteúdo), retirando do sistema jurídico (nulificando ou anulando) aquelas que com ele forem incompatíveis. Em relação à norma parâmetro ou paradigma que deverá prevalecer, ou seja, a Constituição, pode-se afirmar que é todo o seu conteúdo, formalmente considerado. Há sistemas em que apenas parte do modelo constitucional serve de paradigma ao controle de constitucionalidade, v.g., o caso da França. Mesmo os princípios constitucionais implícitos permitem o controle da constitucionalidade no Brasil, desde que bem entendido o que sejam e o que seja a lacuna deliberada pelo Constituinte." (PALU, *op. cit.*, 65).

74 Segundo Marcelo Rebelo de Souza, "o princípio da Constitucionalidade não implica apenas a formulação de juízos de inconstitucionalidade, com as consequências primárias e laterais que apontamos. Ele envolve, simultaneamente, a consagração de mecanismos destinados a assegurarem a verificação da inconstitucionalidade, de modo a não restarem dúvidas acerca da desconformidade da conduta inconstitucional e a poderem ser activados alguns dos efeitos da desvalorização jurídica daquela conduta. Do que se trata, neste outro plano, é a da criação e vigência de um sistema de fiscalização da constitucionalidade, que pre-

portando tanto uma verificação externa — dos requisitos formais de elaboração do ato —, quanto uma verificação interna — dos requisitos materiais ou substanciais, de conteúdo —, visando em ambas a aferir a compatibilidade com o dispositivo constitucional.

A fim de demonstrar a extrema relevância da fiscalização da constitucionalidade, no Direito hodierno, para assegurar a supremacia constitucional e a hierarquia normativa, cumpre transcrever o magistério de Canotilho e Vital Moreira:

"A fiscalização da constitucionalidade significa essencialmente uma coisa: que a Constituição é a lei básica do país e que toda a ordem jurídica deve ser conforme ela. Ela é corolário da consideração da Constituição como *facto jurídico*, como *realidade normativa*, isto é, como lei fundamental da ordem jurídica. A fiscalização da constitucionalidade traduz-se, assim, na garantia do respeito pela hierarquia normativa. Todas as normas devem respeitar as de hierarquia superior. Ora, a Constituição é a norma suprema do país, logo todas as demais normas a devem respeitar."[75]

Não se olvide, outrossim, que o escopo último do controle de constitucionalidade reside na preservação do po-

---

veja a competência de um ou vários órgãos do poder político para apreciarem e enunciarem uma eventual inconstitucionalidade e ainda que estabeleça a participação dos cidadãos, de outros órgãos do poder político, ou de seus titulares no processo conducente àquela verificação." (SOUSA, Marcelo Rebelo de. O **valor jurídico do acto inconstitucional**. Tomo I. Lisboa: Coimbra Editora, 1988. p.19).

75 CANOTILHO, José Joaquim Gomes; MOREIRA, Vital. **Fundamentos da Constituição**. Coimbra: Coimbra Editora, 1991, p.237.

der do povo, expresso em uma Constituição social e democrática, de modo que os instrumentos de controle devem se prestar à proteção dos direitos fundamentais, visando a impedir o desmantelamento do Estado Social Democrático de Direito. Essa relação de dependência entre a fiscalização, a proteção aos direitos fundamentais, a supremacia e a manutenção do Estado Democrático de Direito não pode ser negligenciada, mesmo porque o esteio do controle[76] não pode ser restringido à exigência de unidade sistêmica e hierárquica do direito, sob pena de recair nas vicissitudes ressaltadas por Pedro Vega, no sentido de que não se pode ter a falsa ideia de que a defesa da Constituição se justifica por si só.[77]

---

[76] Para Maria de Assunção Esteves, "o fundamento do controlo da constitucionalidade não tem que ver apenas com uma exigência de garantia da unidade sistémica do Direito — como o veriam as concepções kelsenianas de uma estrutura escalonada da ordem jurídica (*Stufenbau der Rechtsordnung*), ou luhmannianas, de estrutura autoreferencial do sistema jurídico —, mas reside, precisamente, naquela que é a ideia de base do constitucionalismo, a ideia de Estado limitado, e coincide com a ideia de Direito tal como Kant a define. (...) Ao rejeitarmos a tese de que o fundamento do controlo de constitucionalidade das leis consiste somente na exigência da unidade sistémica do Direito, estamos a afastar-nos daquilo que Alexy denomina de concepção 'legalista' do sistema jurídico e a aproximar-nos daquilo que, também na terminologia de Alexy, se poderá denominar de concepção 'constitucionalista'. A concepção 'constitucionalista' sustenta que ao sistema jurídico pertencem não apenas regras, mas também valores que, enquanto valores de nível constitucional, são suscetíveis de um 'efeito de irradiação' sobre o sistema jurídico." (ASSUNÇÃO ESTEVES, Maria de. Legitimação da Justiça Constitucional e Princípio Maioritário. In: Colóquio no 10º aniversário do Tribunal Constitucional, 1995, Coimbra. **Tribunal Constitucional. Legitimidade e Legitimação da Justiça Constitucional**. Coimbra: Coimbra Editora, 1995, p.132-3)

[77] "as constituições, longe de atualizar um sistema de valores, se con-

2.2. Pressupostos da fiscalização e classificação conforme a natureza do órgão fiscalizante

A existência de uma Constituição em sentido formal, e, em segundo lugar, a consciência de necessidade de garantia dos seus princípios e regras com a vontade de instituir meios adequados consubstanciam os grandes pressupostos da fiscalização de constitucionalidade das leis e dos demais actos jurídico-públicos.[78]

Com efeito, a par da emanação de uma Constituição em sentido formal[79], é imprescindível, para se dotar o sis-

---

vertem em meros instrumentos de falsificação da realidade política, deixam, portanto, sem justificação possível a defesa, dentro delas, de qualquer sistema de justiça constitucional. Defender a pura semântica constitucional terminaria sendo então, a nível político, a mais vituperável traição aos valores do constitucionalismo autêntico e, a nível científico, a negação mais rotunda das funções primordiais que a jurisdição constitucional está chamada a desempenhar. Por isso, se juridicamente o controle de constitucionalidade só se concebe desde a definição prévia da constituição como lei suprema, política e cientificamente só é lícito sustentar a existência de uma justiça constitucional quando a constituição se entende como realidade normativa e não como mera configuração nominal e semântica, proceder de outro modo suporia condenar a teoria constitucional e o labor dos constitucionalistas como a mais misteriosa e errante das atividades."(GARCÍA, Pedro de Vega. **Jurisdicción constitucional y crisis de la constitución. Estudios políticos constitucionales**, México: UNAM, 1980, p.285)

78 Cfr. nesse sentido MIRANDA, Jorge. **Manual de Direito Constitucional**. Tomo VI — Inconstitucionalidade e Garantia da Constituição. Coimbra: Coimbra Editora, 2001. p. 100.

79 "Ao lado do conceito de Constituição em sentido material, encontra-se o seu conceito em sentido formal, o qual, levando em conta o processo de elaboração ou modificação das normas constitucionais, as diferencia da categoria das normas ordinárias. Seriam, portanto, normas constitucionais as produzidas por um processo especial, mais solene do que o exigido para a elaboração de normas ordinárias. Essa espe-

tema jurídico de um aparelho de fiscalização, que "a supremacia da Constituição se revele um princípio jurídico operativo."[80]

A propósito, Clèmerson Merlin Clève registra que a fiscalização da constitucionalidade dos atos normativos implica a satisfação de alguns pressupostos, a saber: (i) exigência de uma Constituição formal[81]; (ii) compreensão da Constituição como lei fundamental (rigidez[82] e supremacia constitucionais; distinção entre leis ordinárias e leis constitucionais); e (iii) previsão de pelo menos um órgão dotado de competência para o exercício dessa atividade.[83]

Deveras, não basta a mera existência de Constituição escrita, faz-se mister, inclusive como pressuposto suficiente à fiscalização da constitucionalidade, a compreensão da Constituição como lei fundamental, mediante a consagração de, no mínimo, três conceitos: a) rigidez constitucio-

---

cificidade traduz-se em diversas formas: no *quorum* exigido para aprovação, na existência de um órgão especial para elaboração, na iniciativa reservada ou, ainda, na sujeição do projeto à aprovação popular, o *referendum*" (FERRARI, Regina Maria Macedo Nery. **Controle de Constitucionalidade das Leis Municipais**. 3. ed. São Paulo: RT, 2003, p. 20).

80 MIRANDA, **Manual** ..., p.100-101.

81 Transcreva-se, por oportuno, "a fiscalização da constitucionalidade exige mais do que uma Constituição. Exige uma Constituição compreendida como instrumento jurídico, por isso escrita e formalizada. Apenas com o surgimento do Estado de Direito, consolidado com as revoluções burguesas, é que emerge definitivamente a problemática da Constituição escrita e, pois, formal." (CLÈVE, **Fiscalização** ..., p.29).

82 "A rigidez constitucional permite a discriminação entre as obras do Constituinte e do Legislador. A segunda, encontrando o seu parâmetro de validade na primeira, não pode, quer sob o prisma material, quer sob o prisma formal, atingi-la. Existe, bem por isso, uma relação hierárquica (relação de fundamentação/derivação) necessária entre ambas." (CLÈVE, **Fiscalização** ..., p.32).

83 CLÈVE, **Fiscalização**..., p.29.

nal; b) supremacia constitucional; e c) distinção entre lei constitucional e lei ordinária[84].

Não obstante a problemática relativa à rigidez constitucional já tenha sido objeto de análise, na seção anterior, quando se cuidou da relação daquela com a supremacia constitucional, convém apenas recordar que as Constituições rígidas exigem um procedimento especial, em geral oneroso e complexo, para sua alteração; ao revés, as Constituições flexíveis podem ser modificadas pelo processo legislativo comum, qual seja aquele destinado à elaboração de leis infraconstitucionais.

Neste aspecto, ressalve-se, consoante magistério de Regina Maria Macedo Nery Ferrari[85], não haver equivalência entre o conceito de Constituição escrita e Constituição rígida, mesmo porque não só já houve Constituições escritas que não eram dotadas de rigidez constitucional tal como o famigerado exemplo do Estatuto Albertino[86] que, sem em-

---

84 "Além de explicitar a diferença entre norma constitucional e norma ordinária, é necessário ressaltar que se essa diferença não mais existir, se ambas estiverem em posição de igualdade no sistema, não mais se poderá falar em adequação das normas ordinárias às constitucionais, já que estará anulada a superioridade destas em relação àquelas. Faz-se mister esclarecer que a superioridade constitucional só acontece em sistemas em que o critério de diferenciação entre as normas constitucionais e as ordinárias não seja o material, mas o formal, pois se o tratamento jurídico for igual para duas categorias normativas estaremos frente a duas normas de igual valor, independente da matéria tratada." (FERRARI, **Controle** ..., p.21.)

85 Ibid, p.22.

86 "Exemplo de Constituição flexível foi o Estatuto Albertino, o documento político que presidiu a unificação italiana. Seus preceitos poderiam ser alterados pelo mesmo processo utilizado para a elaboração das leis comuns. Bem por isso, segundo Celso Bastos, o Legislativo comum tinha na verdade a condição permanente de Poder Constituinte." (CLÈVE. **Fiscalização** ..., p.32)

bargo fosse uma carta escrita, era flexível e não rígida, mas também pelo fato de que a rigidez constitucional decorre da distinção entre o Poder Constituinte (ainda que derivado) e os Poderes Constituídos.[87]

Embora explane que a fiscalização da constitucionalidade manifesta-se nos países que adotam Constituições rígidas, Clèmerson Clève destaca ser cogitável "a existência da indicada fiscalização nos Estados regulados por Constituições flexíveis", uma vez que, enquanto a inconstitucionalidade material depende da rigidez constitucional, "a inconstitucionalidade formal pode perfeitamente manifestar-se ainda que em face de uma Constituição flexível. Isto porque, estabelecido, embora em normativa constitucional despida de rigidez, determinado procedimento para a elaboração das leis, qualquer violação desse procedimento consistirá em inconstitucionalidade."[88]

Destarte, nas Constituições flexíveis, não há fiscalização material de constitucionalidade[89], eis que o poder legis-

---

87 Id.

88 "O mesmo ocorre quanto à violação da norma que dispõe sobre o órgão competente para a produção de lei. A alteração do procedimento e a norma de competência criticados. Como se vê, a Constituição flexível possibilita a emergência de inconstitucionalidade formal, mas jamais de inconstitucionalidade material. A rigidez constitucional, ao contrário, no caso de incompatibilidade, é determinante da emergência das duas espécies de inconstitucionalidade."(CLÈVE, **Fiscalização** ..., p.31).

89 Jorge Miranda apresenta, nesse assunto, entendimento diverso: "Damos por exacto que exista inconstitucionalidade material e formal, quer em Constituição rígida quer em Constituição flexível (como a seu tempo indicaremos). Contudo, mesmo que se refute o nosso raciocínio, uma coisa é certa: que não pode subsistir uma lei, que não seja ou constitucional ou inconstitucional. E se não encontrarmos a inconstitucionalidade, será apenas porque o acto que seria inconstitucional — se a Constituição não fosse flexível — se transmuda em criador de normas

lativo atua na condição permanente de poder constituinte, sendo apenas possível a fiscalização formal de constitucionalidade, na hipótese de a Constituição estabelecer o procedimento para a elaboração de leis, bem como os órgãos competentes para produzi-las. As Constituições rígidas, por sua vez, permitem uma fiscalização material e formal de constitucionalidade, isto é, além do procedimento de elaboração da lei, será verificada a compatibilidade entre seu conteúdo e o da Constituição.

Quanto ao pressuposto da fiscalização consistente na compreensão da Carta Magna como lei fundamental, ressalte-se que ele importa seja na aquiescência de sua primazia, seja na consciência da necessidade de garantia dos seus princípios e preceitos.

Sem embargo a fiscalização da constitucionalidade seja o principal mecanismo de defesa e de garantia da Constituição, o controle tão somente ocorrerá se a própria Constituição conferir, expressa[90] ou implicitamente[91], a um ou

---

constitucionais. A inconstitucionalidade aí prende-se com a susceptibilidade de passagem à revisão. Em suma, não é já no contexto da teoria da inconstitucionalidade que se acaba pôr a distinção entre Constituições rígidas e flexíveis, mas no da teoria da revisão constitucional, como qualificação de dois processos próprios. Por si só fica assim compreendida que a garantia da Constituição tenha nascido naqueles paises em que é rígida." (MIRANDA, **Contributo** ..., p.41).

90 Para Jorge Miranda, é imprescindível a atribuição expressa, pela Constituição ou por lei, de competência para fiscalizar a constitucionalidade: "Essas funções de garantia, essa competência para conhecerem da constitucionalidade não podem tomar quaisquer órgãos por si. Atendendo a que não estão reguladas na Constituição, têm de provir da lei; a competência é por lei. Nenhum órgão pode funcionar como órgão de garantia, se uma norma jurídica lhe não atribui tal competência. Mais ainda: é preciso uma disposição expressa da lei. Por menos defensável que seja essa exigência, ela é um dado do estado constitucional europeu de origem francesa. Em vez de plenitude de jurisdição, preferem-se juí-

mais órgãos, competência para exercitá-la; trata-se, portanto, de pressuposto da fiscalização. É dizer, à proteção da Constituição e, por conseguinte, de sua supremacia faz-se necessária, na distribuição de competências constitucionais, a instituição de órgão ou órgãos incumbido(s) da realização da fiscalização de constitucionalidade.

Consentâneo é o magistério de Regina Ferrari: "deve a Constituição determinar qual o órgão competente para analisar a conformidade ou desconformidade de uma lei ou ato normativo frente à Constituição e declarar a inconstitucionalidade quando for o caso."[92] Caso ela seja omissa, "competente é o Poder Judiciário, e isso em decorrência não só da natureza da sua função, mas também do fato de que estaria dentro de sua competência de aplicador do direito a missão ora analisada".[93]

No que concerne aos *órgãos* da fiscalização, Jorge Miranda aponta três grandes classificações[94], quais sejam: fis-

---

zes especializados por lei, entre os quais se deixam largas fissuras. Parece evidente, que se a Constituição atribui, por preceito expresso, aos tribunais judiciais competência de garantia, também somente, por preceito expresso da lei, poderiam outros tribunais conhecer da constitucionalidade. A limitação para a lei consiste em que se retirem ou restrinjam as competências constitucionalmente definidas (da mesma forma que a regulamentação legal dos órgãos constitucionalmente estabelecidos deve ser conforme com as normas constitucionais). Quer dizer: a garantia pode estar para além da Constituição, deve estar de acordo com a Constituição. Seria paradoxal que, para se garantir a Constituição, se fosse estatuir contra as normas constitucionais." (MIRANDA, **Contributo** ..., p.179-180).

91   CLÈVE, **Fiscalização** ..., p.34.
92   FERRARI, **Controle** ..., p. 27.
93   Id.
94   Não se olvide, como bem ressalta Genaro Carrió, não há classificações certas ou erradas, mas sim úteis ou não didaticamente falando. (CARRIÓ, Genaro. **Notas sobre el derecho y el lenguaje**. Buenos Ai-

calização por órgãos comuns e por órgãos especiais; fiscalização por órgãos políticos e por órgãos jurisdicionais ou, eventualmente, por órgãos políticos, por órgãos jurisdicionais e por órgãos administrativos; fiscalização difusa e concentrada.

Pois bem, na *fiscalização por órgãos comuns*, "são órgãos definidos por competências diversas das de garantia, ou, não especificamente, de garantia (o Parlamento, os tribunais comuns, judiciais ou administrativos, porventura o Rei ou o Presidente da República) que recebem também competências de fiscalização da constitucionalidade".

Ao passo que, na *fiscalização por órgãos especiais*, "são órgãos *ex professo* criados para isso (júris, comissões, conselhos, tribunais constitucionais), ainda que, muitas vezes, com competências complementares."[95]

De outra parte, a fiscalização é política, jurisdicional ou, eventualmente, também administrativa, conforme seja efetuada "por *órgãos políticos*, por *tribunais* e por *órgãos administrativos* — quer dizer, por órgãos correspondentes às três funções fundamentais do Estado, os quais possuem formas próprias de intervir e se orientam segundo critérios bem diferenciados."[96]

Como se vê, o órgão responsável pelo controle da constitucionalidade[97] "pode exercer função jurisdicional, como

---

res: Abeledo Perrot, 1971)
95 MIRANDA, **Manual** ..., p.50-51.
96 Id.
97 A propósito, assevera Jorge Miranda "Por que outorga a Constituição poderes de apreciação da constitucionalidade ao presidente da República, à Assembleia Nacional e aos tribunais judiciais? Com certeza, porque supõe que a índole das competências, que desempenham, admite que lhes sejam associados tais poderes. Nenhum preceito nos diz que somente esses órgãos devam encarregar-se da garantia constitucional e que esteja fechada a possibilidade de dinamização ainda para além

política; tanto pode, no primeiro caso, integrar a estrutura do Judiciário, como residir fora dela", desde que se "promova a fiscalização da constitucionalidade dos atos normativos do Poder Público, censurando aqueles violadores de preceitos ou princípios constitucionais."[98]
Ainda que qualquer meio possa, em princípio, ser elevado a jurídico, seja a garantia política, seja a garantia privada, cumpre reconhecer, conforme magistério de Jorge Miranda, que o meio jurisdicional revela-se como o meio de garantia de conteúdo jurídico mais rico.[99]

---

dela. A função de garantia, derivada como é da natureza da mente exercida, com as restantes funções. Se for dada a outros órgãos, não previstos por normas constitucionais, qualquer competência de fiscalização, não há-de imiscuir-se nas funções dos órgãos constitucionais e, nomeadamente, no exercício por estes órgãos de uma competência de fiscalização. Por si a função de garantia deve ser um factor de equilíbrio do sistema." (MIRANDA, **Contributo** ..., p.178.)

98   CLÈVE, **Fiscalização Abstrata** ..., p. 34-35.

99   "Na sua essência, a garantia repousa (embora não se esgote) num juízo de conformidade ou desconformidade perante a norma garantida; procura-se saber se um acto ou uma norma de grau inferior são conformes ou desconformes com uma norma de grau superior e, no caso de desconformes, procura-se inutilizá-las. Na garantia jurisdicional, além disso, vem a registrar-se uma específica conformidade com outra norma, com a norma de garantia. Quando falamos em norma de garantia jurisdicional, queremos dizer norma que não só regula algum meio, algum acto, como ainda norma que provoca que o meio se desenvolva, que o acto se realize.
A garantia da Constituição começa pelo conhecimento da conformidade ou desconformidade da norma e do acto jurídico-público com a norma constitucional. Então o é jurisdicional, se tal conhecimento se faz em processo jurisdicional e o acto de garantia tem a sua razão de ser subjectiva numa norma, e não num interesse ou numa intenção (ainda que tutelados por uma norma). Qual é essa razão? A razão jurídica (subjectiva) de um acto de garantia jurisdicional da Constituição é o cumprimento da norma de garantia." (MIRANDA, **Contributo** ..., p. 212-213).

Nesse aspecto, assevera Klaus Stern que "uma das instituições mais sólidas de defesa da Constituição é uma justiça constitucional de ampla jurisdição, na Federação como em diversas competências nos Estados. Com ela torna-se jurisdicionável o Direito Constitucional."[100]

2.3. Espécies de controle da constitucionalidade — critérios: sujeito, tempo, modo, interesses subjacentes, objeto do processo

Quanto ao sujeito, há o controle difuso e o concentrado. O difuso corresponde àquele que compete a uma pluralidade de órgãos dispersos, distribuindo-se a aptidão para apreciar a inconstitucionalidade a todos órgãos, ao revés a *fiscalização concentrada*[101] compete a um só órgão (ou, eventualmente, a um número muito reduzido de órgãos, *v.g.*, os supremos tribunais das ordens de jurisdição existentes), havendo competência específica de algum ou alguns órgãos.

Vale dizer, a fiscalização difusa existe quando todos os tribunais e juízes recebem o poder de conhecimento da inconstitucionalidade, ao passo que fiscalização concentrada pode ser confiada quer a um órgão jurisdicional quer a um órgão político.[102]

Por meio dessas duas modalidades de fiscalização, estruturaram-se, fazendo uso de igual denominação, dois sistemas clássicos de controle de constitucionalidade: o sistema difuso e o sistema concentrado.

---

100 STERN, Klaus. **Derecho del estado de la República Federal Alemana**. Madrid: Centro de Estudios Constitucionales, 1987, p.372.

101 No Brasil, após o advento da Constituição de 1988, tem havido um intenso fortalecimento do controle concentrado em detrimento do difuso.

102 MIRANDA, **Manual** ..., p.50-51.

O sistema difuso, também designado de sistema americano, reconhece a competência de qualquer juiz para fiscalizar a constitucionalidade das leis quando da sua aplicação a um caso concreto, afirmando-se a supremacia da Constituição perante a lei, eis por que é considerado uma das grandes contribuições do constitucionalismo americano. Nesse sistema a inconstitucionalidade é levantada pela via incidental, no decurso de um processo comum, e é discutida na medida em que seja relevante para o caso concreto.

Por outro lado, o sistema concentrado, criado no direito austríaco, reserva a atribuição para julgar a constitucionalidade das leis a um determinado órgão competente, podendo ser um tribunal do Poder Judiciário ou não, criado especificamente para o exercício dessa função. Nesse tipo de controle, as questões de inconstitucionalidades são discutidas, geralmente, em processo autônomo, independentemente da existência de qualquer litígio concreto, com o objetivo de defender a Constituição; ou mesmo por questões presentes em incidentes de inconstitucionalidade, tendo por base um caso concreto.

Cotejando as fiscalizações difusa e concentrada[103], Jorge Miranda destaca

---

103 "São bem conhecidos e quase clássicos os argumentos favoráveis e contrários quer relativamente à fiscalização judicial difusa quer relativamente à fiscalização concentrada. Em abono da primeira, diz-se que só ela confere aos tribunais a sua plena dignidade de órgãos de soberania; que só ela os implica e responsabiliza no cumprimento da Constituição; que, com ela, a questão da inconstitucionalidde se põe naturalmente como questão jurídica, e não política (pois *jura novit curia*); que ela, sem haver que aguardar pela decisão de qualquer órgão central, o tribunal que julga no caso concreto deixa de aplicar a lei inconstitucional. Contra a fiscalização difusa invocam-se a possibilidade de desarmonia de julgados, com o consequente risco de desvalorização dos julgamentos de inconstitucionalidade e da própria Constituição; e a diluição do poder de controle pelas centenas de tribunais existentes, com o con-

"que — independentemente das vantagens e dos inconvenientes, dos avanços e dos riscos que comporte — é apenas em fiscalização concentrada que a garantia avulta em plenitude e chega a recortar-se (como, não raro, se diz) como um verdadeiro poder do Estado a par dos demais poderes, com todos os problemas que isso acarreta. E isto ocorre ainda com maior nitidez quando a concentração se dá em Tribunal Constitucional e este, em fiscalização abstracta, declara a inconstitucionalidade com força obrigatória geral."[104]

---

sequente risco de não acatamento das decisões pelos órgãos políticos, legislativos e administrativos. Em favor da fiscalização concentrada apontam-se a certeza do direito, mormente quando haja eficácia geral das decisões sobre inconstitucionalidade; o aprofundamento das questões, ligado às especialidades de interpretação constitucional, com a consequente formação de uma jurisprudência enriquecedora do conteúdo da Constituição; a sensibilidade às interpretações políticas ou comunitárias globais dos problemas; o realçar da autoridade do órgão fiscalizador a par dos órgãos legislativos e de governo (o que significa que, se a contrapartida reforça a dos tribunais no seu conjunto, do Poder Judicial ou do tribunal de concentração no confronto dos demais órgãos de soberania). Contra a fiscalização concentrada alegam-se o perigo de um exagerado poder do órgão fiscalizador ou a sua vulnerabilidade às pressões vindas dos órgãos com poder real no Estado; a rigidez do funcionamento do sistema, os riscos de cristalização jurisprudencial e, muitas vezes, a sua desproporção frente às necessidades de decisão jurídica a satisfazer; o acabar por se subtrair, na prática, a Constituição, a sua interpretação e os seus valores aos tribunais judiciais. Pode supor-se que estes argumentos — de política constitucional — se neutralizam reciprocamente. Em última análise, porém, por reais que sejam os méritos e os deméritos que apresentem, fiscalização difusa e fiscalização concentrada hão-de valer mais ou mesno consoante os sistemas jurídico-políticos em que venham a ser integradas e aplicadas."(MIRANDA, **Manual** ..., p.115-116)
104 Ibid, p. 58.

A propósito do critério classificatório[105] tempo, isto é, momento de formação dos atos, a fiscalização poderá ser preventiva ou sucessiva. Preventiva, quando exercida antes de concluído o procedimento de formação ou, anteriormente, ao momento de consumação da obrigatoriedade ou, eventualmente, da executoriedade do acto. É sucessiva ou repressiva a que se exerce sobre comportamentos ou atos já perfeitos e eficazes.

No Brasil, o controle repressivo concentrado é realizado pelo STF, órgão da cúpula do Poder Judiciário, que tem por finalidade precípua a guarda da Constituição, enquanto o controle repressivo difuso é realizado por qualquer juiz ou tribunal.

Quanto às circunstâncias ou ao modo pelo qual se manifesta, a fiscalização será concreta ou abstrata. É *fiscalização concreta* a que surge a propósito da aplicação de normas ou de quaisquer atos (ou conteúdos de atos) a casos concretos, trate-se de solução de lides ou de providências administrativas ou outras providências. Ao passo que é *fiscalização abstracta ou em tese* a que se dirige aos comportamentos dos órgãos do poder público ou às normas em si, por aquilo que significam na ordem jurídica, independentemente da sua incidência em quaisquer relações ou situações da vida.[106]

---

[105] "Também quanto aos sistemas de fiscalização da constitucionalidade têm sido ensaiadas as mais diversas classificações, atendendo: às modalidades das condutas apreciadas; à relação entre o momento do início do processo de fiscalização (também conhecido, em determinadas circunstâncias como processo constitucional) e o da eventual ou efectiva entrada em vigor do acto; à orgânica consagrada para a fiscalização da constitucionalidade; à via adoptada para desencadear o correlativo processo; e à forma de intervenção final do órgão ou órgãos competentes para a apreciação da inconstitucionalidade." (SOUSA, *op.cit.*, p.23,4)
[106] "A fiscalização concreta redunda em garantia da constitucionalida-

Tendo em vista os interesses subjacentes à fiscalização, ensejadores do início do respectivo processo, a fiscalização pode ser subjectiva ou objectiva. É subjetiva quando se cingir a um interesse direto pessoal de alguém, isto é, quando tem por causa ou por ocasião a repercussão da ofensa da Lei Fundamental nas esferas jurídicas de certas e determinadas pessoas. É objetiva quando se visa à preservação ou à restauração de constitucionalidade objetiva, ou seja, quando o que avulta é a constante conformidade dos comportamentos, dos atos e das normas com os preceitos constitucionais.

No que concerne ao objeto do processo, o controle pode ser incidental ou principal. Quando inserido em processo que converge para outro resultado que não a garantia da Constituição, sendo a inconstitucionalidade questão prejudicial de mérito, é dizer, questão de direito substantivo que condiciona a decisão final do processo, será controle incidental. Ao revés, será principal o controle em que a garantia constitui o escopo principal ou único e a inconstitucionalidade for elevada à questão principal, isto é, a cerne, objeto do processo.

Ressalve-se, a propósito, que "uma coisa é falar em questão prejudicial, outra coisa (...) falar em incidente de inconstitucionalidade, uma vez que a questão de inconstitucionalidade não é uma questão incidental ou de Direito processual, mas sim uma questão prejudicial ou de Direito constitucional substantivo, não obstante seja suscitada *incidentalmente* em processo que tem por objeto uma questão outra.[107]

---

de no espaço comunitário quotidiano. A fiscalização abstracta insere-se no equilíbrio global dos órgãos do Estado e pode ser entendida como expressão qualificada de um *pouvoir d'empêcher*." (MIRANDA, **Manual** ..., p.52).

[107] "Na maior parte dos casos, a fiscalização incidental corresponde à

2.4. Ausência de um padrão absoluto de controle da constitucionalidade

Muito embora não só se haja feito, no item anterior, menção aos dois sistemas clássicos de controle da constitucionalidade, mas também o controle da constitucionalidade seja entendido como mecanismo de proteção à supremacia constitucional e à vontade externada pelo poder constituinte originário, não se pode, como adverte Octávio Fischer, "pretender que toda e qualquer Constituição imponha o mesmo delineamento à jurisdição constitucional".[108]

Assim, os dispositivos colhidos no direito comparado devem ser analisados com cautela, eis que "não encontraremos na Constituição de 1988 a mesma jurisdição constitucional que se tem nos Estado Unidos, na Áustria, na Alemanha ou na Itália. Não só porque as normas atinentes a este problema foram elaboradas com uma estrutura e uma fun-

---

fiscalização por via de excepção, e a principal a fiscalização por via de acção. Mas pode haver fiscalização incidental desencadeada por acção: é possível alguém dirigir-se a tribunal, invocando um direito fundamental seu, e sustentar o seu pedido na inconstitucionalidade da norma legislativa e no princípio geral da tutela jurisdicional de direitos (arts. 20.º e 268.º, n.º 4, da Constituição).De todo o modo nesta hipótese, a questão principal é a relativa ao direito constitucionalmente garantido e a questão prejudicial a relativa à inconstitucionalidade da norma legislativa — assim como a decisão do tribunal no sentido da inconstitucionalidade só produz efeitos na causa, no caso concreto. O juiz limita-se a declarar o direito invocado, aplicando a norma constitucional, a qual prevalece sobre a norma infraconstitucional. Naturalmente, pode ainda a lei admitir que a questão de inconstitucionalidade seja suscitada na fase de recursos."(MIRANDA, **Manual** ..., p. 55).
108 FISCHER, *op.cit.*, p.16.

ção diversas, mas, principalmente, em razão do contexto constitucional em que elas se encontram".[109]

Cotejando o Estado Liberal e o Estado Democrático, Octávio Fischer assevera que, como naquele o Estado não é chamado a intervir na sociedade e na economia e à Constituição reserva-se a regulamentação das estruturas de poder e a garantia de direitos fundamentais de primeira geração, "o papel da jurisdição constitucional é mais restrito, com uma função negativa, de garantia das normas constitucionais contra as ações por comissão do Poder Público"[110]

Ao passo que, num Estado Democrático de Direito, havendo a imposição de tarefas tanto ao Estado como à Sociedade, "a ideia de força normativa da Constituição implica uma outra postura no exercício da jurisdição constitucional, até porque, como lecionava Vital Moreira, quanto

---

109 Sustenta, na sequência, "Se nos Estados Unidos é bem aceita a modulação dos efeitos da declaração de inconstitucionalidade, não significa que a mesma deva ser aceita no direito brasileiro. Se na Itália há as chamadas sentenças manipulativas, isso não implica que o Brasil também tenha que aceitá-las. Para além disso, a jurisdição constitucional no Brasil, sob o influxo dos modelos americanos e europeu, constitui um peculiar sistema de controle, sem paralelo em outros ordenamentos jurídicos. Enfim. É importante asseverar que os limites e o campo de atuação da jurisdição constitucional somente podem ser corretamente compreendidos à luz do modelo de Estado e de Constituição em que tal atividade se encontra. Daí que, por exemplo, em um Estado Totalitário, a tendência é de que inexista controle de constitucionalidade dos atos do poder ou, existindo, que o mesmo seja de tal forma limitado, que, de fato, pareça inócuo."(Ibid, p.16-17).

110 Gustavo Binenbojm expõe, neste sentido, que, no constitucionalismo liberal, a justificação da jurisdição constitucional estava na garantia da supremacia dos direitos do homem sobre as criações da vontade geral. (BINENBOJM, Gustavo. **A Nova Jurisdição Constitucional Brasileira**. Rio de Janeiro: Renovar, 2001, p.55).

maior e mais extensa a Constituição, menor o 'âmbito da liberdade de conformação do legislador'".[111]

Em que pesem essas vicissitudes imprimam características peculiares à fiscalização de constitucionalidade de cada país, uma afirmação é aplicável a qualquer jurisdição constitucional: ao se produzir atos legislativos que contrariam os vetores estabelecidos na Carta Magna, exerce-se arbitrariamente um poder, sendo que o controle/fiscalização da constitucionalidade constitui mecanismo de preservação da vontade do poder constituinte originário que impõe, nos Estados Democráticos de Direito, a cooperação entre os poderes, mas não descura de prever meios para enfrentar as tentativas que sempre ocorrem de subverter a ordem constitucional.

Deveras, trata-se de mecanismos que se enquadram no sistema de freios e contrapesos — no qual há colaboração e fiscalização entre si — que busca impedir a *ditadura de um poder sobre o outro*. Atentar para isso é valorizar a Constituição como estatuto supremo, que dirige a atuação dos poderes e motiva ou impõe comportamentos à sociedade.

O controle jurisdicional de constitucionalidade não é um poder de revisão dos atos dos demais poderes, uma vez que se arrima na supremacia da Constituição em relação a uma lei de menor hierarquia e se destina a preservar a vontade do povo expressa na Carta Magna.

Destarte, o controle da constitucionalidade é corolário do Estado Democrático de Direito, eis que assegura o afastamento dos atos que ofendam à Constituição, protegendo, assim, os direitos fundamentais (escopo último da supremacia). À existência do Estado Democrático de Direito é imprescindível que as leis e atos normativos estejam sub-

---

111 FISCHER, *op. cit.*, p.16-17.

metidos a uma fiscalização da constitucionalidade realizada por órgão independente.

Não obstante isso, há questionamentos à legitimidade democrática da jurisdição constitucional, responsável pela realização da fiscalização da constitucionalidade e, assim, principal garantidora da supremacia da constituição, conforme se analisará na próxima seção.

3. LEGITIMAÇÃO DEMOCRÁTICA DA JURISDIÇÃO CONSTITUCIONAL

3.1. Democracia e constitucionalismo

Na abordagem a respeito da legitimidade democrática da jurisdição constitucional, desde logo, não se olvide que democracia e constitucionalismo são pontos de partida e não de chegada aos direitos fundamentais e à justiça social, de modo que o Estado Democrático de Direito não é somente aquele em que há o predomínio da maioria, mas também o que assegura os direitos fundamentais, respeita os princípios civilizatórios e promove a causa da humanidade.[112]

Em primeira guinada de visão[113], democracia equivale à soberania do povo ou à regra da maioria; Estado de direito, à jurisdição do poder e ao respeito pelos direitos fundamentais.

No entanto, perfilhar a possibilidade do poder da maioria ser irrestrito implicaria subverter as regras jurídicas que

---

112 Nesse sentido, conferir BARROSO, Luís Roberto. Prefácio in: BINENBOJM, Gustavo, **A Nova Jurisdição Constitucional Brasileira**. Rio de Janeiro: Renovar, 2001.
113 BINENBOJM, *op.cit.*, p.48.

disciplinam o seu exercício e vulnerar o conteúdo essencial daqueles direitos.

De outra parte, é necessário evitar que haja uma asfixia da vontade popular mediante a *cristalização* de determinados princípios jurídicos, elevados à condição de paradigmas do Direito. Assim, incumbe ao constitucionalismo harmonizar esses ideais até um 'ponto ótimo' de equilíbrio institucional e desenvolvimento da sociedade política, sendo tal ponto a medida de sucesso de uma Constituição.

Nesse intento, embora consagrem a democracia e o princípio da soberania popular, as Constituições modernas estabelecem a *forma* que deve ser observada para a manifestação da vontade majoritária, bem como os *conteúdos mínimos* que devem ser respeitados pelos órgãos representativos dessa vontade, sem, no entanto, suprimi-la. Cotejando a democracia com um jogo, poder-se-ia dizer que a Constituição seria o *manual de regras* e, os *jogadores*, os agentes políticos representantes do povo, cabendo à jurisdição constitucional ser o *árbitro* do jogo democrático.[114]

---

114 Nesse sentido, bem pondera Gustavo Binenbojm: "O equilíbrio e a harmonização dos ideais do Estado democrático de direito se buscam através da complexa estrutura de funcionamento do sistema de divisão de poderes entre órgãos políticos e jurisdicionais, adredemente delineada na Constituição. Nos países que adotam o sistema de controle judicial da constitucionalidade das leis, os eventuais conflitos políticos de índole constitucional não se resolvem, em caráter definitivo, pela decisão da maioria, mas, ao contrário, por uma decisão do Tribunal Constitucional. Realmente, como intérprete *último* da Constituição, compete-lhe ditar aos demais poderes os limites de sua autoridade, velando por que atuem pautados pelos *procedimentos* e dentro dos limites *substanciais* constitucionalmente previstos. Evita-se, com isso, que o poder da maioria se *tiranize*, suprimindo os direitos das minorias e pondo em risco o próprio funcionamento do regime democrático." (BINENBOJM, *op. cit.*, p.48-49)

3.2. Jurisdição Constitucional: risco democrático?

Não obstante a jurisdição constitucional tenha se afirmado como o mais importante instrumento de contenção do poder político nas democracias contemporâneas[115] e, por conseguinte, de proteção dos direitos fundamentais, tornando-se, inclusive, 'elemento integrante da própria definição do Estado de direito democrático' (na medida em que preserva determinados princípios e direitos — mormente os direitos fundamentais —, que se encontram *subtraídos* do embate político cotidiano, da atuação de maiorias legislativas ocasionais). Ela encontra-se em tensão dialética permanente com a democracia.

Com efeito, desde a origem da jurisdição constitucional, a legitimidade dos órgãos jurisdicionais, para invalidar regras produzidas pelo legislativo, tem sido questionada, principalmente em virtude do princípio democrático, eis que se ressalta o paradoxo entre a legitimidade conferida pelo povo, durante o processo eleitoral, aos órgãos legislativos, e a "ilegitimidade" dos órgãos judiciários e cortes constitucionais cujos membros não são eleitos pelo povo.

De outra parte, não se pode olvidar a necessidade de impor limites ao poder da maioria, a fim de se assegurar a proteção de direitos, notadamente os direitos fundamentais, que não podem ser submetidos a maiorias ocasionais.

---

115 MOREIRA, Vital. **Princípio da Maioria e Princípio da Constitucionalidade: Legitimidade e Limites da Justiça Constitucional. Legitimidade e Legitimação da Justiça Constitucional**. Coimbra: Coimbra Editora, 1995, p.178. Sobre isso, afirma Gustavo Binenbojm: "a existência de uma jurisdição constitucional parece ter-se tornado hodiernamente, na observação de Vital Moreira, um requisito de legitimação e de credibilidade política dos regimes constitucionais democráticos." (BINENBOJM, *op. cit.*, p.08)

Pois bem, a contestação da legitimidade democrática da Jurisdição Constitucional decorre, principalmente, de dois aspectos: (i) as Cortes Constitucionais são compostas por juízes não eleitos — embora nomeados, em regra, pelos agentes que detêm mandato popular — que não se submetem aos controles periódicos de aferição da legitimidade de sua atuação, próprios da democracia representativa; (ii) as decisões das Cortes Constitucionais não estão submetidas, em regra, a qualquer controle democrático, salvo por meio de emendas que venham a *corrigir* a jurisprudência do tribunal.[116]

A ausência de controle de legitimidade *a posteriori* das decisões da Corte Constitucional enseja o denominado risco democrático (Dieter Grimm), isto é, o questionamento da legitimidade democrática das Cortes Constitucionais.

Gilmar Mendes, por seu turno, assevera que a razão da caracterização de risco democrático, levantado por Dieter Grimm, consistiria no fato de que:

"as decisões da Corte Constitucional estão inevitavelmente imunes a qualquer controle democrático. Essas decisões podem anular, sob a invocação de um direito superior — que, em parte, apenas é explicitado no processo decisório —, a produção de um órgão direta e de-

---

116 Para Binenbojm, "tal solução é apenas parcialmente satisfatória, eis que também as emendas à Constituição podem, em tese, ser objeto de declaração de inconstitucionalidade." (BINENBOJM, *op.cit.*, p.51-52). Conferir, também, MENDES, Gilmar Ferreira. **Direitos Fundamentais e Controle da Constitucionalidade**. São Paulo: Ed. Celso Bastos, 1998, p.463. Retornar-se-á a essa problemática no terceiro capítulo quando, ao se analisar especificamente o tema objeto do presente trabalho, isto é, a Constitucionalização Superveniente, far-se-á menção à correção de decisões da jurisdição mediante atuação do Legislativo na condição de poder reformador.

mocraticamente legitimado. Embora não se negue que também as Cortes ordinárias são dotadas de um poder de conformação bastante amplo, é certo que elas podem ter a sua atuação *reprogramada* a partir de uma simples decisão do legislador ordinário. Ao revés, eventual *correção* da jurisprudência de uma Corte Constitucional, somente há de se fazer, quando possível, mediante emenda."[117]

De fato, conforme ressalta Luís Roberto Barroso, na ampla discussão sobre o controle de constitucionalidade pelo Judiciário e seus limites, travada nos últimos anos, argumenta-se que os agentes dos Poderes Executivo e Legislativo são escolhidos pela vontade popular, bem como "sujeitam-se a um tipo de controle e responsabilização política de que os juízes estão isentos", razão pela qual ao controle judicial da atuação dos outros poderes atribui-se a denominação "de 'countermajoritarian difficulty' (dificuldade contramajoritária.)[118]"

---

117 MENDES, GILMAR. Prefácio In: TAVARES, André Ramos. **Tribunal e Jurisdição Constitucional**. São Paulo: Celso Bastos Editor. 1998, p.XIII-XIV.

118 "Esta questão foi tipicamente posta, nos anos 60, por ALEXANDER BICKEL, sob a forma de uma 'dificuldade contra-maioritária'. A percepção de que os legisladores expressariam de modo muito mais verdadeiro a vontade do 'Povo' do que os muitos, velhos e mediados textos judiciais. Mas a 'dificuldade' a que se refere BICKEL sugere ainda um outro problema: o de que o recurso aos 'remédios' maioritários, tais como uma maior deferência judicial para com os poderes políticos, em lugar de resolver o problema apenas o agravariam. Nas palavras de ALEXANDER BICKEL: 'A dificuldade de base é a de que o direito de controle judicial se apresenta como força contra-maioritária no nosso sistema de governo'. 'A procura deve ser a de uma função que possa (na realidade, que deva) envolver a tomada de uma decisão política, mas que se possa diferenciar ainda das funções legislativa e executiva. (...)'

Assevera, ainda, Barroso que esses questionamentos surgem notadamente nos segmentos conservadores, os quais são contrários ao "avanço dos tribunais sobre espaços que, segundo creem, deveriam ficar reservados ao processo político."[119]

Para essa tarefa de 'política jurídica', os tribunais possuem capacidades de que não dispõem as legislaturas (ou o poder executivo), e estas, no limite, mostram-se valiosas para a sociedade. 'Os tribunais possuem certas capacidades para lidar com assuntos de princípio que as legislaturas e o poder executivo não possuem.'. 'Os juízes detêm, pelo menos, deveriam deter, a disponibilidade, o treino e o isolamento para prosseguir pelas vias do académico na determinaçãos dos fins governativos'." (QUEIROZ, Cristina. **Interpretação Constitucional e Poder Judicial — Sobre a Epistemologia da Construção Constitucional.** Coimbra: Coimbra Editora, 2000, p. 314). Nesse sentido, Gargarella, após realizar duas indagações (i) como os juízes, não eleitos democraticamente, podem anular uma lei aprovada pelos representantes do povo, podem prevalecer sobre a vontade popular?; (ii) o poder judicial está capacitado para decidir definitivamente sobre a validade de normas?, sustenta que grande parte dos constitucionalistas e cientistas políticos reconhecem a existência de tensão entre a organização democrática da sociedade e a função judicial de revisão das leis. Denominam-na *dificuldade contramajoritária*, isto é, a dificuldade que surge quando o órgão com menor legitimidade democrática, dentro da divisão de poderes, impõe sua autoridade sobre os restantes. (GARGARELLA, Roberto. **La justicia frente al gobierno — Sobre el carácter contramayoritario del poder judicial.** Barcelona: Ariel, 1996.) Cristina Queiroz fala em miopia da maioria: "O poder judicial 'arbitra' a tensão entre a 'miopia da maioria', face às preferências representadas pelos poderes legislativo e executivo, e aqueles princípios que a maioria irá abraçar a longo prazo. Deste modo se ultrapassaria a 'dificuldade contra-maioritária': o princípio maioritário estaria sempre preservado face a um poder judicial não responsável. Este guardaria a maioria das 'pressões do momento'."(QUEIROZ, *op.cit.*, p. 258).
119 BARROSO, Luís Roberto. Interpretação e Aplicação da Constituição. 4. ed. Rio de Janeiro: Renovar, 2001, p.165.

3.3. Teorias positivistas: positivismo tradicional e positivismo normativo

Diante dos questionamentos relativos à legitimidade democrática da jurisdição constitucional, cumpre analisar as teorias positivistas e pós-positivistas que buscaram fundamentar tal legitimidade.[120]

Pois bem, Cláudio Pereira de Souza Neto sustenta que, em suas origens[121], a jurisdição constitucional inseria-se no bojo do ideal de moderação no exercício do poder político, de modo que estava vinculada a uma concepção do ato jurisdicional que o considerava como ato de mera cognição, não se cogitando a existência de ato de decisão, mesmo

---

[120] Nesse sentido, conferir SOUZA NETO, Cláudio Pereira. **Jurisdição Constitucional, Democracia e Racionalidade Prática**. Rio de Janeiro: Renovar, 2002.

[121] No que concerne às teorias que antecederam o advento da jurisdição constitucional, é salutar mencionar três pensadores. O pensamento de Locke fundamenta uma jurisdição constitucional preocupada com a garantia de direitos individuais, sendo, de tal sorte, antimajoritária. A obra de Benjamin Constant denota, ao criticar radicalmente os excessos da Revolução Francesa, verdadeira aversão ao poder da maioria, cujos argumentos compõem o cerne da justificação da jurisdição constitucional. Sieyès, por sua vez, preocupa-se em conciliar as duas principais tradições da teoria política — democracia e liberalismo —, tentando equilibrar o princípio majoritário com a garantia dos direitos individuais. Saliente-se, outrossim, que "deve-se ainda a Sieyès a formulação da ideia (...) da jurisdição constitucional como instituição política essencial à garantia da supremacia da Constituição. (...) o autor sustenta que a obediência à Constituição não poderia ficar na dependência da 'boa-vontade' do Poder Legislativo, propugnando pela instituição de um Tribunal Constitucional encarregado de excluir do ordenamento jurídico as leis inconstitucionais. A este tribunal caberia conter os excessos cometidos por maiorias irresponsáveis, cuja vontade não se poderia sobrepor à vontade superior do povo expressa na Constituição." (BINENBOJM, *op.cit.*, p. 24).

porque, para os defensores dessa vertente[122] de pensamento, as decisões — entendidas como atos de vontade — devem ser tomadas apenas pelo poder legislativo, cabendo, de tal sorte, ao Judiciário fazer atuar a decisão legislativa no caso concreto.

Tal vertente pode ser denominada de estática constitucional[123], visto que traduz a noção de que o sistema jurídico é formado exclusivamente por normas de conduta e de que a atividade jurisdicional deve se ater à aplicação automática da norma jurídica adequada ao caso concreto, sem que interfira a mediação criativa do órgão jurisdicional.

Nessa esteira, o constitucionalismo seria identificado com o movimento em prol da codificação, tendo a pretensão de obter, através da atividade legislativa, um sistema jurídico completo e coerente, capaz de dar respostas satisfatórias a todos os caso concretos levados à apreciação judicial.

Está a se falar do positivismo tradicional, que inspirou o primeiro constitucionalismo: caracterizado pela pretensão de positivação das máximas de direito natural, a qual acabou levando à formalização do conceito de constituição, definida, no limite, como lei constitucional. Havendo iden-

---

122 Trata-se das premissas decorrentes seja da Escola da Exegese — a qual considerava o ato jurisdicional como meramente cognitivo, é dizer, mera interpretação de um texto que já está dado, de uma vontade já preconstituída — seja do Método de interpretação de Savigny, segundo o qual caberia ao juiz apenas desvendar, através da interpretação, o sentido objetivo contido na norma, não se falando em ato jurisdicional como ato de vontade e sendo a teoria da decisão formulada como uma teoria da interpretação, havendo, portanto, a negação da decisão.

123 "como decorrência do dogma da onipotência do legislador, ocorre o surgimento da noção de sistema jurídico estático. Para se considerar o legislador como onipotente tem-se que pressupor o direito, considerado materialmente como um sistema completo e coerente." (SOUZA NETO, *op.cit.*, p.80-81)

tificação entre lei e norma constitucional, não seria possível conceber uma interpretação propriamente constitucional, tampouco uma teoria da decisão adequada à aplicação da constituição. No conflito entre lei constitucional e lei ordinária, cumpriria ao magistrado aplicar a lei de hierarquia superior, declarando uma nulidade que já vigorava, tendo efeitos retroativos. Sendo, sob tais pressupostos, a jurisdição constitucional completamente compatível com a teoria da separação de poderes, eis que o ato legislativo somente seria legítimo se não extrapolasse os limites da comissão constitucional, havendo extrapolação, o tribunal constitucional ficaria legitimado para invalidar o seu ato.

Todavia, esse modo de legitimar a jurisdição constitucional não logra se sustentar, quando se considere, como faz a teoria da decisão presente no normativismo kelseniano e hartiano[124], o ato jurisdicional não somente um ato cognitivo, mas também um ato volitivo, por meio do qual a autoridade judicial cria direito novo, isto é, cognitivamente o magistrado identificaria os limites dentro dos quais poderia fazer atuar sua vontade, todavia, dentro desses limites, teria total discrição jurisdicional. Dessa concepção acerca do ato jurisdicional, emerge uma jurisdição constitucional concentrada que exerce a função legislativa negativa.[125]

---

124 Kelsen descreve a norma jurídica como uma moldura, em que cabem diversas interpretações. Ao passo que Hart fala da textura aberta da norma jurídica. Para esses autores o magistrado pode optar volitivamente por uma das interpretações possíveis, dentro dos limites da moldura normativa. De tal sorte, o ato jurisdicional seria concomitantemente um ato de vontade e um ato de cognição. Segundo Souza Neto, o entendimento de Kelsen e Hart exclui da metodologia jurídica a razão prática, uma vez que a decisão é considerada como mero ato de vontade do magistrado, não controlável por critérios de aferição de sua racionalidade. (SOUZA NETO, *op.cit.*, p.81-82)

125 Salienta Binenbojm que "parece claro a Kelsen que a fiscalização da constitucionalidade não é função própria do Poder Judiciário, mas

No modelo kelseniano, a decisão proferida em sede de controle concentrado de constitucionalidade deve surtir efeitos *ex nunc*, prospectivos, na medida em que, sendo um ato de vontade, possui natureza constitutiva e não declaratória como no modelo positivista tradicional.

Para Kelsen, a Corte Constitucional constituiria o meio mais eficaz de proteger a normatividade da Constituição, eis que Governo e Parlamento tenderiam sempre a interpretá-la de forma parcial e consentânea com seus interesses. Somente um órgão isento da disputa política, composto de membros independentes, poderia exercer tão relevante função, mantendo o equilíbrio entre os poderes.

No entanto, não se pode olvidar que "a Corte Constitucional não apenas *aplica* a Constituição, em sentido unívoco, mas a *reescreve* ao interpretá-la de certa forma."[126]

Em famosa polêmica entre Kelsen e Carl Schmitt[127]

---

uma função constitucional autônoma que tendencialmente se pode caracterizar como função de *legislação negativa"*. Em outro trecho, o autor constata que "o próprio Kelsen reconhece que a função do Tribunal Constitucional mais se assemelha à de um *legislador negativo*, equiparando a atividade de controle da constitucionalidade a uma modalidade especial de *revogação da lei.*". Porém ressalta que "a missão do Tribunal Constitucional se projeta, assim, para além da mera função de *legislador negativo*, guardião da coerência sistêmica do ordenamento jurídico. Seu papel é o de articular o debate público em torno dos princípios constitucionais, *constrangendo* os agentes políticos a levá-los em conta no desenrolar do processo democrático." (BINENBOJM, *op. cit.*, p.37)
126 BINENBOJM, *op.cit.*, p. 68.
127 SCHMITT, Carl. **La Defensa de la Constitución**. Madrid: Tecnos, 1998. "A conclusão de Schmitt é a de que o guardião supremo da Constituição de Weimar é o Presidente do Reich, segundo a interpretação por ele extraída do seu art. 48. Eleito diretamente pelo povo, o Presidente da nação alemã estaria situada numa posição central e *neutra* em relação ao sistema político-partidário, desempenhando uma espécie de função *moderadora*, como aquela desempenhada pelo monarca na concepção de Benjamin Constant." (BINENBOJM, *op.cit.*, p.71).

acerca de quem deveria ser o 'defensor da Constituição', este questionou a legitimidade do Tribunal Constitucional para imiscuir-se nos assuntos políticos e fazer prevalecer suas deliberações sobre aquelas tomadas por representantes eleitos diretamente pelo povo, até porque "se na jurisdição constitucional tem lugar uma atividade *volitiva*, e não meramente *cognitiva*, estar-se-ia, então, diante de uma contradição inconciliável com a democracia"[128], bem como defendeu que a ampliação jurisdição constitucional ensejaria não a juridicização da política, mas sim a indesejável politização da justiça.[129]

Contrastando as duas versões do positivismo jurídico, percebe-se com clareza o caráter estático na versão tradicional e o dinâmico na versão normativista. No entanto, a normativista enseja problemas incontornáveis de legitima-

---

128 ibid, p.69.

129 A propósito, ressalta Sérgio Moro que, "com a tarefa de interpretar a Constituição, Kelsen serve-se, na referida polêmica, do argumento já empregado por Hamilton, segundo qual a seria conveniente atribuir a função da defesa da Constituição a uma instância que não participasse do exercício do poder que a Constituição distribuiria essencialmente entre o Governo e o parlamento. O argumento é válido, e dos mais robustos na defesa da jurisdição constitucional. Se a guarda da Constituição representa grande poder, justifica-se conferi-lo à menos poderosa dentre os ramos do poder, a fim de evitar o incremento excessivo do poder dos demais. Tal argumento tem vantagem de não apelar para qualquer virtude especial do juiz, mas ao contrário, para as suas deficiências, o que é mais satisfatório para o ceticismo pós-moderno. A escolha, na realidade, faz-se por exclusão. Se a constituição deve prevalecer sobre os poderes constituídos, é necessário atribuir a alguma instituição o poder de controle. Na esteira do defendido por Kelsen, são óbvios os inconvenientes de atribuir tal função ao Executivo e ao Legislativo. Remanesceria como alternativa de escolha o Judiciário, que é menos perigoso dos ramos do poder." (MORO, Sérgio. **Jurisdição Constitucional como Democracia**. Curitiba, 2002. Tese — Programa de Pós-Graduação da UFPR, p.103)

ção da jurisdição constitucional no âmbito do paradigma liberal-positivista, até porque o modelo kelseniano não se compadece com a teoria da separação dos poderes. Deveras, na criação da jurisdição constitucional, busca-se justificá-la através da noção de governo moderado, no âmbito da filosofia política, e do juspositivismo, no âmbito da metodologia jurídica. Isto é, apenas se considerando o ato jurisdicional como um ato de cognição[130] seria possível justificar democraticamente que um órgão judicial anulasse uma norma produzida por um poder legislativo legitimado pelo voto popular.

Tais aspectos, no paradigma liberal positivista, em virtude mormente da teoria da separação de poderes, seriam indissociáveis, de modo que o ato jurisdicional necessariamente seria um ato meramente cognitivo, como ato de aplicação de uma vontade já pré-constituída pelo ato legislativo.

Entretanto, quando a filosofia do direito passa a concluir que o ato jurisdicional não é um ato meramente cognitivo, mas sim volitivo, desmorona a teoria da separação

---

130 "No que se refere à compatibilidade da jurisdição constitucional com o princípio democrático, o positivismo jurídico oferece a seguinte resposta: ao realizar o controle de constitucionalidade das leis, o juiz constitucional atua de forma rigorosamente *neutra*, sobrepondo a vontade do legislador constituinte, expressa no texto da Constituição, à vontade do legislador ordinário. A ideia é a de que a vontade da *maioria governante* de cada momento não pode prevalecer sobre a vontade da *maioria constituinte* incorporada na Lei Fundamental." Isto é, "a questão da legitimidade democrática da justiça constitucional ficaria, assim, superada pelos mitos da *neutralidade* do juiz e do *formalismo* hermenêutico que caracterizam o positivismo jurídico." (BINENBOJM, *op.cit.*, p.60-61) No entanto, o problema é que "toda atividade judicial, sobretudo em matéria constitucional, tem uma dimensão essencialmente criativa, de forma a adaptar o frio relato normativo às circunstâncias específicas de cada caso." (BINENBOJM, *op.cit.*, p.61)

dos poderes, restando, de tal sorte, deslegitimada a jurisdição constitucional, uma vez que desempenharia a função legislativa negativa, cuja legitimidade consistiria questão de atribuição constitucional de competências, desconhecendo, portanto, as exigências de legitimação inseridas no pensamento democrático.

Como se vê, o modelo normativista é incompatível com a teoria da separação dos poderes[131] e com a ideia de autonomia pública, por excluir a razão prática de sua concepção de metodologia jurídica. Demais disso, nesse modelo, a noção de estado de direito reduz-se à tautologia de que o estado é organizado juridicamente, perdendo seu conteúdo material.

De fato, a constatação de Kelsen de que o exercício da jurisdição implica uma atividade *volitiva* — e não mera-

---

[131] "essa concepção da função criadora da atividade judicial é frontalmente contraditória com o princípio da *separação dos poderes*, que, em sua concepção tradicional, distingue o direito da política, no sentido de neutralização política do judiciário. O princípio da *separação dos poderes* não pode conviver com uma teoria que considera a atividade jurisdicional qualitativamente igual à atividade legislativa. (...) O próprio Kelsen reconhece esta incompatibilidade: 'O conceito de separação de poderes designa um princípio de organização política. Ele pressupõe que os chamados três poderes podem ser determinados como três funções distintas e coordenadas do estado, e que é possível definir fronteiras separando cada uma dessas três funções. No entanto essa pressuposição não é sustentada nos fatos. Como vimos, não há três mas duas funções básicas do estado: a criação e a aplicação do direito, e essas funções são infra e supra-ordenadas.'" (SOUZA NETO, *op.cit.*, p.126-127). Nesse sentido, preconiza Gustavo Binenbojm que "a jurisdição constitucional, assim, embora desempenhando uma tarefa jurídica, e não política, exerce sempre um papel construtivo e *concretizador* da vontade constitucional. Por mais fiel que seja aos cânones de racionalidade, objetividade e motivação exigíveis de qualquer decisão judicial, a justiça constitucional jamais neutraliza inteiramente a influência dos fatores políticos no desempenho do seu mister." (BINENBOJM, *op.cit.*, p.62).

mente *cognitiva*, como supunha a hermenêutica tradicional — enseja um problema teórico cuja solução não é encontrada dentro do paradigma positivista.

Daí emerge a indagação: "como compatibilizar a função dos Tribunais Constitucionais, que se traduz em uma jurisprudência essencialmente criativa e construtiva, com a produção legislativa de órgãos políticos diretamente legitimados pelo povo, sem comprometimento quer da soberania popular, quer da supremacia da Constituição?"[132]

3.4. Teorias pós-positivistas (tópica, teoria dos princípios e teoria do discurso), reserva de consistência e direitos fundamentais

Buscando a conciliação indagada no final do item anterior, a doutrina jurídica pós-positivista estabelece um *âmbito* próprio de atuação para as Cortes Constitucionais e define *"limites* que possam, com a objetividade possível, apartá-lo do campo a ser preenchido por programas políticos escolhidos pela vontade majoritária dos cidadãos."[133]

A fim de solucionar tal impasse, a teoria do direito vê-se compelida a descartar alguns dos pressupostos fundamentais do positivismo jurídico, notadamente quando visa a resgatar a razão prática para reinseri-la na metodologia jurídica da qual foi excluída por obra do normativismo. Esse resgate é levado a cabo por diversos autores.[134]

Vale dizer, o impasse gerado pelo esgotamento do positivismo jurídico ensejou a formação, na filosofia do direito contemporânea, do paradigma pós-positivista, o qual afasta a possibilidade de resolver a aplicação das normas jurídicas,

---

132 ibid, p.74.
133 BINENBOJM, *op.cit.*, p.74.
134 SOUZA NETO, *op.cit.*, p.131 e ss.

notadamente das normas constitucionais, em razão de seu caráter aberto e fragmentado, por meio de um ato de mero conhecimento, como ocorria no positivismo tradicional, tampouco mediante a redução do ato jurisdicional a um ato meramente volitivo, como preconizava o normativismo. Afinal, o pós-positivismo crê na possibilidade de se fundamentarem racionalmente as pretensões normativas.

A tópica, a teoria dos princípios[135] e a teoria do discurso consubstanciam, no entender de Souza Neto[136], teorias que almejam superar o impasse relativo à legitimação da jurisdição constitucional deixado pelo positivismo jurídico. Tais teorias convergem no fato de que o direito não pode ser reduzido à faticidade da coação estatal, mas deve, outrossim, perseguir a legitimidade produzida pela adesão da comunidade à qual a norma se dirige. Eis a relevância fundamental da razão prática na conformação desse novo paradigma.

Claúdio Pereira de Souza Neto[137] menciona a existência de duas versões da tópica, quais sejam: (i) a tópica pura formulada originalmente por Theodor Viehweg[138]; e (ii) a tópica limitada normativa e sistematicamente como sucede nas obras de Konrad Hesse e Friedrich Müller.[139]

---

135 "Para a superação do *voluntarismo hermenêutico* que caracteriza o normativismo, será necessário conceber o Direito como um *sistema de regras e princípios*, dotado de *integridade*, e não como um mero sistema de normas, inapto a abarcar toda a variada e complexa realidade social. Seu esforço será o de defender um ativismo judicial construtivo, pautado por argumentos racionais e controláveis, que não descambe para uma versão autoritária de *governo de juízes*." (ibid, p.75)
136 SOUZA NETO, *op.cit.*, p.130 e ss.
137 SOUZA NETO, *op.cit.*, p. 131-132.
138 VIEHWEG, Theodor. **Tópica e Jurisprudência**. Trad. Tércio Sampaio Ferraz Jr. Brasília: Senado Federal, 1978.
139 Esses dois autores almejam promover a aproximação entre a tópica

Com efeito, a doutrina constitucional alemã contemporânea tem preconizado que, no processo de tomada de decisões, não é suficiente a referência a critérios normativos, sendo imprescindível também a referência aos fatos concretos aos quais se dirige a decisão judicial, bem como ao contexto social em que a decisão está inserida.

A metodologia concretizadora defende, justamente, que o magistrado atue no sentido de promover a convergência entre norma e fato, dever-ser e ser, constituição normativa e constituição sociológica, e que, outrossim, preencha argumentativamente o espaço deixado pela estrutura aberta da norma constitucional.

A perspectiva tópico-retórica compreende a exigência de racionalidade das pretensões normativas em termos de razoabilidade, criticando a lógica jurídica quando esta reduz a racionalidade à lógica formal, bem como ressaltando que, se a lógica formal não é adequada ao raciocínio prático, é possível, ao menos, obter, por meio de argumentos razoáveis, persuasivos, a adesão da comunidade à qual se dirige a pretensão normativa.

De outra parte, a tópica critica o normativismo por este deixar de observar que o processo decisório judicial não se constrói unicamente como um ato de vontade, vez que o magistrado, no ato jurisdicional, busca também atender às pretensões normativas que emanam da comunidade de jurisdicionados.

Na obra de Peter Häberle[140], articula-se fortemente a

---

e as conquistas metodológicas obtidas no positivismo jurídico; embora tenham um modelo complexo, não deixam de recorrer à interpretação tradicional de Savigny para estabelecer os limites sistêmicos e normativos nos quais a tópica poderá atuar. (SOUZA NETO, op.cit, p.132).
140 HABERLE, Peter. **Hermenêutica constitucional: a sociedade aberta dos intérpretes da constituição:contribuição para a interpreta-**

abordagem tópica-retórica com a teoria democrática, bem como a racionalidade, que para o positivismo estaria centrada na figura do magistrado, é localizada (transposta) no processo argumentativo, no qual se confrontam os argumentos e contra-argumentos até que se obtenha a decisão com maior potencial persuasivo.

De fato, o magistrado deveria sempre fundamentar sua decisão buscando a obtenção da adesão do auditório a que se dirige, formado seja pela comunidade jurídica, seja pela comunidade de jurisdicionados.

Enfatiza-se, portanto, na obra de Häberle, o caráter dialógico da racionalidade, de modo que o processo de tomada de decisões no âmbito constitucional seja visto como um processo inclusivo chamado de *comunidade aberta dos intérpretes da constituição*.

Nesse ponto de vista, a democracia não se reduz ao processo eleitoral — democracia representativa — mas é assegurada em termos de democracia participativa, sendo relevante o espaço público na formação da vontade coletiva. Apesar disso, Häberle ressalta que a jurisdição constitucional seria uma limitação da democracia representativa.[141]

Outrossim, vislumbra-se a perspectiva tópica-retórica nas obras de Hesse e Müller, todavia esses autores procuram limitar sistêmica e normativamente a área dentro da qual a argumentação tópica poderá atuar, mediante a estruturação do processo de decisão judicial, com diferentes etapas de concretização normativa. Inicialmente, seria definido o programa da norma que, por sua vez, estabelece os limites normativos que deverão permanecer intocados pela argumentação.

ção pluralista e 'procedimental' da Constituição. Trad. Gilmar Ferreira Mendes. Porto Alegre: Sérgio Fabris, 1997.
141 HABERLE, *op. cit.*

Com efeito, a metodologia hermenêutico-concretizadora representa uma restrição da liberdade argumentativa própria da tópica pura, a qual considera a norma um *topos*, que somente emerge, no curso do processo argumentativo, caso possa contribuir, no caso concreto, para a persuasão do auditório. Deste modo, na hipótese de contraste entre a norma constitucional e a infraconstitucional, o principal critério legitimador da jurisdição constitucional será a incompatibilidade dos programas normativos.

Nesse aspecto, a perspectiva tópica-retórica, para Souza Neto[142], não constitui uma negação total da metodologia positivista, mesmo porque, do normativismo, adota a noção de que a norma jurídica possui uma textura aberta e, do positivismo tradicional, faz uso dos elementos da interpretação de Savigny que definiriam os limites normativos dentro dos quais poderá atuar a tópica. Demais disso, a aplicação da norma constitucional é entendida em termos de concretização, dependendo essa da situação fática abrangida pela norma. A argumentação fará com que uma das interpretações possíveis seja não só uma opção racional, e não meramente volitiva, mas também adequada ao caso concreto.

Após tecer considerações relativas a tópica, Souza Neto[143] envereda pela seara contemporânea dos princípios constitucionais, estabelecendo as diferenças entre regras e princípios, não olvidando que, no âmbito constitucional, predomina a existência de princípios e não de regras como na legislação infraconstitucional. Eis o porquê da necessidade de uma teoria da decisão especificamente constitu-

---

142 SOUZA NETO, *op.cit.*, p. 195-208. Segundo Souza Neto, o método hermenêutico-concretizador representa um meio-termo entre a tópica e o positivismo jurídico.
143 SOUZA NETO, *op.cit.*, p. 195-208

cional, tal como preconizado em relação à interpretação constitucional. Os princípios, inclusive, têm relevância extrema na teoria da decisão, contribuindo muito para a contenção da discricionariedade.

Deveras, com o intuito de reduzir a discricionariedade judicial, a teoria contemporânea dos princípios aparece como outra vertente do pós-positivismo.

Segundo Dworkin[144], o positivismo tradicional é incapaz de sustentar a completude do sistema estático porque o considera composto apenas por regras, passíveis de aplicação subsuntiva. De igual modo, o normativismo sustenta a incompleitude do sistema estático, pois concebe as normas jurídicas apenas sob a forma de regras.

Dworkin, por sua vez, enfatiza que, além das regras, o sistema jurídico possui também princípios[145], os quais sempre podem oferecer critérios normativos para a tomada de decisão no caso concreto, mesmo nos casos difíceis, em que não haja regra aplicável ou a regra se mostre injusta.

Vale dizer, o normativismo afirmava que o preenchimento da abertura normativa ocorreria por meio de um ato de vontade. De outra parte, a teoria contemporânea da de-

---

144 DWORKIN, Ronald. *Los derechos en serio*. Trad. Marta Guastavino. Barcelona: Ariel, 1997.
145 ibid, p.83-135. A respeito, preconiza Gustavo Binenbojm: "Por intermédio da interpretação baseada em princípios, Dworkin rechaça a tese normativista de que os juízes, nos casos difíceis, decid de forma discricionária, quando a lei não contém todos os elementos para a tomada de decisão. (...) A noção de princípio é também fundamental para a legitimação da jurisdição constitucional no embate contra decisões da maioria legislativa. Aqui Dworkin contrapõe os argumentos de princípio (*argumente of principle*) aos argumentos de política (*arguments of policy*), como diferentes tipos de argumentos que buscam justificar uma decisão sobre grandes questões políticas (em sentido amplo)." (BINENBOJM, *op.cit.*, p.88-9)

cisão considera que a referência argumentativa¹⁴⁶ a princípios confere racionalidade, controlabilidade e justeza às decisões judiciais. Isto é, no preenchimento da moldura normativa, aplicar-se-iam os princípios que estabelecem critérios adequados à avaliação do caso concreto. Em virtude da existência de princípios, sustenta Dworkin que, no ordenamento jurídico, sempre se pode encontrar uma única resposta correta¹⁴⁷, mesmo nos casos difíceis. O juiz decide no caso concreto¹⁴⁸, porém tal decisão,

---

146 "Tal concepção pressupõe que o aplicador do Direito assuma uma postura ativa e construtiva, caracterizada pelo esforço de interpretar o sistema de princípios como um todo coerente e harmônico dotado de *integridade*. A *integridade* a que se refere Dworkin significa sobretudo uma atitude interpretativa do Direito que busca integrar cada decisão em um sistema coerente que atente para a legislação e para os precedentes jurisprudenciais sobre o tema, procurando discernir um princípio que os haja norteado." (BINENBOJM, *op.cit.*, p.85)

147 DWORKIN, Ronald. *Los derechos...*, p.150 A propósito, assevera Gustavo Binenbojm: "Dworkin cria um super-juiz, Hércules, que constrói um esquema de princípios, abstratos e concretos, que fornecem uma justificação um justificação coerente e racional para todos os precedentes judiciais. Hércules parte do pressuposto de que existe 'imanente' no sistema uma 'resposta correta' para todos os problemas, e descobri-la-á tomando em consideração o corpo global das matérias jurídicas relevantes (...) — a dimensão de justiça, a *fairness*, a garantia procedimental do *due process* etc —, compensando com esta a indeterminabilidade do direito. Uma solução que pressupõe, como interrogação jurídica prévia, a vinculação do juiz (e do ordenamento) a *princípios éticos de justiça*, reconhecimento que constitui justamente o ponto de partida para uma 'nova' teoria — *construtivista* — da interpretação em direito constitucional." (BINENBOJM, *op.cit.*, p. 87)

148 "No limite, ainda que DWORKIN proceda à delimitação da *função legislativa* (:polices) da *função judicial* (:principles), o que está a propor é, pura e simplesmente, que nos 'casos constitucionais difíceis', a intervenção do poder judicial, que não lida com argumentos finalísticos de preferências subjectivas, mas com *argumentos de princípios*, referentes aos direitos fundamentais, é superior à própria intervenção le-

a par de estar restrita aos limites da regra de textura aberta a ser aplicada, leva em conta também referências normativas que se consubstanciam nos princípios. De tal sorte, para Dworkin, a jurisdição constitucional é completamente legítima, uma vez que considera que a atividade jurisdicional, por força da presença dos princípios no ordenamento jurídico, não opera volitivamente, mas sim reconstrutivamente. Não há, assim, rompimento com a ideia de separação de poderes, vez que, existindo critérios normativos preestabelecidos, superiores à norma infraconstitucional, não há motivo para se concluir pela ilegitimidade das cortes constitucionais.

A propósito sustenta Gustavo Binenbojm[149] que "as funções da jurisdição constitucional e dos corpos legislativos são concebidas como processos de desenvolvimento da democracia, tendo cada qual um âmbito de atuação e uma racionalidade próprios."[150] De sorte que a jurisdição constitucional consubstanciaria:

"o *fórum do princípio* por excelência, porquanto os juízes constitucionais, por sua formação e independência,

---

gislativa. Ora, justamente, é essa interpretação 'baseada em princípios' — ou principialista — que transfere a soberania do legislador para o intérprete. A constituição 'democratiza-se'. 'Abre-se' à interpretação, requerendo com isso uma *interpretação construtiva*, assente na *crítica* e na *comunicação* com os outros." (BINENBOJM, *op.cit.*, p. 89)

149 BINENBOJM, *op.cit.*, p. 90

150 "As questões de princípio são matérias insensíveis à escolha ou à preferência da população (*choice-insensitive or preference-insensitive*), sendo, antes, imperativos morais da própria comunidade, reconhecidos como direitos fundamentais das pessoas. Já as questões de política são, por sua natureza, matérias sensíveis à escolha ou à preferência da população (*choice-sensitive or preference-sensitive*), de vez que importam em fins coletivos a serem alcançados pela comunidade, sem relação direta ou comprometimento de direitos fundamentais." (id)

são considerados mais aptos ou qualificados para resolver questões de princípios (insensíveis à escolha), enquanto os parlamentos e governos são mais qualificados, à vista de sua legitimação popular, para escolher as políticas públicas que melhor atendam ao interesse da coletividade."[151]

Conclui Binenbojm que, para Dworkin, a jurisdição constitucional, a par de ser compatível com a democracia, "contribui decisivamente para o seu fortalecimento."[152]

Sérgio Moro, por sua vez, assevera que à democracia é imprescindível que o governo trate os cidadãos como livres e iguais, assertiva essa que corresponde a um "standard" substantivo que deve ser utilizado para a avaliação e censura das leis de um país, a qual será melhor realizada pelo foro judicial do que pelo parlamento, no qual o princípio majoritário encoraja compromissos que se sobrepõem a essas questões de princípio. Nessa esteira, "DWORKIN conclui que o controle judicial de constitucionalidade, além de não ser incompatível com a democracia, pode, ao contrario, contribuir para o seu aprimoramento."[153]

---

151 id
152 id
153 MORO, *op.cit.*, p.88. Afirma, ainda, Sérgio Moro: "Em obra mais recente, esse autor retoma o tema, fazendo distinção entre uma concepção de democracia que ele denomina de "dependente de seus resultados substantivos" e outra que ele denomina de "independente desses mesmos resultados". De acordo com a primeira, a melhor forma de democracia seria aquela mais apropriada para a produção de decisões compatíveis com o principio material de que todos devem ser tratados com igual respeito e consideração. De acordo com a segunda, a qualificação de um regime democrático dependeria apenas da feição institucional do processo de decisão, sendo este qualificado como democrático desde que distribuído igualitariamente o poder político, inde-

Muito embora concorde com Dworkin quanto à inevitabilidade da resolução de questões substantivas na interpretação da Constituição, Sérgio Moro recomenda a adoção de um certo grau de "desconfiança quanto à capacidade de o juiz constitucional solucionar tais questões substantivas, ainda que guiado por visão substantiva da própria democracia, (...) na qual todos os cidadãos devem ser tratados como livres e iguais"[154]

De outra parte, Souza Neto ressalva que "o pensamento de Dworkin não irá resgatar de maneira desproblematizada a forma de justificação presente no paradigma liberal positivista. Pelo contrário. O autor terá de lançar mão de um complexo método para a identificação dos princípios, os quais sequer se limitam aos positivados na constituição."[155]

Robert Alexy[156], por sua vez, entende que um sistema formado apenas por regras e princípios ainda é um sistema incompleto, visto que, a par das regras e dos princípios, seria também necessário um procedimento decisório garanti-

---

pendente da compatibilidade das decisões tomadas com o principio material da democracia. Para DWORKIN, a jurisdição constitucional não é incompatível com a primeira concepção de democracia, desde que limitada a atuação desta a questões de princípio, cuja resolução não dependeria das preferências da comunidade política. A visão substantiva de democracia de DWORKIN é tentadora, por fornecer base para legitimar a jurisdição constitucional num regime democrático." (MORO, *op.cit.*, p.88)

154 ibid, p. 138.
155 SOUZA NETO, *op.cit.*, p.10-1.
156 ALEXY, Robert. **Teoria de los Derechos Fundamentales.** Madrid: Centro de Estudios Constitucionales, 1993. ALEXY, Robert. **Teoría de la argumentación jurídica: la teoria del discurso racional como teoría de la fundamentación jurídica.** Trad. Manuel Atienza e Isabel Espejo. Madrid: Centro de Estudios Constitucionales, 1997.

dor da racionalidade das decisões judiciais. Sustenta, na esteira de Habermas, não ser mais possível, diante do pluralismo, um conceito monológico de razão prática como o contido no pensamento de Dworkin. De tal sorte, Alexy, tal como Habermas, buscará deslocar a racionalidade do sujeito para o processo argumentativo.[157]

Com fulcro nos princípios, conforme já ressaltado, Dworkin almeja defender a tese de que há sempre uma resposta correta. Para tanto, cogita a existência de um juiz chamado Hércules, que possuiria todas as informações relevantes para a decisão e, ademais, sempre procederia racionalmente, por isso concebe monologicamente a razão prática.

De fato, ao depender muito da figura de Hércules, a tese de Dworkin é objeto de inúmeras críticas, tais como a de que não rompe com a racionalidade prática de cunho monológico.[158]

Diante dessa crítica, Alexy, a par de inserir os princípios em seu modelo de sistema jurídico, aponta a necessidade de se conceber a racionalidade em termos dialógicos e procedimentais. Isto é, propõe que o sistema de Dworkin de regras e princípios seja complementado por regras procedimentais que regulem a interação discursiva.

Em virtude do caráter dialógico da racionalidade prática, a teoria da argumentação de Alexy se aproxima da vertente tópico-retórica[159], no entanto se diferencia da tópica, eis que, para ele, a persuasão do auditório não basta para validar as pretensões normativas, mesmo porque o orador pode utilizar-se de argumentos particularizados e de argumentos que estimulem a irracionalidade dos atingidos.

---

157 Cfr. SOUZA NETO, *op.cit*, p.11.
158 SOUZA NETO, *op.cit*, p.11-2.
159 id.

Com efeito, a maior abertura do processo argumentativo na tópica é limitada, na obra de Alexy, por uma série de regras que garantem a racionalidade dos argumentos. Ademais, ele[160] insere em seu modelo as regras éticas formuladas por Habermas, necessárias para a chamada situação ideal de diálogo; bem como limita normativamente a argumentação jurídica, fazendo menção especial aos limites impostos pela lei, pelo precedente, pela doutrina e pelas normas jurídico-processuais.

Em relação ao papel e a legitimidade da jurisdição constitucional, Jürgen Habermas, partindo de uma leitura da teoria de Dworkin à luz do modelo procedimentalista[161], indaga como poderia operar a interpretação construtivista, "no âmbito da divisão de poderes do Estado de direito, sem que a justiça lance mão de competências legisladoras"?[162]

---

160 "o jurista Robert Alexy sustenta que os direitos fundamentais são compatíveis com a democracia, mas representam, simultaneamente, uma *desconfiança* do processo democrático. São democráticos na medida em que asseguram a existência e desenvolvimento de pessoas capazes de manter o processo democrático em funcionamento, pois sem eles a democracia fica reduzida a mera figura de retórica. Por outro lado, com a vinculação também do legislador, os direitos fundamentais são subtraídos do poder decisório das maiorias parlamentares, o que reflete a aludida desconfiança na democracia." (BINENBOJM, *op.cit.*, p.92-3)

161 "A teoria de Dworkin serviu como fio condutor para analisarmos o problema da racionalidade da jurisdição, cujas decisões devem satisfazer, simultaneamente, a critérios de segurança do direito e da aceitabilidde racional. Reinterpretamos essa teoria construtiva do direito vigente, seguindo o modelo procedimentalista, ou seja, transpusemos as exigências idealizadoras, que acompanham a formação da teoria, para o conteúdo idealizador de pressupostos pragmáticos necessários do discurso jurídico."(HABERMAS, Jürgen. **Direito e Democracia entre facticidade e validade**. Vol. I. Trad. Flávio Beno Siebeneichler. Rio de Janeiro: Tempo Brasileiro, 1997. p. 297)

162 id

Demais disso, ressalta que os questionamentos em relação à prática de decisão do tribunal constitucional, na República Federal da Alemanha, partem de uma interpretação liberal do clássico esquema de divisão de poderes.[163] No entanto, para ele:

"na visão da teoria do discurso, a lógica da divisão de poderes exige uma assimetria no cruzamento dos poderes do Estado: em sua atividade, o executivo, que não deve dispor das bases normativas da legislação e da justiça, subjaz ao controle parlamentar e judicial, ficando excluída a possibilidade de inversão dessa relação, ou seja, uma supervisão dos outros dois poderes através do executivo. (...) A lógica da divisão de poderes, fundamentada numa teoria da argumentação, sugere que se configure *auto-reflexivamente* a legislação, de modo idêntico ao da justiça e que se revista com a competência do autocontrole de sua própria atividade."[164]

Para responder à indagação que formulou, Habermas preconiza, inicialmente, que "a concretização do direito constitucional através de um controle judicial de constitucionalidade serve, em última instância, para a clareza do direito e para a manutenção de uma ordem jurídica coerente." Assevera, ainda:

"a constituição também não pode ser entendida como uma ordem jurídica global e concreta, destinada a impor *a priori* uma determinada forma de vida sobre a sociedade. Ao contrário, a constituição determina proce-

---

163 ibid., p.298
164 ibid., p.300-1

dimentos políticos segundo os quais os cidadãos, assumindo seu direito de autodeterminação, podem perseguir cooperativamente o projeto de produzir condições justas de vida (o que significa: mais corretas por serem equitativas). Somente as *condições processuais da gênese democráticas das leis* asseguram a legitimidade ao direito. Partindo dessa compreensão democrática, é possível encontrar um sentido para as competências do tribunal constitucional, que corresponde à intenção da divisão de poderes no interior do Estado de direito: o tribunal constitucional deve proteger o sistema de direitos que possibilita a autonomia privada e pública dos cidadãos. O esquema clássico da separação de poderes não corresponde mais a essa intenção, uma vez que a função dos direitos fundamentais não pode mais apoiar-se nas concepções sociais embutidas no paradigma do direito liberal, portanto não pode limitar-se a proteger os cidadãos naturalmente autônomos contra os excessos do aparelho estatal. A autonomia privada também é ameaçada através de posições de poder econômicas e sociais e dependente, por sua vez, do modo e da medida em que os cidadãos podem efetivamente assumir os direitos de participação e de comunicação de cidadãos do Estado. Por isso, o tribunal constitucional precisa examinar os conteúdos de normas controvertidas especialmente no contexto dos pressupostos comunicativos e condições procedimentais do processo de legislação democrático. Tal *compreensão procedimentalista* da constituição imprime uma virada teórico-democrática ao problema de legitimidade do controle jurisdicional da constituição."[165]

---

[165] HABERMAS, Direito..., p. 326.

Ao analisar a concepção habermasiana de soberania popular como procedimento, em que os direitos fundamentais[166] são interpretados como requisitos essenciais para o exercício da democracia, modelo denominado de democracia procedimental ou deliberativa, Souza Neto[167] defende que esse modelo de democracia permite demonstrar que, ao contrário de ser um obstáculo, a jurisdição constitucional, desde que entendida como mantenedora da possibilidade de participação e como consubstanciadora de decisões que resultam da participação, pode representar, na realidade, um importante mecanismo de aprimoramento do processo democrático.

De fato, com essa construção, afasta-se o entendimento de que a jurisdição constitucional seria um mecanismo antidemocrático, para se passar a entendê-la como garantidora da democracia.

Para Souza Neto[168], é a obra de Habermas que confere uma resposta mais ampla ao problema ensejado pelo impasse criado pelo positivismo[169], uma vez que o caráter in-

---

166 "Com efeito, uma democracia só pode ser verdadeiramente considerada o governo segundo a vontade do povo se os cidadãos são tratados como agentes morais autônomos, tratados com igual respeito e consideração. As 'condições democráticas' são, assim, os direitos fundamentais, reconhecidos pela comunidade política sob a forma de princípios, sem os quais não há cidadania em sentido pleno, nem verdadeiro processo político deliberativo. Os direitos fundamentais são, portanto, uma exigência democrática antes que uma limitação à democracia" (BINENBOJM, *op.cit.*, p.92)

167 SOUZA NETO, *op.cit*, p. 320 e ss.

168 id.

169 "O positivismo assume a modernidade reduzindo a racionalidade a uma 'racionalidade cognitivo-instrumental', isto é, à racionalidade teórica do discurso jurídico. Na base de uma tal pragmática, opera-se um deslocamento do conceito de racionalidade. O acto racional deixa de representar uma qualquer actividade monológica, interna à consciência

terdisciplinar do pensamento habermasiano permite a articulação entre a natureza dialógica do discurso prático com as preocupações inclusivas e igualitárias da teoria democrática. Tal articulação não se limita à proposta de comunidade aberta dos intérpretes da constituição, mas também almeja conciliar a democracia com o liberalismo e, concomitantemente, desonerar o seu modelo das exigências éticoculturais presentes no pensamento de Häberle, referentes à necessidade de participação concreta.

Com efeito, Habermas[170] preocupa-se com a institucionalização das condições possibilitadoras da participação. Nessa esteira, os direitos fundamentais são por ele considerados como condições essenciais do procedimento democrático. Ele busca legitimar a jurisdição constitucional, na medida em que sustenta que o processo democrático não

---

do sujeito cognoscente, para se encontrar no 'discurso jurídico comunicacional', aberto a influências externas. Ora, é em função dessa 'abertura cognitiva' que autores como HABERMAS e LYOTARD consideram que a filosofia da linguagem se mostra útil ao permitir abandonar o primado da filosofia da consciência, compreendendo a racionalidade em termos estritamente 'argumentativos' ou 'comunicacionais'. Com estes a racionalidade 'transforma-se' em processo. O que determina a verdade ou falsidade de um enunciado linguístico não será já o seu conteúdo, *mas o processo específico de argumentação utilizado para se chegar a este.*" (QUEIROZ, *op.cit.*, p.91-2)

170 "Essa postura em relação à jurisdição constitucional encontra seu fundamento mais eloquente na justificação *procedimentalista* da democracia e dos direitos fundamentais, desenvolvida pelo alemão Jürgen Habermas, (...) Conforme a tese de Habermas, (...), o procedimento democrático tem como limite deliberativo as suas próprias condições de existência, consubstanciadas nos direitos fundamentais. Sua teoria pressupõe, assim, uma justificação procedimental — e não metafísica — dos direitos fundamentais, que passam a ser compreendidos como condições viabilizadoras da participação dos cidadãos na formação do consenso democrático."(BINENBOJM, *op.cit.*, p.54)

poderá atuar no sentido de suprimir suas próprias condições possibilitadoras, consubstanciadas nos direitos fundamentais.

Logo, para Habermas, "a Corte Constitucional deve entender a si mesma como protetora de um processo legislativo democrático, isto é, como protetora de um processo de criação democrática do direito, e não como guardiã de uma suposta suprapositiva de valores substanciais"[171], cabendo-lhe a função de "velar para que se respeitem os procedimentos democráticos para uma formação da opinião e da vontade política de tipo inclusivo, ou seja, em que todos possam intervir sem assumir ela mesma o papel de legislador político."[172]

De outra parte, "a função específica da jurisdição constitucional seria identificar, preservar e concretizar as 'condições processuais da gênese democrática das leis'"[173]

Partindo da compreensão democrática de Habermas, seria possível encontrar um sentido, uma legitimidade para as competências do tribunal constitucional, no que respeita à intenção da divisão de poderes no interior do Estado de Direito, uma vez que caberia a ele proteger o sistema de direitos que possibilita a autonomia privada e pública dos cidadãos.[174]

---

171 HABERMAS, Jürgen. **Más Allá del Estado Nacional**, tradução de Manuel Jiménez Redondo. Madrid: Editorial Trotta, 1997. p.99

172 id

173 MORO, *op.cit.*, p. 109.

174 Em análise crítica e pertinente à teoria de Habermas, Sérgio Moro ressalta: "Quanto a Habermas, a dificuldade reside na determinação das 'condições processuais da gênese democrática das leis' que garantiriam o autogoverno e autorizariam a intervenção da jurisdição constitucional. (...) Não é possível exigir que a própria democracia fixe quais seriam tais condições democráticas, sob pena de incorrer em problema circular. (...) E se a validade de uma norma no regime democrático de-

Outrossim, Sérgio Moro, questionando as concepções procedimentais[175] de democracia como um todo — as quais defendem que a atuação da jurisdição constitucional deveria restringir-se a casos de mau funcionamento da democracia —, assevera que, embora tenham o mérito de tentar compatibilizar a jurisdição constitucional com a democracia, "não encontram base no Direito Constitucional positivo, cumprindo ao juiz constitucional a guarda de toda a Constituição, e não só das normas relacionadas ao sistema democrático."[176]

Isso porque "a jurisdição constitucional, mesmo se orientada apenas à regulação do processo democrático, deveria realizar uma opção substantiva acerca do conceito de democracia, o que, conforme visto, não é isento de controvérsia. Se o intento de Ely era eximir a jurisdição constitucional de tais escolhas, então a teoria se vê comprometida logo de início."[177]

---

pende, segundo Habermas, do assentimento racional de todos por ela afetados, é necessário a presença das condições que tornam possível esse assentimento, o que pressupõe que os engajados no diálogo sejam cidadãos livres e iguais." (MORO, *op.cit.*, p.111-2)

175 A par da teoria de Habermas, abrange a teoria de Ely na qual se preconiza que "a atuação da jurisdição constitucional deve cingir-se à defesa da lisura do procedimento democrático, o que, na prática, limita seu âmbito à tutela dos direitos de livre participação política e proteção das minorias."(BINENBOJM, *op.cit.*,p.54). Para Moro, Ely defende "o ponto de vista de que a função específica da jurisdição constitucional seria promover o funcionamento adequado da democracia, assegurando a abertura dos canais de participação e de mudanças políticas, bem como impedindo a tomada de decisões contrárias a direitos de minorias que lograssem participação adequada no processo político-democrático, por sofrerem hostilidade e preconceito por parte da maioria política." (MORO, *op.cit.*, p.108)

176 ibid, p.110-1.

177 id

Não obstante reconheça que não existe resposta fácil, tampouco solução por um passe de mágica, Sérgio Moro[178], recorrendo ao que denominou de reserva da consistência, propõe[179], com perspicácia, que a atuação da jurisdição constitucional não se limite a casos de mau funcionamento da democracia, mas sim que se realize de modo incisivo quando for possível invocar, consistentemente, argumentos democráticos favoráveis à sua atuação.

Deveras, diante da tensão[180] com a democracia, "a legitimidade da jurisdição constitucional dependerá de sua capacidade de agir em sintonia com o ideal democrático."[181]

Por fim, ressaltando existir situações que demandam ativismo judicial e outras que exigem autocontenção, Sér-

---

178 MORO, *op.cit.*, p.108

179 "A proposta que se pretende realizar é bem mais modesta, sugerindo-se alguns contextos nos quais seria recomendável a autocontenção e outros nos quais seria apropriada atuação mais incisiva, com a indicação das respectivas estratégias ou técnicas de decisão. A realidade dos casos pode, porém, sugerir atenuação dessas posturas, conforme a necessidade.(ibid., p.157-158)

180 "Entre democracia e jurisdição constitucional há uma complexa relação de complementação e de tensão. O objetivo deste trabalho é defender a jurisdição constitucional com instituição compatível com o regime democrático. Não se defende que ela é absolutamente compatível com a democracia. Nem se defende o contrário, ou seja, que é absolutamente incompatível. A jurisdição constitucional pode ou não mostrar-se compatível com a democracia, o que depende da forma de atuação do juiz constitucional. Pode ele agir como um obstáculo à democracia, mas pode também contribuir para o seu aprofundamento. Sem prescindir da experiência histórica e do exame das várias teorias acerca da legitimidade da jurisdição constitucional, conclui-se que o juiz constitucional deverá, a fim de adequar sua atividade às exigências democráticas, alternar, não arbitrariamente, a autocontenção judicial com o ativismo judicial, o que implica a adoção de padrões de controle de constitucionalidade de intensidade diversa."(MORO, *op.cit.*, p. 1)

181 ibid, p.112-3

gio Moro preconiza que "a legitimidade da atuação da jurisdição constitucional demanda a demonstração da consistência de sua atividade."[182]

Vale dizer, se as objeções ao exercício da jurisdição esteiam-se na necessidade de resguardar a competência do legislador democrático, elas perdem força "quando a atuação da jurisdição constitucional pode ser justificada com base em argumentos que apelem para o próprio regime democrático, como quando ela contribui para o aprofundamento da democracia ou quando intervém em caso de mau funcionamento".[183]

Isto é, há hipóteses em que "a autocontenção não teria lugar, estando o juiz constitucional autorizado a agir mais incisivamente. Por certo, o conceito de democracia é controvertido. Tal fato, entretanto, não deslegitima tal abordagem, significando apenas que esta não isenta o juiz constitucional de realizar escolhas substantivas a respeito do que significa a democracia."[184]

Ainda em relação à problemática da legitimidade, convém transcrever entendimento de Cristina Queiroz, no qual se propõe uma releitura do princípio da separação dos poderes, tendo em vista o papel da jurisdição constitucional e sua relevância na proteção dos direitos fundamentais:

> "Essa responsabilidade acrescida do juiz constitucional obriga-o a ter em conta os *resultados* da suas pronúncias, dando ao método nova onda hermenêutico uma viragem 'construtivista', que se traduz, antes de mais, na 'escolha do método' e numa 'fundamentação rigorosa'

---

182 MORO, *op.cit.*, p.113.
183 ibid, p.208
184 MORO, *op.cit.*, p. 208.

das suas decisões em *todas* as fases desse processo (...)¹⁸⁵Por esta via, a justiça constitucional vem a estabelecer os limites entre o *princípio maioritário* (:democracia) e os *direitos fundamentais* (:constitucionalismo). Trata-se de um 'modelo de delimitação do poder pelo juiz'. É este que traça a linha de separação entre o jurídico e o não jurídico, entre o direito e a política."¹⁸⁶

Assevera, ainda, que:

"a constituição não é mais a constituição do Estado, mas a 'constituição do Estado e da sociedade': a 'ordem jurídica fundamental da comunidade'. Por isso se afirma que a garantia e protecção dos direitos fundamentais não resulta hoje unicamente assegurada pelo princípio da 'separação de poderes', antes que essa proteção deve vir assegurada pelo Estado e, sobretudo, que esta

---

185 No excerto suprimido, assevera "Política, porque compreende nos seus pressupostos objectivos e funcionais uma re-leitura do princípio 'clássico' da separação de poderes, que dissocia o soberano do poder legislativo e, consequentemente, coloca a *Constituição* (e os seus 'intérpretes privilegiados') acima das maiorias conjunturais, representadas no poder legislativo, em nome do interesse comum." (QUEIROZ, *op.cit*, p. 294)

186 Ibid, p.3. Continua asseverando: "Este modelo de 'justiça estrutural' pressupõe uma nova compreensão das relações entre o cidadão e o Estado. Postula uma *esquema de direitos* e a construção de *princípios jurídico-constitucionais interpretativos básicos* que servem de fundamento à interpretação constitucional. Não implica uma hierarquia *entre* órgãos de decisão política, mas uma *coordenação entre as funções do Estado.*" Para Cristina Queiroz, "O princípio da separação de poderes impõe o respeito pela liberdade de conformação do legislador, mas não impede a sua 'complementação' ou o seu 'desenvolvimento' posterior. Impede unicamente que a vontade do legislador resulta defraudada ou falseada." (ibid, p. 294)

deve vir assegurada *no* Estado. Quer dizer, não se procura unicamente organizar o poder político e prescrever-lhe um determinado modo de actuação."[187]

Como se vê, a jurisdição constitucional encontra-se comprometida não só com os direitos fundamentais, mas também com a democracia, sendo imprescindível a fundamentação racional de suas decisões[188], uma vez que essa fundamentação corresponde essencialmente a um 'diálogo', no qual sucedem perguntas e respostas nas bases das quais se apresentam diferentes argumentos e contra-argumentos.

De tal sorte, "os destinatários podem racionalmente aceitar essa interpretação, apenas se a fundamentação resultar de um conjunto de afirmações e se estas cumprirem determinados requisitos (...). Isto é assim porque os padrões da racionalidade jurídica por si só não garantem a coe-

---

187 QUEIROZ, *op.cit*, p.250

188 A propósito, não se olvide, como leciona Cristina Queiroz, que "O juiz não manipula conceitos, donde deduz as soluções jurídicas sem se preocupar com as consequências práticas de sua ação. Encontra-se limitado pelo 'sistema' e pela 'ordem jurídico-constitucional'. E é nessa 'hierarquia (material) difusa' entre diferentes bens e valores jurídicos que reside o cerne da interpretação constitucional. A *necessidade de ponderação*, de equilíbrio e compromisso entre interesses que se opõem, mas que se encontram protegidos por normas de idêntico estalão, pretendendo dar significado a valores tidos por fundamentais, como é o caso das normas substantivas da Constituição, que protegem tanto os direitos, liberdades e garantias como os direitos económicos, sociais e culturais, suprimem as decisões conceptuais lógicas, transformando o juiz em árbitro de um conflito de normas e o Estado, na expressão feliz de WALTER LEISNER, num 'Estado de ponderações' (*Abwägungsstaat*), assente no compromisso, no equilíbrio, no diálogo e na cooperação com os outros, poderes públicos e cidadãos." (ibid, p.68-9)

rência do material justificativo. Todas a razões devem ser utilizadas de modo racional."[189]

Por meio dessa argumentação, que poderá ser denominada de argumentação iusfundamental (Alexy)[190], deverá restar evidenciado que o direito tutelado constitui uma posição de prestação jurídica que, sob o ponto de vista constitucional, é tão importante que sua outorga ou não outorga não pode ficar liberada à simples maioria parlamentar.

Demais disso, no entender de Alexy[191], incumbirá demonstrar que se trata de posição de prestação jurídica que está definitivamente garantida, eis que exigida urgentemente pelo princípio da liberdade fática e porque o princípio da separação de poderes e o da democracia, bem como princípios materiais opostos são afetados em uma medida relativamente reduzida.

Segundo Alexy[192], se a Constituição garante direitos dos indivíduos frente ao legislador e para a garantia destes direitos prevê um Tribunal Constitucional, a intervenção deste na legislação, para garantia dos direitos, não é assunção inconstitucional de competência legislativa.

Logo, não se discute se o Tribunal Constitucional tem competência para o controle, mas qual o alcance desta competência. Para determinar esse alcance, Robert Alexy[193] faz referências à teoria geral da argumentação jurídi-

---

189 ibid, p.170. "A estrutura da fundamentação das decisões judiciais constitui uma primeira limitação ao poder dos juízes. A 'busca de racionalidade' na sentença decisória, que revela o modo como os valores 'incorporados' na norma podem ainda ser objecto de um controle jurídico, constitui uma segunda limitação."(ibid., p. 181)
190 ALEXY, Robert. **Teoria**....
191 id.
192 Id.
193 id.

ca, mencionando que essa teoria pressupõe que a fundamentação jurídica trate de questões práticas, ou seja, do que está ordenado, proibido e permitido. A argumentação é levada a cabo por uma série de condições restritivas (que são a sujeição à lei, ao precedente e à dogmática). No entanto, mesmo com essas sujeições não se chega a um único resultado. Por isso são necessárias valorações adicionais. A racionalidade do discurso jurídico passa a depender então da possibilidade de controle racional destas valorações. Isso conduz à questão da fundamentação racional dos juízos práticos.

Diante disso, é necessário que a decisão jusfundamental seja dotada de autoridade. Tal autoridade é dada por um Tribunal Constitucional, sendo razoável a institucionalização de uma justiça constitucional, cujas decisões podem e requerem ser justificadas e criticadas num discurso jusfundamental racional.

Em termos de reserva de consistência, a tal argumentação/fundamentação cumpre demonstrar que a interpretação judicial da Constituição é mais acertada do que a interpretação subjacente ao ato legislativo controlado.[194]

---

194 "Poder-se-ia dizer, mais amplamente — uma vez que não se exclui aqui a possibilidade de atuação do juiz à margem de vazio legislativo —, que o desenvolvimento e a efetivação judicial da Constituição estão sujeitos ao limite da "reserva de consistência". Cumpre ao juiz demonstrar convincentemente, e não através de "slogans", o acerto de sua atividade. Portanto, é ônus do julgador a fundamentação de seus atos, sob pena de ilegitimidade de sua atuação. Não sendo ultrapassada a barreira da "reserva de consistência", não pode o juiz atuar, hipótese em que deve ser mantido o ato controlado ou o vazio legislativo. (MORO, *op.cit.* p.160-1) "O limite da reserva da consistência poderá impedir o juiz de desenvolver e efetivar normas constitucionais que demandem a elaboração de políticas públicas de certa complexidade. Faltaria ao Judiciário, por exemplo, capacidade para a elaboração de política habitacional ou de política pública que vise à efetivação do objetivo previsto

Nesse sentido, Sérgio Moro[195] ressalta que, em virtude do argumento democrático, afirma que as interpretações judiciais exigem uma 'reserva de consistência' para se sobreporem às interpretações legislativas. Assim, em sede de controle de inconstitucionalidade por ação, tal reserva exige que o Judiciário apresente argumentos substanciais de que o ato normativo impugnado é incompatível com a Constituição. Ao revés, em caso de inconstitucionalidade por omissão, "não há decisão legislativa à qual o Judiciário deva sobrepor-se"[196].

Pois bem, seja qual for a fiscalização, "o desenvolvimento e a efetivação da Constituição são sempre atividades que requerem cuidado, mesmo quando presente vazio legislativo, principalmente em virtude da carência de legitimidade democrática do Judiciário."[197]

Muito embora destaque que, "em um regime democrático, decisões que suprem vazios legislativos são menos problemáticas do que decisões que invalidam atos legislativos" Sérgio Moro preconiza que "tanto no controle por ação como no controle por omissão, restam preservados o pluralismo político e as competências democráticas dos órgãos legislativos", uma vez que, (i) "se o Judiciário invalida lei que reputa inconstitucional, o legislador pode editar

---

no inciso VIII do artigo 170 da Constituição Federal ('busca do pleno emprego' como um dos princípios da ordem econômica). Todavia, a extensão deste impedimento dependerá da prática judiciária. A criatividade do juiz poderá contribuir para o alargamento do controle judicial, na medida em que ele encontrar caminhos para a elaboração de políticas públicas, mesmo complexas, podendo ser tomado como exemplo o já referido caso 'Brown'." (ibid., p.178)
195 ibid., p. 174
196 MORO, *op. cit*, p. 174-5
197 ibid., p. 174-5

novo ato normativo, oferecendo outro regramento para a mesma matéria, resguardadas as orientações contidas na decisão judicial."; (ii) "se o Judiciário supre vazio legislativo, nada impede que o Legislativo edite ato normativo sobre a mesma matéria, oferecendo regramento diverso daquele apresentado pelo Judiciário, embora também resguardadas as orientações contidas na decisão judicial."[198]

Tendo em vista o cerne do presente estudo ser a indagação relativa às consequências da constitucionalização superveniente, saliente-se que Sérgio Moro, nas duas hipóteses traçadas acima, ressalva a necessidade de resguardar o conteúdo da decisão proferida em sede de jurisdição constitucional, mesmo porque do contrário restaria suprimida a independência e necessária harmonia entre as funções estatais.

Por fim, cumpre ainda asseverar que a legitimidade da jurisdição constitucional também é justificada e fortalecida em função da proteção que ela assegura às minorias.

Nesse sentido, Kelsen[199], na famigerada conferência proferida perante a Associação dos Professores de Direito Público alemães, evidenciou que a jurisdição constitucional haveria de ter um papel central em um sistema democrático moderno, cujo melhor instrumento de defesa seria "a

---

[198] ibid., p.195

[199] "Como se sabe, devemos a Kelsen a associação sistemática da jurisdição a um aspecto importante do conceito de democracia, que é, exatamente, a possibilidade de sobrevivência e de proteção das minorias. A opção de Kelsen pelo modelo democrático está vinculada à concepção teórica do relativismo. O sistema democrático não se legitima pela verdade, mas sim pelo consenso (Kelsen, *Vorn Wesen und Wert der Demokratie*, 2ª ed., 1929, p.101)" (MENDES, Gilmar. Prefácio In: TAVARES, André Ramos. **Tribunal e Jurisdição Constitucional**. São Paulo: Celso Bastos Editor. 1998. p ix.)

instituição de garantias que assegurem a plena legitimidade do exercício das funções do Estado":

"Se a jurisdição constitucional assegura um processo escorreito de elaboração legislativa, inclusive no que se refere ao conteúdo da lei, então ela desempenha uma importante função na proteção da minoria contra os avanços da maioria, cuja predominância somente há de ser aceita e tolerada se exercida dentro do quadro de legalidade. A exigência de um *quorum* qualificado para a mudança da Constituição traduz a ideia de que determinadas questões fundamentais devem ser decididas com a participação da minoria constitucionalmente protegida. Por isso, a minoria, qualquer que seja a sua natureza — de classe, de nacionalidade ou de religião — tem um interesse eminente na constitucionalidade da lei."[200]

Gilmar Mendes, por seu turno, assevera que, embora a Corte Constitucional não esteja livre do perigo de converter uma vantagem democrática num eventual risco para a

---

[200] Na sequência, assevera Kelsen "Isto se aplica sobretudo em caso de mudança das relações entre maioria e minoria, se uma eventual maioria passa a ser minoria, mas ainda suficientemente forte para obstar uma decisão qualificada relativa à reforma constitucional. Se se considera que a essência da democracia reside não no império absoluto da minoria, mas exatamente no permanente compromisso entre maioria e minoria dos grupos populares representados no Parlamento, então representa a jurisdição constitucional um instrumento adequado para a concretização dessa ideia. A simples possibilidade de impugnação perante a Corte Constitucional parece configurar instrumento adequado para preservar os interesses da minoria contra lesões, evitando a configuração de uma ditadura da maioria, que, tanto quanto a ditadura da minoria, se revela perigosa para a paz social."(KELSEN, Hans. **La giustizia constituzionale**. Milano: Giuffrè, 1981. p.201-203)

democracia — eis o risco democrático —, "a atuação da jurisdição constitucional pode contribuir para reforçar a legitimidade do sistema, permitindo a renovação do processo político, com o reconhecimento dos direitos de novos ou pequenos grupos, pode ela também bloquear o desenvolvimento constitucional do País."[201] De tal sorte, "a possível aporia relativa à ameaça ao desenvolvimento do processo democrático pela atuação de um órgão, concebido exatamente para protegê-lo, não há de se resolver, certamente, com a eventual eliminação da jurisdição constitucional."[202]

Destarte, seja qual for o esteio que se confira à legitimidade democrática da jurisdição constitucional, é insofismável que o legislador democraticamente legitimado tem de submeter-se a um ato de legitimidade democrática superior que é a Constituição, uma vez que, enquanto aquele resulta de uma maioria conjuntural (a lei emanada do legislador democraticamente eleito num dado momento histórico), a Constituição advém de uma maioria à qual se chegou após um longo caminhar histórico e que se impõe aos demais poderes constituídos, devendo ser assegurada a sua supremacia, que, não se olvide, consiste na mais eficaz proteção aos direitos fundamentais e, por conseguinte, ao Estado Democrático de Direito.

Explanado a respeito do estreito e indissociável vínculo entre supremacia constitucional, direitos fundamentais e jurisdição constitucional, buscar-se-á, no próximo capítulo, analisar a inconstitucionalidade, isto é, o vício que consubstancia afronta à supremacia e, assim, torna-se objeto da atuação do mecanismo da fiscalização da constitucionalidade.

---

201 MENDES, Gilmar. Prefácio In: TAVARES, André Ramos. Tribunal e Jurisdição Constitucional. São Paulo: Celso Bastos Editor. 1998. P.XIII-XIV.
202 id

CAPÍTULO II

INCONSTITUCIONALIDADE

1. CONCEITO E NATUREZA JURÍDICA DA INCONSTITUCIONALIDADE

1.1. Definição e perspectivas de análise da inconstitucionalidade

Constitucionalidade e *inconstitucionalidade* constituem conceitos de relação[203], qual seja a que se estabelece entre uma coisa — a Constituição — e outra — um comportamento — que lhe está ou não conforme, que cabe ou não cabe no seu sentido, que tem nela ou não a sua base.

Lato sensu, inconstitucionalidade[204] denota contrarie-

---

203 "Não se trata de relação de mero caráter lógico ou intelectivo. É essencialmente uma relação de carácter normativo e valorativo, embora implique sempre um momento de conhecimento. Não estão em causa simplesmente a adequação de uma realidade a outra realidade, de um *quid* a outro *quid* ou a desarmonia entre este e aquele acto, mas o cumprimento ou não de certa norma jurídica."(MIRANDA, **Manual...**, p.7)

204 "Para ser apreendida em todas as dimensões e manifestações que reveste, importa recortar vários tipos de inconstitucionalidade (ou, doutro prisma, de juízos de inconstitucionalidade): inconstitucionali-

dade à Constituição, de sorte a abranger quer os negócios jurídicos públicos quer os privados violadores da Carta Magna. Ao passo que a inconstitucionalidade dos atos legislativos é mais restrita, merecendo, portanto, tratamento específico, eis que apresenta regime jurídico próprio tanto no que atine ao vício e à sanção de inconstiucionalidade quanto no que concerne aos instrumentos estabelecidos para seu controle.

Nesse aspecto, Clèmerson Merlin Clève leciona que "a doutrina costuma definir como inconstitucional um ato normativo cujo conteúdo ou cuja forma contrapõe-se, de modo expresso ou implícito, ao contemplado em dispositivo constitucional"[205]

J. J. Gomes Canotilho e Vital Moreira asseveram que "a inconstitucionalidade de uma norma traduz-se na ofensa da disciplina constitucional por qualquer dos seus aspectos, incompetência, vício de forma ou de procedimento, contradição entre o conteúdo da norma e o conteúdo normativo da Constituição. Em suma, uma norma é inconstitucional sempre que viole qualquer dos *aspectos constitucionalmente vinculados*."[206]

---

dade por acção e por omissão; inconstitucionalidade total e parcial; inconstitucionalidade material e formal ou formal e orgânica; inconstitucionalidade originária e superveniente; inconstitucionalidade presente e pretérita; inconstitucionalidade antecedente e consequente."(ibid, p.33)

205 "Em resumo, diz-se que a inconstitucionalidade (situação ou estado decorrente de um ou de vários vícios) pode ser conceituada como a desconformidade do ato normativo (inconstitucionalidade material) ou do seu processo de elaboração (inconstitucionalidade formal) com algum preceito ou princípio constitucional."(CLÈVE, **Fiscalização**...p.36)

206 CANOTILHO; MOREIRA, *op.cit.*, p. 264

Lúcio Bittencourt, em estudo sobre o controle da constitucionalidade no Brasil, obtempera que "a inconstitucionalidade é um estado de conflito entre uma lei e a Constituição"[207] Elival Ramos[208], por seu turno, expressa que o vício de inconstitucionalidade corresponde à desconformidade estática (relativa ao conteúdo) ou dinâmica (relativa ao processo de formação), de caráter vertical (hierárquico), entre a lei e a Constituição, dirimida, sempre, em favor das normas de grau superior que funcionam como fundamento de validade das inferiores. Não se confunde com a sanção de inconstitucionalidade, vez que essa é a consequência estabelecida pela Constituição para a sua violação, é dizer, a providência prescrita pelo ordenamento para a sua restauração.

De outra parte, para Marcelo Neves[209], a inconstitucionalidade consubstancia um problema de relação intrasistemática de normas jurídicas, abordado do ponto de vista interno, conforme os critérios de validade contidos nas normas constitucionais, não se confundindo com o problema da injustiça ou ilegitimidade social.

Após a transcrição de algumas definições doutrinárias, é oportuno mencionar que Jorge Miranda[210] analisa a pro-

---

207 BITTENCOURT, Lúcio.**O Controle Jurisdicional da Constitucionalidade das Leis.** 2ª ed. Atualizada por José Aguiar Dias. Rio de Janeiro: Forense, 1968. p.132
208 RAMOS, *op.cit.*, p.63
209 NEVES, *op.cit.*, p.71-2
210 "Temos, assim, três perspectivas ou direções da inconstitucionalidade. Todas repousam na invalidade; somente, enquanto as duas primeiras se confinam nesta invalidade e ou vêm da Constituição ou das normas e do acto, na perspectiva da garantia dá-se a efectiva obrigatoriedade da Constituição como meta e importam sobretudo os meios de a alcançar, os meios a organizar para que a norma e o acto se conformem

blemática da inconstitucionalidade, por meio de três perspectivas.

A primeira perspectiva é a da norma constitucional, na qual o cerne da questão seria saber se a Constituição paira como a norma ou o agregado de normas supremas no ordenamento ou se se coloca apenas num plano superior entre as normas jurídicas positivas. Como norma suprema, a Carta implica que abaixo dela se ponha a validade de toda as normas, ao passo que, como norma superior, funda tão somente a validade das normas imediatamente subordinadas.

---

como a Constituição. Na perspectiva da garantia, para lá da descrição da inconstitucionalidade como invalidade, procura-se a garantia da Constituição na relação concreta, procura-se a eficácia da norma constitucional. Ela é obrigatória, porque norma jurídica, e garante-se a eficácia dessa obrigatoriedade; impede-se com isto que perdure uma norma ou um acto inconstitucional, portanto inválido. (...) Se é admissível e acertado estudar a inconstitucionalidade na invalidade, e se é bem necessária a sua análise científica, também é para nós seguro que, no actual estádio do Direito constitucional, a inconstitucionalidade deve ser apercebida em função da garantia da Constituição — a invalidade deve ser iluminada por essa garantia. Situar a inconstitucionalidade sob o ângulo das normas da Constituição significa levar até o fim as suas consequências jurídicas, porquanto a invalidade é simples consequência lógico-jurídica, não é a reacção autônoma do ordenamento (embora reacção se explique pela invalidade). Por outra parte validade e garantia prendem-se na medida em que uma norma fundamento de validade de outras normas e de certos actos deve ser garantida (embora não pudéssemos insinuar que somente uma norma garantida de certa maneira, por exemplo, jurisdicionalmente, fundasse uma validade).Como uma norma jurídica válida deve ser garantida e a sanção é reclamada pela imperatividade, a inconstitucionalidade na perspectiva da garantia e figurando-se como invalidade testemunha à própria validade das normas garantidas. A garantia da Constituição revela-nos o Direito constitucional: vamos ver que justamente o actual estádio do Direito constitucional leva consigo uma fase de busca de garantia da Constituição, em confronto com uma fase anterior que se descobre na própria Constituição a garantia."(MIRANDA, **Contributo** ...p. 12-14)

Em ambas as situações, reporta-se às normas constitucionais (integrantes da Constituição) para se chegar às normas, as quais podem ser constitucionais ou inconstitucionais, isto é, conformes ou desconformes àquelas, de sorte que, firmados o conceito, a natureza exata, as fontes e a estrutura da Constituição, a inconstitucionalidade decorre ou flui naturalmente.

A segunda direção emerge da norma, indagando-se sobre a sua validade, indo-se desta à Constituição, compreendendo-se a inconstitucionalidade por meio da validade.

A terceira perspectiva não é a da invalidade, mas sim da sanção da invalidade, isto é, a norma inconstitucional é inválida: qual a sanção da inconstitucionalidade, qual a sanção ligada às normas da Constituição, qual a garantia da Constituição? Assenta-se na invalidade, todavia caminha-se mais além, eis que da Constituição, como fundamento de validade da norma, passa-se à garantia, à qual incumbe impedir a subsistência da norma inconstitucional e, assim, recompor a integral eficácia da Constituição.

Conclui, por fim, Jorge Miranda[211] que a perspectiva da sanção, da garantia destaca-se dentre as outras, uma vez que apenas ela atribui plena dimensão à inconstitucionalidade, tratando-a como problema jurídico de maior e mais agudo interesse.

Em que pese a inegável, conforme inclusive se destacou no capítulo anterior, relevância da terceira perspectiva[212]

---

211 MIRANDA, **Contributo**...p. 14

212 "Uma consequência primária da inconstitucionalidade é, em regra, a desvalorização da conduta inconstitucional, sem a qual a garantia da Constituição não existiria. Para que o princípio da Constitucionalidade, expressão suprema e qualitativamente mais exigente do princípio da Legalidade em sentido amplo, vigore é essencial que, em regra, uma conduta contrária à Constituição não possa produzir cabalmente os exactos efeitos jurídicos que, em termos normais, lhe corresponde-

na medida em que a inconstitucionalidade, sendo um problema de relação internomativa, intra-sistemática, caracteriza-se como uma relação de desconformidade de uma norma com a Constituição, constituindo, em regra, uma espécie de invalidade[213] da norma jurídica, cumpre realizar um exame do tema da validade, visando, dentre outros objetivos, a solucionar as seguintes indagações: a validade é essência ou qualidade da norma jurídicaa? A lei inconstitucional é uma lei inexistente? A lei inconstitucional produz efeitos? A teoria de nulidades do direito civil pode ser aplicada à inconstitucionalidade?

---

riam. De certo modo, a garantia da Constituição começa por ser uma garantia estritamente jurídica, traduzida numa depreciação da capacidade de conformação jurídica por parte de condutas inconstitucionais."(SOUSA, op.cit., p.15-19)

213 Nesse sentido, preconiza Jorge Miranda: "Uma relação de desconformidade, que acarreta, quanto aos actos e às normas de Direito interno inconstitucionais, *invalidade*."(MIRANDA, **Manual...**, p. 12-3). Também assevera Regina Ferrari: "Caracterizando o mais alto nível de invalidade presente em um sistema jurídico, a inconstitucionalidade resulta do conflito ou confronto de um comportamento, de uma norma ou de um ato com a Constituição, e isso deduzível de uma relação de caráter puramente normativo e valorativo". (FERRARI, Regina M. M. Nery. O Ato Jurídico Perfeito e a Segurança Jurídica no Controle da Constitucionalidade. In: **Constituição e Segurança Jurídica: Direito Adquirido, Ato Jurídico Perfeito e Coisa Julgada — Estudos em homenagem a JOSÉ PAULO SEPÚLVEDA PERTENCE**. Coord. Carmem Lúcia Antunes Rocha. Belo Horizonte: Ed. Fórum, 2004. p. 231). "Em princípio, a inconstitucionalidade afecta a validade da norma em causa. É o que decorre explicitamente do art. 3º-3: 'A *validade* das leis (...) depende da sua conformidade com a Constituição'. Exceptuam-se os casos em que a Constituição explicitamente fala em *inexistência* (cfr. *Supra*, 2.4.2.2); aqueles em que fala em *ineficácia* (art. 122º-2; e aqueles em que a inconstitucionalidade constitui uma simples *irregularidade*, que não afecta nem a validade nem a eficácia da norma (caso do art. 277º-2)."(CANOTILHO; MOREIRA, *op.cit.*, p. 274-5)

1.2. Valores jurídicos atribuídos à inconstitucionalidade

Antes, todavia, de adentrar na análise da questão da validade, convém mencionar quais são os valores jurídicos da inconstitucionalidade, isto é, quais os diferentes graus de apreciação da inconstitucionalidade presentes na Teoria Geral do Direito Constitucional e no Direito Comparado. Pois bem, Jorge Miranda[214], no direito português, arrola a inexistência, a invalidade e a irregularidade, sendo que a invalidade desdobrar-se-ia em nulidade e anulabilidade. No entanto, reconhece que "o Direito positivo de cada país e de cada momento possui, por conseguinte, o seu quadro de valores jurídicos negativos e é no interior da respectiva Constituição que se tem de procurar o que significam."[215]

---

214 "Em termos muito perfunctórios, sem embargo de uma necessária localização e aproveitando, na medida do possível, a lição das ciências do Direito privado e do Direito administrativo, os quatro valores jurídicos (negativos) enunciados distinguem-se pelo seguinte: *a) Inexistência jurídica* — o acto inconstitucional não produz nenhum dos efeitos desde a origem, sem necessidade de declaração por parte de qualquer órgão com competência específica, as autoridades públicas não o podem executar, uma decisão jurisdicional que o aplique não faz caso julgado e os cidadãos não estão adstritos a acatá-lo; *b) Nulidade* — o acto não produz efeitos desde a origem ou desde que o seu conteúdo colida com a norma constitucional, mas é necessária uma decisão pelo órgão de fiscalização, embora de natureza declarativa e não podendo ser alvo de sanções os cidadãos que, antes dele, se tenham recusado a abedecer; *c) Anulabilidade* — o acto só deixa de produzir efeitos depois da decisão do órgão de fiscalização, a qual tem, portanto, natureza constitutiva; e pode, porventura, ainda ser prevista a sanação do vício; *d) Irregularidade* — a inconstitucional não prejudica a produção de efeitos pelo actos, se bem que possa, lateralmente, trazer outras consequências e até sanções."(MIRANDA, **Manual**...p.89)

215 MIRANDA, **Manual**...p.89. Nesse assunto, assevera Clève "Dicey (Lectures introductory to study of the law the Constitution, London, 1888, p. 165-166, apud Rui Barbosa, Os atos inconstitucionais do con-

Marcelo Rebelo de Sousa, por seu turno, considera a inexistência o primeiro e mais grave desvalor, o qual se constataria "sempre que não há qualquer acto do poder político do Estado, mas tão somente uma omissão de conduta ou uma aparência de acto, carecida dos dados mínimos de identificação formal ou material exigidos pela Constituição para determinado tipo de acto."[216] Ao passo que, no caso de

---

gresso e do executivo, Trabalhos jurídicos, Rio de janeiro, Casa de Rui Barbosa, 1962, p. 46), segundo o ensinamento de Rui Barbosa, percebeu que [...] a expressão inconstitucional, aplicada a uma lei, tem, pelo menos, três acepções diferentes, variando segundo a natureza da Constituição a que aludir: I — Empregada em relação a um ato do parlamento inglês, significa simplesmente que esse ato é, na opinião do indivíduo que o aprecia, oposto ao espírito da Constituição inglesa; mas não pode significar que esse ato seja infração da legalidade e, como tal, nulo. II — Aplicada a uma lei das câmaras francesas, exprimiria que essa lei, ampliando, suponhamos, a extensão do período presidencial, é contraria ao disposto na Constituição. Mas não se segue necessariamente daí que a lei se tenha por vã; pois não é certo que os tribunais franceses se reputem obrigados a desobedecer às leis inconstitucionais. Empregada por franceses, a expressão de ordinário se deve tomar como simples termo de censura. III — Dirigido a um ato do Congresso, o vocábulo inconstitucional quer dizer que esse ato excede os poderes do Congresso e é, por consequência, nulo. Neste caso a palavra não importa necessariamente reprovação. O americano poderia, sem incongruência alguma, dizer que um ato do congresso é uma boa lei, beneficia o país, mas, infelizmente, peca por inconstitucional, isto é, ultra vires, isto é, nulo." (CLÈVE, **Fiscalização**...p.37-8). Conclui, então, Clèmerson Clève "O estado de inconstitucionalidade de um ato normativo não implica necessariamente a sua nulidade. No direito comparado, a inconstitucionalidade de um ato normativo pode reclamar a emergência de mais de uma solução sancionatória." (id)

216 SOUSA, *op.cit.* p.155. Prossegue, ainda, "A Constituição prevê e regula as diversas funções do Estado, que se traduzem na prática de diferentes tipos de actos pelo poder político do Estado. Para que esses actos existam é necessário que sejam minimamente identificáveis, atendendo à caracterização que deles é feita em termos constitucionais.

corresponder, juris esse traçado em ligação a uma específica função do Estado."(id) Ao passo que, no caso de invalidade, "existe um acto de poder político do Estado, só que esse acto é total ou parcialmente desprovido da susceptibilidade intrínseca de produzir os efeitos jurídicos prototípicos. Uma outra coisa é, por conseguinte, não haver acto algum; outra é existir acto, mas ele ser objeto de depreciação mais ou menos intensa pelo Direito, privando-o da generalidade ou de algumas das virtualidades jurídicas que lhe deviam corresponder."[217]

Acentua, ainda, que essa distinção possui grande relevo prático, no Direito Constitucional português vigente, uma vez que são completamente diferentes os regimes da inexistência e da invalidade dos atos inconstitucionais.

Deveras, no regime jurídico da inexistência, segundo Rebelo de Sousa, destacam-se as seguintes características: "a) não produção de efeito jurídico algum; b) insanabilidade, inconvertibilidade, totalidade e irredutibilidade; c) inexecutoriedade pelo poder político do estado, abarcando a sua não aplicação e a cessação do dever de obediência na Administração Pública; d) reconhecimento do direito de resistência por parte dos cidadãos; e) não necessidade de declaração jurisdicional; f) não vinculação ao princípio do respeito dos casos julgados."[218]

(...) Para apreciar se existe ou não um certo acto do poder político do Estado há que verificar se faltam algum ou alguns dos dados de identificação mínima desse acto e o padrão de aferição há-de-ser sempre a Constituição e o modo como ela configura o **juris**
217 SOUSA, *op.cit.*, p.161
218 "Antes de tudo o mais, a inexistência significa que não há acto do poder político do Estado, e, por conseguinte, nenhum efeito jurídico deriva de uma aparência de acto, nem efeitos primários ou principais nem efeitos laterais ou secundários, nem uma parte dos efeitos principais ou secundários, nem efeitos por um período limitado de tempo

invalidade, "existe um acto de poder político do Estado, só que esse acto é total ou parcialmente desprovido da susceptibilidade intrínseca de produzir os efeitos jurídicos prototípicos. Uma outra coisa é, por conseguinte, não haver acto algum; outra é existir acto, mas ele ser objeto de depreciação mais ou menos intensa pelo Direito, privando-o da generalidade ou de algumas das virtualidades jurídicas que lhe deviam corresponder."[217]

Acentua, ainda, que essa distinção possui grande relevo prático, no Direito Constitucional português vigente, uma vez que são completamente diferentes os regimes da inexistência e da invalidade dos atos inconstitucionais.

Deveras, no regime jurídico da inexistência, segundo Rebelo de Sousa, destacam-se as seguintes características: "a) não produção de efeito jurídico algum; b) insanabilidade, inconvertibilidade, totalidade e irredutibilidade; c) inexecutoriedade pelo poder político do estado, abarcando a sua não aplicação e a cessação do dever de obediência na Administração Pública; d) reconhecimento do direito de resistência por parte dos cidadãos; e) não necessidade de declaração jurisdicional; f) não vinculação ao princípio do respeito dos casos julgados."[218]

(...) Para apreciar se existe ou não um certo acto do poder político do Estado há que verificar se faltam algum ou alguns dos dados de identificação mínima desse acto e o padrão de aferição há-de-ser sempre a Constituição e o modo como ela configura o *nomen juris* a que o acto pretende corresponder, *nomen juris* esse traçado em ligação a uma específica função do Estado."(id)

217 SOUSA, *op.cit.*, p.161

218 "Antes de tudo o mais, a inexistência significa que não há acto do poder político do Estado, e, por conseguinte, nenhum efeito jurídico deriva de uma aparência de acto, nem efeitos primários ou principais nem efeitos laterais ou secundários, nem uma parte dos efeitos principais ou secundários, nem efeitos por um período limitado de tempo

randa e, dentre eles, destaque-se o caráter insanável da inconstitucionalidade, isto é, vício que não pode ser sanado nem por decisão do Tribunal Constitucional, nem por superveniente revisão constitucional. De outra parte, dissociando vício e sanção, Oswaldo Palu[223] assevera que a inconstitucionalidade é a mácula da

---

mento, de normas inconstitucionais (art. 204.º); b) Não atribuição (ou não atribuições) em princípio de idêntico poder aos outros órgãos do Estado, políticos e administrativos, e, pelo contrário, imposição de aplicação sem faculdade autónoma de apreciação; c) Obrigatoriedade também das normas inconstitucionais, para os cidadãos até decisão judicial em contrário, salvo nas duas hipóteses aludidas de direito de resistência (arts. 21.º e 103.º, n.º 3); d) Possibilidade de impugnação a todo tempo, sem qualquer limite, das normas inconstitucionais, através da fiscalização sucessiva abstracta (art. 281.º); e) Não sanação da inconstitucionalidade nem por decisão do Tribunal Constitucional, nem por superveniente revisão constitucional; f) Efeitos, em princípio, *ex tunc* da declaração de inconstitucionalidade — ou seja, a partir da entrada em vigor da norma inconstitucional (na inconstitucionalidade originária) e a partir da entrada em vigor da nova norma da Constituição (na inconstitucionalidade superveniente) (art. 282.º, n.ºs 1 e 2); g) Repristinação, em princípio (na inconstitucionalidade originária), da norma anterior à norma declarada inconstitucional (art. 282.º, n.º 1); h) Garantia, porém, dos casos julgados, excepto quando a norma inconstitucional respeitar a matéria penal, disciplinar ou de ilícito de mera ordenação social e for de conteúdo menos favorável ao arquido (art. 282.º, n.º 3); i) Possibilidade de fixação dos efeitos da inconstitucionalidade pelo Tribunal Constitucional (e, porventura, pelo tribunal da causa, na fiscalização concreta) com alcance mais restrito, quando o exigirem a segurança jurídica, razões de equidade ou interesse público de excepcional relevo (art. 282.º, n.º 4); j) Regime das normas violadoras de direitos, liberdades e garantias insusceptíveis de suspensão em estado de sítio (art. 19.º, n.º 6), as quais as autoridades administrativas podem (e devem) recusar-se a aplicar e relativamente às quais nem há ressalva de casos julgados, nem conformação de efeitos". (id). Alguns dos contornos declinados serão objeto de aprofundamento no decorrer do presente estudo.

223 PALU, *op.cit.*, p. 71

norma, isto é, uma contradição intrínseca da norma em relação ao parâmetro que a faz inválida. De sorte que consubstanciaria a premissa da consequência da inconstitucionalidade (=sanção), que poderá ser a inexistência, a nulidade, a anulabilidade, a mera irregularidade, dependendo do sistema adotado em cada país. É dizer, o vício envolve uma invalidade, ao passo que a sanção, a consequência para esse vício, possui regime variado.

A propósito, Elival Ramos[224] também ressalta que com a expressão 'lei inconstitucional' alude-se tanto ao vício quanto à sanção, sendo que aquele consiste na desconformidade com a Constituição, ao passo que esta é a consequência prevista pela Constituição para sua violação.

Destarte, na medida em que a inconstitucionalidade é um vício que consiste na contrariedade, descompasso, violação em relação à Carta Constitucional, pode-se dizer que a diferença ou a variação de um regime em relação a outro dá-se quanto à sanção, isto é, quanto às consequências previstas pela Constituição para a sua restauração, e não quanto ao significado atribuído ao vício.

1.3. Os três planos: existência, validade[225] e eficácia

---

224 RAMOS, *op.cit.*, p. 62 e ss.

225 François Ost ressalta a dificuldade que se tem quanto à análise do tema da validade: "Não é fácil expressar até que ponto o problema da validade se encontra sobrecarregado de interesses políticos, condicionado por ideologias, sitiado por valores. Tampouco é necessário insistir na dificuldade de abordar a questão de modo científico: já não como 'alquimista', ator febril da magia jurídica, senão como um 'químico', ou seja, como um observador objetivo e distante", (OST, François. Prefácio. In: FALCÓN Y TELLA, M. J. **Conceito e fundamento de validade do direito**. 2ª ed. Porto Alegre: Ricardo Lenz Editor, 2000, p.15)

Para se abordar a inconstitucionalidade como um vício que, em regra, refere-se ao âmbito da validade, é imprescindível distinguir, previamente, esse plano dos planos da existência e da eficácia.

Nesse aspecto, não se olvide que Pontes de Miranda[226] propôs a divisão do mundo jurídico (=mundo integrado pelos fatos jurídicos) em três planos diferentes, nos quais se desenvolve, em toda sua integralidade, no campo dogmático, o fenômeno jurídico, quais sejam: existência, validade e eficácia.

No plano da existência, inicia-se a vida dos fatos jurídicos. Nele entram, sem exceção, todos os fatos que, por sua relevância para a convivência social, foram erigidos à categoria de suporte fático de norma jurídica e, ao ocorrerem no mundo fático, são juridicizados pela sua incidência. Esse é o plano do ser, no qual apenas se indaga se o fato jurídico existe, quer dizer, se o suporte fático da norma jurídica se concretizou suficientemente (=todos os elementos previstos pela norma se realizaram) e, portanto, se ela incidiu.

Vale dizer, no plano da existência, não se indaga se o fato jurídico é válido ou é inválido, se é eficaz ou se ainda não o é, ou se nunca o será. Essas são indagações que somente devem e podem ser feitas, respectivamente, nos planos da validade e da eficácia.

De outro lado, somente se poderá falar em validade e eficácia, caso o fato jurídico exista[227], isto é, tenha adentra-

---

226 PONTES DE MIRANDA, Francisco Cavalcante. **Tratado de Direito Privado,** t. IV, Prefácio. 3ª ed. Rio de Janeiro, Bosch, 1972. Conferir também nesse sentido MELLO, Marcos Bernardes. **Teoria do Fato Jurídico — Plano da Validade.** 5ª ed. São Paulo: Saraiva, 2001. p. XVII.

227 Pontes de Miranda afirma: "O ser juridicamente e o não-ser juridicamente separam os acontecimentos em fatos do mundo jurídico e fatos estranhos ao mundo jurídico. Assente que todo fato jurídico pro-

do no plano da existência, uma vez que o ser válido (valer), ou inválido (não-valer), já pressupõe a existência do fato jurídico. Da mesma forma, para que haja eficácia (=seja eficaz) é necessário que o fato jurídico exista; a recíproca, todavia, em ambos os casos, não é verdadeira, eis que o existir independe, completamente, de que o fato jurídico seja válido ou de que seja eficaz.

O ato jurídico nulo é fato jurídico como qualquer outro, só que deficientemente. A deficiência de elemento do suporte fático o faz inválido, no entanto, para isso, é preciso que ele exista. Ou seja, para ser deficiente, inválido, pressupõe-se que seja existente.

Ademais, não há uma relação essencial entre a validade e a eficácia do ato jurídico. Em regra, o ato jurídico precisa ser válido para ser eficaz, porém há situações de invalidade que surtem efeitos, que apresentam eficácia.

Com esteio na doutrina de Pontes de Miranda, extrai-se que existir difere de valer, a existência antecede a validade, de modo que para algo valer é preciso que exista, isto é, não há sentido falar-se de validade ou de invalidade a respeito do que não existe.

Partindo desta distinção entre existência e validade,

---

vém da incidência da regra jurídica em suporte fático suficiente, ser é resultar dessa incidência. Já aqui se caracteriza a distinção, primeira, entre o ser suficiente e o ser deficientemente. Para algum ato jurídico ser deficiente, isto, para que seja deficitário, é preciso que seja" (PONTES DE MIRANDA, *op.cit.*, p.41). Também, sustenta Marcos Bernardes de Mello: "Ser válido, ou inválido, e ser eficaz, ou ineficaz, são qualificações distintas atribuídas ao fato jurídico pelas normas jurídicas. O existir (=ser fato jurídico) constitui, portanto, pressuposto essencial da validade, invalidade, e da eficácia, ou ineficácia, do fato jurídico, donde implicar uma *contradictio in adiecto* dizer-se, por exemplo, que o fato jurídico, nulo, ou o ineficaz, é inexistente, porque somente o que existe pode ser qualificado." (MELLO, *op.cit.*, p.11-12)

Pontes diferencia suficiência de deficiência e, por conseguinte, ato nulo de ato inexistente. O inexistente[228] é o que está fora do mundo jurídico, é a insuficiência. Dizer que o ato é inexistente implica afirmar a sua não juridicização. Em outros termos, a categoria do inexistente distingue o mundo fático do jurídico. Ao revés, o ato nulo é o ato deficiente, donde se infere que a nulidade não significa negar a existência, e sim a validade.

Analisando, à luz da doutrina ponteana, a validade da norma jurídica[229], infere-se que há diferença entre norma

---

228 Para Octávio Fischer, "a rigor, sequer é correto falar-se em norma inexistente. Seria o mesmo que pretender falar em "ser humano inexistente". Inexistente é uma categoria sobre a qual talvez nada se possa expressar. Com o que lembramos a célebre frase de L. Wittgenstein, no encerramento de seu Tractatus: "Sobre o que não se pode falar, deve-se calar". (FISCHER, op.cit., p. 238). De outra parte, assevera Regina Ferrari "Reale demonstra que, embora o ato inexistente não entre no mundo do direito, alguma referibilidade há entre ele e o direito, e que é preciso não confundir o ato juridicamente inexistente com qualquer ato extrajuridico 'totalmente estranho ao direito, como é o caso das infinitas formas de agir do homem, que não só não possuem qualificação jurídica, como também não são tangentes à experiência jurídica, destruídas de qualquer juridicidade internacional, tomando o termo intencional em sua acepção lógica, e não psicológica'. Admite que inexistente é o ato que carece de algum elemento constitutivo e permaneceu juridicamente embrionário; nulo é o ato, reunindo todos os requisitos aparentes de uma realidade jurídica, é inidôneo para produzir efeitos válidos, desde o seu nascimento; anulável o que reúne os requisitos aptos a produzir efeitos até e enquanto alguém não lhe conteste a validade". (FERRARI, Efeitos..., p.156)
229 Sobre isso conferir PIMENTA, Paulo Roberto Lyrio. **Efeitos da decisão de inconstitucionalidade em direito tributário**. São Paulo: Dialética, 2002. p.19. A fim de que a análise da validade abarque a hipótese de inconstitucionalidade superveniente (lei que é originariamente constitucional e, com o advento de uma nova Constituição ou de Emenda Constitucional, torna-se inconstitucional), Jorge Miranda desmembra em validade do ato e validade da norma "(...) E, como se sabe,

inexistente[230] e norma inválida, logo norma válida não é sinônimo de norma existente.

Vale dizer, norma existente é a norma posta no sistema, enquanto norma válida é aquela que está em conformidade com a norma que representa o seu fundamento, tanto a que giza a regra de competência e o procedimento, quanto a que determina o conteúdo.

Neste aspecto, assevera Marcelo Neves[231] que a existência de um ato ou norma jurídica consiste em sua entrada no mundo jurídico, a qual pode ocorrer regular ou irregu-

---

se a validade do acto tem de se referir ao tempo da sua elaboração, a validade da norma terá de ser vista em cada momento que durar a sua vigência." (MIRANDA, Manual..., p.36)

230 "No que tange ao conceito de 'existência', também a doutrina apresenta fortes divergências, porque, como lembra Riccardo Guastini, não é fácil precisar quais são as condições necessárias e suficientes para a existência das normas. Dito de outro modo, a partir de quando pode-se dizer que algo passa a ser norma, ainda que não seja válida? Assim, para esse autor, uma "norma existe quando é criada em, conformidade com (ao monos) algumas das normas sobre a produção jurídica", porque a "conformidade com todas as normas sobre a produção jurídica é condição necessária da validez". Ser válida é não contrariar (ou estar de acordo com toda e) qualquer norma superior; existir é adequar-se a algumas normas do ordenamento. Por exemplo, um decreto da União que aumenta o IR é inválido, mas é existente". (FISCHER, *op.cit.*, p.235-6)

231 "Os atos e normas jurídicos são válidos quando produzidos regularmente pelos agentes do sistema (órgãos em sentido estrito ou particulares). A invalidade resulta da integração ao 'mundo jurídico' de atos e normas produzidos defeituosamente pelos agentes do sistema." (NEVES, *op.cit.*, p.41) Em outro trecho, assevera que uma norma "existente" é uma norma que entrou no mundo jurídico, enquanto validade é uma característica da norma que não apresenta defeitos. Assim, o ordenamento "tolera a incorporação irregular de normas jurídicas, que permanecerão no sistema enquanto não houver produção de ato jurídico ou norma jurídica destinada a expulsá-las". (NEVES, *op.cit.*, p.41)

larmente. Quando o ato jurídico ou a norma jurídica entra defeituosamente no 'mundo jurídico', há existência sem validade, razão pela qual se distinguem os planos da existência e da validade. Neves prefere usar o termo "pertinência" ao vocábulo "existência", sendo que aquele significa que uma determinada norma integrou-se (regular ou irregularmente) a um determinado ordenamento jurídico e ainda não foi expulsa por invalidade ou revogada.[232]

Marcelo Rebelo de Sousa, por sua vez, destaca que a "invalidade pressupõe, antes do mais, a existência do acto considerado", bem como que o ato inválido pode produzir alguns dos seus efeitos prototípicos.[233]

Relacionando existência, validade e eficácia, Elival Ramos observa que:

"uma lei pode existir e ser válida, sem, não obstante, produzir os efeitos jurídicos a que se predispõe. Sem dúvida, toda lei inexistente é também ineficaz, posto que da própria inexistência resulta, como reflexo direto, a ineficácia absoluta, significando a morte do ato no plano preliminar da existência, sem se projetar nos de-

---

232 "é inválida porque não deriva perfeitamente (regularmente) do seu fundamento imediato de validade, a Constituição em vigor. Há suporte fático deficiente (invalidade), embora suficiente (pertinência), do ato legislativo." (Neves *op.cit.* p.81-2) "Não se pode sustentar, portanto, que a norma inconstitucional é uma norma inexistente, como defende prestigiosa corrente doutrinária. Se se tratasse inexistente, tal norma não poderia produzir efeitos jurídicos, porque do nada efeitos não podem surgir. A norma inconstitucional, como norma inválida, adentra o sistema normativo, só o que o faz deficientemente. Na terminologia ponteana, trata-se de norma suficiente, eis que está no plano da existência porém deficiente, seja por vício formal ou material." (PIMENTA, *op.cit.*, p.32)

233 SOUSA, *op.cit*, p.186

mais planos. A lei inválida, entretanto, dependendo do regime de invalidade previsto no ordenamento positivo, pode gerar ou não efeitos jurídicos".[234]

Como se vê, o fato de uma norma ser inconstitucional e, por conseguinte, existir invalidamente ou deficientemente não impede que, no plano dos fatos[235], ela opere eficazmente, isto é, produza efeitos. Mesmo porque, como destaca Riccardo Guastini, nunca se saberá se uma norma é, de fato, válida, uma vez que sempre haverá a possibilidade de nossa Corte maior declarar a sua invalidade.[236]

1.4. Kelsen e validade (essência ou qualidade da norma jurídica?)

Cumpre, ainda em relação à questão da validade, indagar se ela constitui um critério essencial ou uma qualidade da norma jurídica. Para tanto, analisar-se-á o entendimento de Hans Kelsen[237].

Pois bem, para Kelsen[238], a expressão lei inconstitucio-

---

234 RAMOS, *op.cit.* p.37.
235 No plano normativo, os efeitos produzidos serão considerados decorrentes de norma inválida.
236 GUASTINI, Riccardo. **Distinguiendo: estudios de teoría y metateoría del derecho.** Barcelona: Gedisa, 1999. p.312. "No Brasil, mesmo o efeito vinculante não impede que, posteriormente a uma declaração de constitucionalidade, o STF possa novamente analisar a norma".(FISCHER, p.238-9)
237 "O grande defensor da tese de validade como essência da norma jurídica foi Hans Kelsen, cuja obra representa um verdadeiro divisor de águas na Ciência do direito, merecendo, por isso, análise mais detalhada." (PIMENTA, *op.cit*, p.14)
238 Kelsen explana "*quid júris* se uma norma não está em harmonia

nal, aplicada a um preceito legal considerado válido na medida em que surte efeitos, é uma contradição nos próprios termos, de modo que ele aceita tal expressão somente no sentido de que uma lei possa ser anulada, de acordo com a Constituição, por um processo especial, diferente do pro-

---

com a norma que determina a sua produção, especialmente se não corresponde à norma que preestabelece o seu conteúdo? Um tal conflito parece apresentar-se quando se tomem ao pé da letra certas expressões que são usuais na jurisprudência tradicional. Com efeito, esta fala de decisões jurisdicionais 'ilegais' e de leis 'anticonstitucionais' e, assim, dá a impressão de ser possível algo como uma norma contraria às normas em geral e uma norma jurídica antijurídica em especial. (...) Se, porém, existisse tal coisa como um direito antijurídico, desapareceria a unidade do sistema de normas que se exprime no conceito de ordem jurídica (ordem do Direito). Mas uma 'norma contrária às normas' é uma contradição nos termos; e uma norma jurídica da qual se pudesse afirmar que ela não corresponde à norma que preside à sua criação não poderia ser considerada como norma jurídica válida — seria nula, o que quer dizer que nem sequer seria uma norma jurídica. O que é nulo não pode ser anulado (destruído) pela via do Direito. (...) Algo que de fato aconteceu não pode ser transformado em não-acontecido. (...) Se a ordem jurídica, por qualquer motivo, anula uma norma tem de considerar esta norma primeiramente como norma jurídica objetivamente válida, isto é, como norma jurídica conforme ao Direito. De uma lei inválida não se pode, porém, afirmar que ela é contraria à Constituição, pois uma lei inválida não é sequer uma lei, porque não é juridicamente existente e, portanto, não é possível acerca dela qualquer afirmação jurídica. Se a afirmação, corrente na jurisprudência tradicional, de que uma lei é inconstitucional há de ter um sentido jurídico possível, não pode ser tomada ao pé da letra. O seu significado apenas pode ser o de que a lei em questão, de acordo com a Constituição, pode ser revogada não só pelo processo usual, quer dizer, por uma outra lei, (...), mas também através de um processo especial, previsto pela Constituição. Enquanto, porém, não for revogada, tem de ser considerada como válida; e, enquanto for válida, não pode ser inconstitucional."(KELSEN, Hans. **Teoria Pura do Direito.** 2ª ed. São Paulo: Martins Fontes, 2000, p.296)

cesso normal; diferente daquele que decorre da aplicação do critério *lex posterior derogat priori*.[239] Com efeito, ao tratar do problema da norma inconstitucional, a teoria kelseniana pugna que a sua caracterização só pode existir conforme a ordem jurídica e que, para saber se uma norma preenche, segundo tal ordem, as condições de caracterização, é necessário a análise e a decisão de um órgão do Estado com competência assim determinada dentro do sistema, antes da qual não pode uma norma ser considerada nula *ab initio* e, consequentemente, incapaz de produzir efeitos jurídicos desde o seu nascimento. Sem este ato, e antes dele, o fenômeno em questão não pode ser considerado como nulo.[240]

Comentando o entendimento de Kelsen, Elival Ramos preconiza que a dificuldade em admitir o ato legislativo inexistente, assim como o inválido sancionado com nulidade *ab initio*, encontra-se

"ligada a seus pressupostos teoréticos, segundo os quais o Direito é concebido como uma construção lógica impecável, em que os elementos inferiores não podem estar em contradição com os superiores, sob pena de serem proscritos do mundo jurídico. Daí a pretensão de reduzir as categorias da inexistência e da nulidade à da anulabilidade, trabalhando com a ideia de uma validade transitória, até a desconstituição do ato por decisão judicial."[241]

---

239 Para Kelsen, "enquanto as leis consideradas constitucionais só perdem sua validade quando surgir uma lei nova que as revogue, as inconstitucionais só a perderão por um processo especial de invalidação, previsto na própria Constituição."(FERRARI, **Efeitos**..., p. 74).
240 Cfr. nesse sentido FERRARI, **Efeitos**..., p. 160-1
241 RAMOS, *Op.cit.* p.23-4

No entanto, para Elival Ramos, a imprecisão conceitual não se justifica, eis que, enquanto a lei inexistente é aquela que, embora tenha a aparência de lei, não pode ser como tal considerada por deficiência sediada em seu suporte fático, a lei inválida, para ser sancionada com nulidade *ab initio*, deve existir, "decorrendo o vício de nulidade da desconformidade dos seus elementos integrantes com os respectivos pressupostos de validade"[242].

Conclui, então, Elival Ramos que "a confusão entre as duas categorias, como se nota do pensamento kelseniano, decorre da circunstância de que tanto a lei inexistente quanto a lei nula (*ab initio*) revelam total inaptidão para a produção de efeitos em nível da estrutura normativa."[243]

A propósito do posicionamento de Kelsen, Octávio Fischer[244] assevera haver uma evidente equiparação entre os institutos da validade e vigência[245] ao da existência, uma

---

242 RAMOS, *Op.cit.* p.23-4
243 RAMOS, *op.cit.* p.23-4
244 FISCHER, op.cit.., p. 220-1
245 "O normativismo kelseniano distingue, com precisão, vigência de eficácia, porém em determinados momentos usa a expressão vigência com o sentido de validade, ou melhor, no sentido de validade técnica formal, de legalidade. Para Kelsen, dizer que um norma vale (é vigente) quer dizer que ela é vinculativa, ou seja, que os indivíduos devem se conduzir de uma determinada maneira, conforme a conduta prescrita na norma, de tal forma que vigência significa a existência específica da norma." (FERRARI, Efeitos..., p. 65). Todavia, ressalta Regina Ferrari "Assim, para nós, o termo *validade* expressa algo diferente do que se quer referir com as expressões vigência, positividade e eficácia, já que válida é a norma que foi ditada em conformidade com outra norma, isto é, a norma que é concordante, não contraditória com as demais que integram o sistema."(FERRARI, Efeitos..., p. 67). A respeito, Octávio Fischer destaca que Luigi Ferrajoli "separa vigência e validade, para conferir a esta um aspecto substancial. Validade não significa existência. Validade significa que a norma deve estar de acordo com o conteú-

vez que a norma existe, porque vigora e é válida.[246] Todavia, essa equiparação entre validade, vigência e existência não implica "a adoção, por Kelsen, da teoria da nulidade da norma e dos efeitos "ex tunc" da decisão de inconstitucionalidade".[247] Deveras, muito embora fosse compreensível e lógico que, sendo existência sinônimo de validade, uma norma inválida é uma norma que não existe e, se não existe, os efeitos dela seriam inválidos desde a sua edição[248], Kelsen, ao transpor essa equiparação à seara do controle de constitucionalidade, realiza um "drástico rompimento na consequência natural do seu raciocínio"[249], porquanto, "ao invés de concluir que, a partir da declaração de uma invalidade (de uma inexistência, portanto), tem-se, por natureza, a adoção de efeitos "ex tunc", optou por um raciocínio que o levou à tese dos efeitos "ex nunc" da decisão de inconstitucionalidade".[250]

A fim de se obter uma melhor compreensão do pensamento kelseniano, Fischer propõe que, "em Kelsen, não se

---

do das normas que lhe são superiores. Assim, leciona que "uma norma — por exemplo uma lei que viole o principio constitucional da igualdade — embora formalmente existente ou vigente, pode ser inválida e como tal suscetível de anulação, por contrariar uma norma substancial sobre a sua produção, como é o caso do principio da igualdade e dos direitos fundamentais".(FISCHER, *op.cit.*, p.240)

246 "Dizer que uma norma vale (é vigente) traduz algo diferente do que se diz quando se afirma que ela é efetivamente aplicada e respeitada, se bem que entre vigência e eficácia possa existir uma certa conexão"(KELSEN, Hans. **Teoria Pura do Direito**. 2ª ed. São Paulo: Martins Fontes, 2000, p.11-12)

247 FISCHER, *op.cit.*, p. 221
248 ibid, p.221.
249 id.
250 FISCHER, *op.cit.*, p. 221

pode tomar a afirmação de que 'norma válida é norma existente', mas, sim e justamente, o universo: 'se a norma existe é uma norma válida'", eis que, na construção do autor de Teoria Pura, "até o julgamento de constitucionalidade, não se pode ter no ordenamento norma inválida (...), para ele, esta é válida simplesmente pelo fato de existir e enquanto existir."[251]

De outra parte, reconhece Fischer que é possível considerar contraditória essa orientação, eis que seria necessário construir uma ficção jurídica em relação ao período entre a edição da norma e a sua declaração de inconstitucionalidade, a fim de se imaginar que ela era válida nesse lapso e, após, deixou de ser, isto é, era existente e, com a decisão, deixou de ser[252].

Todavia, ressalta Fischer que o esteio de Kelsen consiste em não se poder conceber 'um direito antijurídico', de sorte que se ele existe e é eficaz, então é válido. Não bastasse isso, não se pode olvidar, conforme, aliás, analisou-se no capítulo anterior, que o modelo kelseniano de controle da constitucionalidade é construído com o escopo de não se chocar com o princípio da separação de poderes[253], no

---

251 id
252 ibid, p. 223
253 "Pode-se dizer, ainda, que, sob o manto da ideia de que ser existente é ser válida e que, com a sua promulgação, a norma passa a existir (passa a ser válida), somente vamos entender que, com a decisão de inconstitucionalidade, ela se torna inválida, se compreendermos que o modelo kelsano de controle de constitucionalidade é construído para não entrar em choque com o princípio da separação de poderes. Assim, ao Tribunal Constitucional é atribuído um papel semelhante ao do legislador. Mas esta semelhança é apenas parcial, porquanto o juiz constitucional somente pode funcionar como um agente revogador da norma". (ibid, p. 224)

qual se atribui ao Tribunal Constitucional a função de legislador negativo.[254]

---

254 Kelsen enfatiza: "*La decisione di annullamento avvera, in línea di principio, efficacia ex nunc: non aveva, salvo um'eccezione di cui parleremo più avanti, eficacia, retroativa. Sarebbe stato infatti difficile giustificare un'efficacia retroattiva non solo per le conseguenze critiche che qualunque effetto retroattivo comporta ma specialmente perchè la decisione tocaba un atto del legislatore constituzionale; e il legislatore aveva il potree d'interpretare la costituzione, pur essendo soggetto, per questo lato, al controllo giudiziario. Finchè la corte non avessa dichiarato la legge incostituzionale, l'opinione expresa dal legisltore col suo atto avrebbe dovuto essere rispettatta. (...) La decisione di annullamento della corte constituzionale aveva la stessa natura di una legge di abrogazione. Era un atto negativo di legislazione. Poichè era attribuita alla corte una funzione legislatia, una funzione, cioè, in via di principio riservata al parlamento, la costituzione austriaca del 1920 stabilizava che i membri della corte fossero eletti dal parlamento e non già nominati dall'amministrazione, come gli altri giudici. (...) La riforma della costituzione austriaca del 1929 non fu affatto rivolta contro la corte costituzionale per contrasti insorti tra quest'ultima e l'amministrazione. Com l'emendamento non venne modificata la giurisdizione della corte ma venne stabilito che i suoi componenti fossero nominati dalla amministrazione e non più eletti dal parlamento (§ 65 della legge federale 7 diciembre 1929, BGBl, n. 392). La vecchia corte venne, in effetti, disciolta e sostituita da una nova, i cui componente erano quasi tutti partigiani dell'amministrazione. E questo fu l'inizio di quella evoluzione politica che doveva inevitabilmente condurre al fascismo e che spiega com l'anessione dell'Austria da parte dei nazisti non incontrasse alcuna resistenza.*" (KELSEN, **La giustizia...**, p.299-300). A despeito desse entendimento, Kelsen admite, excepcionalmente, que seja estipulada a retroatividade das decisões: "uma norma pertencente a uma ordem jurídica não pode ser nula apenas anulável. Mas esta anulabilidade pode ter diferentes graus. Uma norma jurídica em regra somente é anulada com efeitos para o futuro, por forma que os efeitos já produzidos que deixa para trás permanecem intocados. Mas também pode ser anulada com efeito retroativo, por forma tal que os efeitos jurídicos que ela deixou atrás de si sejam destruídos: tal, por exemplo, a anulação de uma lei penal, acompanhada da anulação de uma lei penal, acompanhada da base nela; ou de uma lei civil, acompanhada da anulação de todos os negócios

Por fim, Octávio Fischer conclui: "Kelsen não adota a teoria da nulidade, nem, a princípio, a teoria dos efeitos "ex tunc". A norma inconstitucional é válida até a decisão judicial e, portanto, é anulável, jamais nula. Com isto, não há retroatividade, senão excepcionalmente, quando indicada pelo ordenamento".[255]

Como se vê, para Kelsen[256], a validade da norma é sinônimo de existência, de sorte que validade é uma relação de pertinencialidade, isto é, norma válida é a que pertence a determinado sistema, é norma existente. Logo, a validade, para ele[257], é característica essencial da norma.

No entanto, conforme o anteriormente explanado, os planos da existência, validade e eficácia não se confundem, mesmo porque tanto a validade quanto a invalidade pressupõem a existência.[258]

Não se olvide, ainda, que "a norma não é válida por apresentar conformidade com a realidade, ou seja, por ser eficaz. A validade está na ordem do dever-ser e a eficácia na do ser"[259], logo validade e eficácia não se identificam, é dizer, na seara do dever-ser, a norma é inválida, todavia no

---

jurídicos celebrados e decisões jurídicas proferidas. Porém, a lei foi válida até a sua anulação. Ela não era nula desde o inicio."(ibid, p.306-7)

255 FISCHER, *op.cit.*, p.225.

256 "Assim, se para Kelsen, a validade (existência) é pertencer a um sistema, por conclusão, validade é um conceito relativo: a norma existe (vale) naquele sistema. Afinal. Pode ser uma norma não jurídica (por não ser válida/existente no sistema jurídico), mas ser uma norma (do sistema) moral".(ibid, p.229)

257 Conferir neste sentido PIMENTA, *op.cit.*, p.15

258 "Validade, por certo, é um conceito distinto de existência. Claro que, para ser válida, a norma tem que existir, mas o fato de existir não implica a sua validade (aqui vai a contrariedade a Kelsen)".(FISCHER, *op.cit.*, p.235)

259 PIMENTA, *op.cit.*, p.15.

prisma do ser, ela produz efeitos. Essa dissociação entre os planos refletirá posteriormente quando se analisará a dissociação entre o vício da inconstitucionalidade e os efeitos produzidos pela lei inconstitucional.

Quanto à caracterização da validade como qualidade[260], e não essência, da norma, Paulo Lyrio Pimenta, embora reconheça que a inconstitucionalidade, como um conflito jurídico, atinge a estrutura do sistema, ressalta que esse estado não constitui uma anormalidade do sistema, isto é, não se trata de contradição nos próprios termos como aduz Kelsen, uma vez que a norma inválida não é uma não-norma, uma anormalidade[261], a negação da validade, e sim outra figura jurídica, de sorte que a validade é uma qualidade, e não característica essencial da norma jurídica[262]:

---

260 "Outros jusfilósofos também seguem esta orientação trabalhando a validade como qualidade da norma, a exemplo de Karl Larenz e de Riccardo Guastini". (ibid, p.19).

261 "No modelo pragmático, a análise do problema parte de um pressuposto: a validade não é uma relação linear entre normas, e sim uma relação internormativa, cujo padrão é a circularidade. (...) Abandonada a linearidade, a invalidade aparece não com a nota da anormalidade (marginalidade), e sim como uma relação específica, que convive com a validade." (ibid, p.23)

262 "A invalidade aparece, assim, não como a negação da validade. Vale dizer, a invalidade não é uma não —norma, uma anormalidade, e sim outra figura jurídica. Em verdade a norma inválida também esta imunizada contra a reação de desconfirmação, mas isso não ocorre por intermédio de outra norma, e sim pelas regras de calibração do sistema (principio da legalidade, regras sobre o procedimento de invalidação das normas do sistema, princípio da supremacia constitucional, da presunção de constitucionalidade, etc.). O que distingue portanto, a norma valida da norma invalida é o tipo de imunização a que estão sujeitas as respectivas mensagens normativas. Em face do exposto, quer se trabalhe com o modelo analítico, quer se utilize o modelo pragmático, extrai-se idêntica ilação: a validade é qualidade da norma jurídica."(ibid, p.24)

"a norma inconstitucional convive lado a lado com a norma constitucional. O que as diferencia é apenas o tipo de imunização a que estão sujeitas: inconstitucional o é pelas regras de calibração do sistema, especificamente pelo princípio da supremacia constitucional — que tem a função de assegurar a imperatividade da norma constitucional — pelo princípio da presunção de constitucionalidade e pelas regras e procedimentos de anulação das normas inconstitucionais."[263]

Octávio Fischer, por seu turno, sustenta ser incontestável o fato de a validade ser uma qualidade e não essência da norma, apenas ressalvando que a relatividade da validade põe-se em relação à pertinência da norma a um sistema, isto é, "a norma pode ser válida em relação a um sistema (jurídico) e ser inválida em relação a outro (sistema moral), mas não pode ser válida e inválida em relação a um mesmo sistema. Isto quebraria, ademais, com a sua presunção de validade e com a sua imperatividade."[264]

Ao se atribuir à validade o caráter de qualidade e não essência da norma, Paulo Pimenta sustenta que, na perspectiva analítica, a norma inválida aparece como uma norma que está no sistema normativo, podendo, inclusive, produzir efeitos jurídicos, visto que o plano da eficácia independe do plano da validade.[265] Nesse sentido, não se ol-

---

263 PIMENTA, *op.cit.*, p.31
264 FISCHER, *op.cit.*, p.235
265 "Usando a terminologia de Pontes de Miranda, a norma inválida é a norma deficiente, a que ingressa no plano da existência, sendo aferida sua invalidade no plano da validade. Como o plano da eficácia independe do plano da validade, a norma pode nele ingressar, mesmo sendo inválida."(PIMENTA, *op.cit.*, p.22)

vide que o problema da inconstitucionalidade situa-se no plano da validade dos atos legislativos, pressupondo a existência do ato e o afetando no plano da eficácia.[266]

Transcreva-se, ainda, sobre a possibilidade da norma inconstitucional produzir efeitos, o magistério de Regina Maria Macedo Nery Ferrari: "é possível existir a vigência normativa dissociada de sua validade, isto é, a norma é inválida dentro do sistema, mas continua obrigando a conduta dos indivíduos, até que tal defeito venha propiciar o reconhecimento de sua invalidade e desse modo venha a perder a sua vigência."[267]

Destarte, conclui-se que a norma, para ser válida, precisa existir, todavia nem todas as normas que existem são válidas, razão pela qual, conforme observa Octávio Fischer, "é possível que uma norma produza efeitos por uma quantidade razoável de tempo sem ser válida, mas apenas porque existe e porque tem presunção de validade"[268].

Fazendo uma releitura[269] do pensamento de Kelsen, à luz da análise realizada sobre os três planos do mundo jurídico, caberia dizer que a norma inconstitucional consubstancia uma norma existente, inválida, que pode ser eficaz, isto é, que pode operar efeitos, sendo que a decisão de inconstitucionalidade proferida pelo órgão competente para tanto atingirá o plano da eficácia, a par de declarar a inconstitucionalidade, de modo que a partir dessa declaração tal

---

266 Conferir a respeito RAMOS, *op.cit.*
267 **FERRARI, Regina. M.N.** Normas constitucionais programáticas: normatividade, operatividade e efetividade. **São Paulo: RT, 2001.** p.88
268 FISCHER, *op.cit.*, p.238.
269 Releitura essa que se faz possível e salutar, mesmo porque Kelsen admite que, excepcionalmente, a decisão de inconstitucionalidade pode ter efeitos retroativos.

norma, em regra, não surtirá mais efeitos. Quanto aos efeitos produzidos, antes dessa decisão, verificar-se-á, conforme se explanará a seguir, a possibilidade ou não de serem preservados alguns desses efeitos, não obstante tenham sido decorrentes de norma inválida.

Com efeito, a presunção de validade permite tal produção de efeitos, no entanto se trata de mera presunção de validade, logo não é possível falar que ela foi válida, mas tão somente que era presumida como válida, porém válida não era.

2. SANÇÃO E DECISÃO DE INCONSTITUCIONALIDADE

2.1. Regimes sancionatórios da inconstitucionalidade

Inserida a inconstitucionalidade no plano da validade, isto é, como um vício de invalidade, urge analisar, então, os regimes sancionatórios desse vício, bem como a natureza da decisão judicial que constata a inconstitucionalidade.

O destino do ato inconstitucional ou dos seus efeitos depende, segundo Jorge Miranda, do sistema de garantia, isto é, "o agir sobre um ou sobre outros, destruindo-os ou, porventura, transigindo com eles não pode apreender-se à revelia dos regimes de fiscalização da constitucionalidade. São distintas as consequências — *substantivas* — de inconstitucionalidade consoante esses regimes."[270]

Deveras, embora o vício[271] seja sempre o da inconstitu-

---

270 MIRANDA, Manual...p. 86

271 A caracterização do vício de inconstitucionalidade pode ser realizada na seara da Teoria Geral do Direito Constitucional, ao passo que a caracterização da sanção de inconstitucionalidade encontra-se jungida a

cionalidade — contrariedade à Constituição —, as consequências da inconstitucionalidade — a sanção de inconstitucionalidade[272] — serão determinadas conforme previsto nos respectivos regimes de controle da constitucionalidade[273].

A propósito, não se olvide que a decisão de inconstitucionalidade e, por conseguinte, a aplicação da respectiva sanção constituem uma escolha pela preservação da supremacia constitucional, pelo equilíbrio do sistema, não se trata de escolha aleatória, mas sim de decisão que implica absorver a insegurança gerada pela inconstitucionalidade nos planos normativo e fático.

À luz de uma perspectiva analítica, Paulo Roberto Pimenta aduz que "a decisão de inconstitucionalidade é uma norma jurídica, em cujo aspecto relato identifica-se o des-

---

um determinado ordenamento positivo.

272 Isto é, a consequência estabelecida pela Constituição à violação de suas normas pelo Legislador.

273 "Como se percebe, a sanção de inconstitucionalidade está a meio caminho em relação ao vício e ao controle. O vício é a desconformidade entre a lei e a Constituição; a sanção é o desdobramento previsto pelo sistema para o vício de inconstitucionalidade; o controle é o conjunto de instrumentos predispostos a assegurar a efetividade da sanção. Se o vício constitui a doença, a sanção é a sua evolução rumo à saúde constitucional. Já os instrumentos de controle podem ser vistos como os remédios que auxiliam o curso dessa evolução. Daí falar-se no controle como a garantia da saúde constitucional, ou seja, da efetiva vigência do princípio da superioridade das normas constitucionais."(RAMOS, *op.cit.*, p. 86-7). Marcelo Neves esclarece, no mesmo sentido, "espécie de norma inválida, a lei inconstitucional pode ser classificada, conforme a doutrina tradicional, como nula ou anulável. Esta classificação dependerá da espécie de sistema orgânico e processual de controle da constitucionalidade que seja adotado, principalmente no que concerne à eficácia da decisão sobre a inconstitucionalidade das leis."(NEVES, *op.cit.*, p.81)

cumprimento da Constituição, funcionando como antecedente, enlaçado a um consequente, que é a invalidação da norma. Trata-se de uma norma invalidante, que tem natureza de sanção"[274], na medida em que representa a consequência prevista no mandamento normativo em caso de contrariedade à Constituição.

Pois bem, na análise dos diversos regimes sancionatórios da inconstitucionalidade, tradicionalmente, tem-se defendido a existência não só de duas grandes espécies de sanção: a nulidade e a anulabilidade, mas também de dois sistemas[275]: **o norte-americano e o austríaco.**

No que respeita a sanção de nulidade, Elival Ramos[276] assevera que suas características básicas residem na ineficácia *ab initio* da lei inconstitucional e na desnecessidade de um ato ulterior de invalidação, daí se dizer que a sanção opera de pleno direito. Ao revés, segundo ele, as características da sanção de anulabilidade consistem quer na invalidação *a posteriori* da lei inconstitucional, que é tolerada como provisoriamente válida, quer na necessidade de um ato sancionatório.[277]

---

274 Na mesma esteira, é o magistério de Luigi Ventura ao afirmar que "la c.d 'declaratória de incostituzionalità', che identifichiamo nell'annullamento lato sensu, in altri termini elimina dall'ordinamento um atto legislativo o parte di esso, per cui si ha uma sanzione che colpisce direttamente l'atto e non giá l'organo che lo há emanato e, appunto come sanzione, opera immediatamente sul piano processuale e mediatamente, seppure in via contestuale, incide sul diritto sostanziale oltre che, come cercheremo di dimostrare, sul piano político" (VENTURA, Luigi. *Le Sanzioni Costituzionali*. Milano: Giuffrè, 1981, p.61)

275 Esses dois sistemas já foram objeto de análise no capítulo anterior.

276 RAMOS, *op.cit.* p.87

277 Nesse aspecto, é salutar transcrever magistério do Marcelo Neves, que ao invés de utilizar o vocábulo existência usa pertinência, a saber: "Há pertinência com validade quando são regularmente preenchidas todas as condições formais e substanciais estabelecidas nas 'regras de

Cotejando a origem dos dois sistemas, Clèmerson Merlin Clève[278] afirma que "o modelo austríaco de fiscalização da constitucionalidade nasceu a partir de postulados jurídicos diversos dos sustentados pela *judicial review* americana."[279] Deveras, enquanto o norte-americano advém, dentre outros postulados, das teses de Hamilton[280] e das deci-

---

admissão' do sistema, e enquanto não há revogação. Dentre as normas pertencente ao sistema jurídico, o desrespeito às 'regras de admissão' ocorre em graus diversos, manifestando-se diferentes níveis de deficiência do suporte fáctico do ato normativo. Daí haver a doutrina tradicional distinguido entre nulidade e anulabilidade, que funcionam na teoria jurídica como tipos ideais no sentido weberiano. Há nulidade quando a gravidade da deficiência do suporte fático do ato normativo implica: 1) a impossibilidade de convalidação da norma; 2) a eficácia ex tunc da decretação de invalidade da norma. Já na anulabilidade, que constitui sanção menos grave, o sistema admite a convalidação e só atribui eficácia ex nunc à decretação de invalidade da norma. Porém, no caso de nulidade, é relativa a eficácia ex tunc do ato descontitutivo da norma inválida. Por outro lado, há situações intermediárias, seja quando o ato desconstitutivo tem eficácia ex nunc (caracterísitica da anulabilidade), mas não se admite a convalidação (característica da nulidade), ou vice-versa." (NEVES, *op.cit.* p.45)

278 CLÈVE, Fiscalização...,p. 67

279 "Nos Estados Unidos, a constituição não prevê a fiscalização de constitucionalidade das leis, a qual resultou de construção da jurisprudência da Suprema Corte. A decisão histórica que lançou as bases teóricas para a admissibilidade do *judicial review* foi proferida por Marshall no caso William Marbury v. James Madison. Na verdade, Marshall não examinou a questão da competência da Corte para apreciar a constitucionalidade dos atos normativos. A grande contribuição da sua decisão foi defender que é da essência do Poder Judiciário o dever de negar aplicação às leis inconstitucionais, ideia que já era defendida por Alexander Hamilton quinze anos antes da decisão epigrafada, sustentando,ainda, que as normas inconstitucionais são nulas. Nasceu aí a ideia da nulidade da lei inconstitucional, que exerceu e ainda exerce grande influência no constitucionalismo brasileiro, como se examinará oportunamente." (PIMENTA, *op.cit.*, p.85)

sões do juiz Marshall[281], o sistema austríaco esteia-se na construção kelseniana.

---

280 "Como escreve HAMILTON, nenhum acto legislativo contrário à Constituição pode ser válido. Negar isto seria como que sustentar que o procurador é maior que o mandante, que os representantes do povo são superiores a esse mesmo povo, que homens agindo em virtude de poderes concedidos podem fazer não só o que eles autorizam mas também aquilo que proíbem. O corpo legislativo não é o juiz constitucional das suas atribuições. Torna-se mais razoável admitir os tribunais como elementos colocados entre o povo e o corpo legislativo, o que, aliás, não provoca qualquer superioridade do poder judicial sobre o poder legislativo. Tudo reside em que o povo está acima de ambos e em que, se a vontade do corpo legislativo, declarada na lei, se opuser à vontade do povo, declarada da Constituição, os tribunais devem submeter-se a esta e não àquela. Não é a interpretação das leis a província dos tribunais? Portanto, ao verificar-se uma inconciliável divergência entre a Constituição e uma lei deliberada pelo órgão legislativo, entre uma lei superior e uma le inferior, tem de prevalecer a Constituição." (HAMILTON, MADISON, JAY, **On the Constitution**, New York: Ed. De Ralph H. Gabriel, Nova Iorque, 1954, p 170 e segs. *apud* MIRANDA, **Manual...**, p. 108.)

281 "Não há meio termo entre estas alternativas. A Constituição ou é uma lei superior e predominante, e lei imutável pelas formas ordinárias; ou está no mesmo nível conjuntamente com as resoluções ordinárias da legislatura e, como as outras resoluções, é mutável quando a legislatura houver por bem modificá-la. Se é verdadeira a primeira parte do dilema, então não é lei a resolução legislativa incompatível com a Constituição; se a segunda parte é verdadeira, então as constituições escritas são absurdas tentativas da parte do povo para delimitar um poder por sua natureza ilimitável. (....) Se nula é a resolução da legislatura inconciliável com a Constituição, deverá, a despeito da nulidade, vincular os tribunais e obrigar-lhes a dar-lhe efeitos? Ou, por outros termos, posto que lei não seja, deverá constituir uma regra tão efetiva como se fosse lei? Fora subverter de fato o que ficou estabelecido em teoria e pareceria, à primeira vista, absurdo bastantemente crasso para que seja defendido. (...) Assim, a fraseologia particular da Constituição dos Estados Unidos confirma e corrobora o princípio essencial a todas as constituições escritas, segundo o qual é nula qualquer lei incompatível com

A propósito do sistema austríaco de controle da constitucionalidade, Regina Ferrari leciona que, "seguindo o pensamento de Kelsen, considera que a lei inconstitucional não é nula, mas sim anulável, aceitando o caráter constitutivo da declaração, a qual produz efeitos *ex nunc*, para o futuro, portanto sem eficácia retroativa".[282]

De outra parte, no sistema americano, ressalta Paulo Pimenta, "por força da atividade desenvolvida pela Suprema Corte, a lei inconstitucional é tida por absolutamente nula e ineficaz (...) é meramente declaratória a decisão que reconhece o vício da inconstitucionalidade, negando aplicação à norma inconstitucional no caso concreto: produzindo, portanto, efeitos *ex tunc*."[283]

Ainda, no cotejo dos dois sistemas, saliente-se que, nos EUA, o controle efetua-se, incidentalmente, no curso de um processo comum[284], ao passo que, no austríaco, a fisca-

---

a Constituição; e que os tribunais, bem como os demais departamentos, são vinculados por esse instrumento." (MARSHALL, **Decisões constitucionais de Marshall**, trad. Américo Lobo, Rio de Janeiro, Imprensa Nacional, 1903, p.25-9.)

282 FERRARI, **Efeitos**..., p.208-9. Clèmerson Clève destaca que, segundo Kelsen "a inconstitucionalidade consiste em mero pressuposto da sanção da anulação. A lei inconstitucional não é nula, mas sim anulável, sendo válida até a sua anulação. Daí a decisão que reconhece a inconstitucionalidade ser constitutiva, produzindo eficácia ex nunc." (CLÈVE, **Fiscalização**...p. 68)

283 PIMENTA, *op.cit.*, p.85-6.

284 "O cerne do modelo americano de controle de constitucionalidade consiste no fato de que qualquer juiz chamado a 'decidir um caso em que seja relevante uma norma legislativa ordinária contrastante com a norma constitucional, deve não aplicar a primeira e aplicar, ao invés, a segunda'. A funcionalidade do modelo, todavia, repousa no princípio do *stare decisis*, na força vinculante das decisões judiciais. Por força desse princípio, no momento em que a *Supreme Court* decide a respeito de qualquer questão constitucional, sua decisão é vinculante para to-

lização representa o motivo principal da ação, de sorte que os efeitos da declaração estendem-se *erga omnes*, tendo, portanto, caráter geral, ou seja, força obrigatória em relação a todos.[285]

Nesse aspecto, Elival Ramos evidencia a forte vinculação entre a espécie de sanção e a forma de controle de constitucionalidade realizada:

"a sanção de nulidade exige a presença do controle incidental isoladamente ou combinado com o controle principal, pois, de outro modo, enquanto a ação de inconstitucionalidade não fosse proposta ou decidida, estariam os juízes obrigados a aplicar a lei na solução dos casos concretos, o que é incompatível com a ideia de invalidade de pleno direito, inerente a essa modalidade de sanção. (...) A sanção de anulabilidade, por seu turno, implicando ato de invalidação *a posteriori*, exige, também, para a prática desse ato a concentração de competência, já que não se conceberia uma lei que fosse anulada em alguns feitos e mantida, em sua validade

---

dos os demais órgãos judiciais. Basta isso para que a decisão, envolvendo um caso concreto, acabe por adquirir eficácia *erga omnes*. Não é outra razão que, uma vez desaplicada pela Corte Suprema por inconstitucional, 'uma lei americana, embora permanecendo *on the books*, é tornada a *dead law*, uma lei morta.'" (CLÈVE, **Fiscalização**..., p. 66)

285 Nesse sentido, conferir FERRARI, **Efeitos**...p. 208. A propósito, observa Jorge Miranda que "em fiscalização difusa, nenhum tribunal pode declarar a inconstitucionalidade com força obrigatória geral, ao contrário do que acontece em fiscalização concentrada. Em fiscalização difusa a não aplicação do acto (ou da norma) pressupõe a não conformação pelo acto (ou pela norma) da relação material *sub judice*, ao passo que em fiscalização concentrada mostra-se possível tanto a declaração com eficácia *ex tunc* (retroativa) quanto à declaração com eficácia *ex nunc*." (MIRANDA, **Manual**..., p. 86)

provisória, em outros mediante decisões com efeitos restritos ou *inter partes*."[286]

Como se vê, a polarização entre os dois sistemas estabeleceu-se da seguinte forma: (i) no sistema austríaco: a lei inconstitucional é anulável; à declaração de inconstitucionalidade atribui-se caráter constitutivo, operando-se efeitos prospectivos (*ex nunc*); a fiscalização é abstrata-concretada (ii) no sistema americano: a lei inconstitucional é absolutamente nula; a declaração é declaratória, tendo efeitos retroativos (*ex tunc*); a fiscalização é difusa-incidental.

Dentre essas três características dos dois sistemas, Regina Ferrari preconiza, ao analisar a forma de considerar os efeitos, *ex tunc* ou *ex nunc*, da inconstitucionalidade, que a polarização entre eles têm se concentrado, gradualmente, entre estes dois pontos.[287]

Em que pese essa clássica dicotomia entre os dois sistemas, pode-se dizer que a distância entre eles não é tão significativa[288], uma vez que ambos adotam a possibilidade de aplicação dos dois efeitos, isto é, tanto no americano, quanto no austríaco, a decisão de inconstitucionalidade pode operar efeitos prospectivos ou retroativos.

Com efeito, há algum tempo vislumbra-se o transcorrer de um processo de mitigação dos efeitos da decisão de inconstitucionalidade no tempo, seja no modelo austríaco, seja no norte-americano.

---

286 RAMOS, *op.cit.*, p.99-101
287 FERRARI, **Efeitos**....,p. 271
288 Com propriedade, preconiza, a respeito, Regina Ferrari: "Vemos, portanto, que entre dois posicionamentos-chave, isso é, na contraposição existente entre o sistema americano e o sistema austríaco, encontramos uma série de mudanças que ora tendem para um, ora para o outro sistema".(FERRARI, **Efeitos**..., p.282)

Nos Estados Unidos da América, têm sido flexibilizados os efeitos retroativos da pronúncia de inconstitucionalidade, visando-se, com isso, a assegurar a eficácia dos atos jurídicos que foram praticados durante longo período de tempo com base em lei posteriormente declarada inconstitucional, ou seja, buscando-se proteger, dentre outros, o valor segurança jurídica. Nessa esteira, em 1965, no famigerado caso *Linkletter vs. Walter*[289], a Suprema Corte deci-

---

[289] "É preciso lembrar, entretanto, que a partir de 1965, com a decisão prolatada no caso *Linkletter*, a Suprema Corte americana passou a admitir, em certas situações, a declaração de inconstitucionalidade com efeitos meramente prospectivos (sem a produção de efeitos retroativos, portanto). (CLÈVE, Fiscalização...p.243-4) A propósito, esclarece Eduardo García de Enterría: *"El señor Linkletter había sido condenado sobre un tipo de pruebas que posteriormente a su condena firme el Tribunal Supremo ('Sentencia Mapp', 1961) había declarado contrarias ao principio* due process of law *de le Constitución. Apoyandose en esta declaración, Linkletter pidió la revisión de su condena. La Sentencia de 1965 rechazó du pretensión. Lo hace con fundamento explícito en que 'la Constitución ni proibe ni exige el efecto retroactivo; que para decidir la aplicación retroactiva deben ponderarse les ventajas y los inconvenientes de cada caso, y en particular desde la perspectiva de la eficacia misma de la doctrina establecida por la declaración de inconstitucionalidad. Aplicando este criterio, la Sentencia valoró que la aplicación retroactiva de esa doctrina sobre la inadmisión constitucional de ciertas pruebas supondría 'abrumar hasta el extremo a la administración de justicia', puesto que ésta tendría que revisar virtualmente todas (o en gran número) las condenas en curso de ejecución, cuando ya habrian desaparecido los testigos diretos y la posibilidad de nuevas valoraciones del conjunto de las pruebas restantes, y que este* serious disrupt *o desorganización profunda de la administración de justicia debía de evitarse. El efecto de la declaración de inconstitucionalidad se remitió, pues, a la fecha de la misma, esto es, para el futuro, prospectivamente. Esta doctrina ha sido luego mantenida com resolución, aunque previa una valoración excepcionalmente ponderada de cada caso. Se entiende resumida en la Sentencia Stowall, de 1967, que ha enumerado así los criterios para aplicar la doctrina prospectiva: 'a) la finalidad de que se establezcan*

diu que a retroatividade ou prospectividade dos efeitos da declaração de inconstitucionalidade não tem estatura constitucional, estando sujeito à valoração jurisdicional, a ser manifestada em cada caso concreto. A partir desse caso, iniciou-se nos EUA a limitação dos efeitos da sentença de inconstitucionalidade.

A respeito, afirma Laurence Tribe que, no caso Linkletter v. Walker, "a Corte rejeitou ambos os extremos: 'a Constituição nem proíbe nem exige efeito retroativo'. Parafraseando o *Justice* Cardozo pela assertiva de que 'a constituição federal nada diz sobre o assunto', a Corte de Linkletter tratou da questão da retroatividade como um assunto puramente de política (política judiciária), a ser decidido novamente em cada caso.[290]

De outra parte, no modelo austríaco, realizou-se, em 1929, reforma constitucional, admitindo, a par do controle concentrado já previsto na Carta Austríaca de 1920, a fiscalização em sede concreta, provocada no curso de uma lide, sendo que, nessa sede, à decisão de inconstitucionalidade atribuiu-se efeito retroativo (*ex tunc*).[291]

---

nuevos criterios normativos; b) la extensión de la confianza en los anteriores criterios interpretativos por parte de las autoridades que aplican el Derecho; y c) el efecto sobre la administración de justicia que podría producir una aplicación retroactiva de los nuevos criterios normativos" (ENTERRÍA, Eduardo García, Justicia Constitucional: la doctrina prospectiva en la declaración de ineficacia de las leyes inconstitucionales, *RDP 92/5)*

290 TRIBE, Laurence. **American Constitucional Law**. 3. ed. New York: The Foundation Press, 2000. p.27. Assevera, ainda, "a Suprema Corte codificou a abordagem de Linkletter no caso Stovall v. Denno: 'Os critérios condutores da solução da questão implicam (a) o uso a ser servido pelos novos padrões, (b) a extensão da dependência das autoridades responsáveis pelo cumprimento da lei com relação aos antigos padrões, e (c) o efeito sobre a administração da justiça de uma aplicação retroativa dos novos padrões'" (ibid, p.30)

Nesse sentido, conclui, com perspicácia, Regina Ferrari: "Vemos, então, que os pontos extremos das duas correntes que procuram estabelecer a eficácia da sentença que proclama a inconstitucionalidade devem ser abandonados, já que trazem, em si mesmos, abalos na segurança e na certeza do direito que constitui a sua essência".[292]

Como se vê, no bojo da tendência de mitigação dos efeitos radicais ("ex tunc" ou "ex nunc" somente)[293] da de-

---

291 Observa, todavia, Clèmerson Clève que "o controle concreto (por via de exceção) pode ser suscitado, apenas, pelos órgãos jurisdicionais de segunda instância. Aos demais órgãos da magistratura ordinária incumbe, simplesmente, aplicar a lei ainda quando sobre ela pairem dúvidas quanto à sua compatibilidade com o texto da normativa constitucional." (CLÈVE, **Fiscalização**..., p. 68-9). Regina Ferrari, por sua vez, acentua: "Conforme nos ensina Mauro Cappelletti, esse é o posicionamento do sistema austríaco, que, embora abraçando o sistema concentrado, representado por sua Corte Constitucional, nas atenuações trazidas pela reforma de 1929, e que vigora até o momento, tem admitido que, nos casos em que surja a questão da constitucionalidade em via de exceção, exclusivamente em relação ao caso concreto, a lei contrária à Constituição deve ser desaplicada imediatamente após o pronunciamento daquela Corte Constitucional, mesmo em relação aos fatos verificados anteriormente a tal pronunciamento (...) Foi também dessa forma que o regime americano, conhecendo a via de exceção, concluiu que a lei inconstitucional o é desde o inicio, admitindo, assim, a retroatividade da decisão da Corte Suprema". (FERRARI, **Efeitos**...p.186-7)

292 ibid, p. 283.

293 À guisa de exemplo, no direito comparado, citem-se as seguintes situações: "Outra não tem sido a preocupação verificada na Alemanha, onde foram criadas duas técnicas de controle que não importam em pronúncia da nulidade da lei, por conseguinte no reconhecimento de efeitos retroativos. Em 1954, a Corte Constitucional passou a proferir decisão de apelo (*Apellesnhtscheidung*), na qual afirma que a lei se encontra em processo de inconstitucionalização, razão pela qual recomenda-se ao legislador que efetue as necessárias correções para que a inconstitucionalidade não se concretize. A partir de 1970, a lei do Tribunal Constitucional, em seu inciso 31, (2), inciso 2° e 3°, passou a admi-

cisão de inconstitucionalidade, a contraposição entre os modelos norte-americanos ("ex tunc") e austríaco ("ex nunc") já não se apresenta tão acentuada.

2.2. Dissociação entre valor e efeitos e natureza da decisão de inconstitucionalidade

No ensejo dessa aproximação entre os sistemas, oriunda do fato de ambos compartilharem a aplicação tanto do efeito prospectivo, quanto do efeito retroativo à decisão de inconstitucionalidade, cumpre analisar a dissociação entre o reconhecimento do vício e os efeitos atribuídos à decisão.

---

tir a declaração de inconstitucionalidade sem a pronúncia de nulidade. Na Itália, a partir da segunda metade da década de oitenta, a Corte Constitucional passou a utilizar diversas técnicas decisórias, com o propósito de atenuar os efeitos negativos das pronúncias de inconstitucionalidade, dentre as quais pode se mencionar a inconstituzionalità differita e a da doppia prónuncia. A segunda assemelha-se às decisões apelativas da corte alemã, enquanto a primeira consiste numa limitação dos efeitos pretéritos da decisão de inconstitucionalidade. (...) Em Portugal, as ideias da doutrina dos efeitos prospectivos da declaração de inconstitucionalidade alcançaram status de norma constitucional pela lei Constitucional de 1982, que introduziu o seguinte dispositivo no art. 282, 4° da Constituição; "Quando a segurança jurídica, razões de equidade ou interesse público de excepcional relevo, que deverá ser fundamentado, o exigirem, poderá o Tribunal Constitucional fixar os efeitos da inconstitucionalidade ou da ilegalidade com alcance mais restritivo do que o previsto nos n° 1 e 2. (...) Já na Espanha, a Constituição é omissa sobre a matéria, mas a Lei Orgânica do Tribunal Constitucional estabelece em seu art.39.1 o seguinte: "Cuando la sentencia declare la inconstitucionalidad, declarará igualmente la nulidad de los preceptos impugnados. " Apesar da existência desta regra, prescrevendo a nulidade da norma inconstitucional, a Corte Constitucional, a partir da sentença 45/1989 passou a admitir a declaração de inconstitucionalidade sem efeitos retroativos em algumas situações." (PIMENTA, op.cit, p.87-88)

Pois bem, após afirmar que uma norma contrária ao ordenamento jurídico pátrio é uma norma que não se compadece com este e, portanto, é desde sempre inválida, é dizer, ainda que tenha existido, vigorado e até produzido efeito, sendo incompatível à Constituição, é nula desde a origem, Octávio Fischer destaca que essa constatação, porém, "é muito diferente de dizer que uma declaração de inconstitucionalidade, por ser uma declaração de invalidade, por ser uma declaração de nulidade, apresentará sempre efeito 'ex tunc'"[294]

Deveras, segundo Fischer, o efeito "ex tunc" não repousa no seu desvalor (sua invalidade), nem na forma existente para o controle de constitucionalidade (difuso ou abstrato), mas sim na própria decisão de inconstitucionalidade.[295]

A propósito, assevera, outrossim, Marcelo Rebelo de Sousa[296] que há uma distinção substancial entre o valor do

---

[294] FISCHER, op.cit., p. 245
[295] id.
[296] SOUSA, op.cit., p.30-1. Em outro excerto, obtempera "O princípio da Constitucionalidade supõe a preocupação com o acatamento da Constituição e essa preocupação acarreta efeitos principais e outros secundários da inconstitucionalidade. O efeito principal ou nuclear da inconstitucionalidade é a depreciação da conduta desconforme à Constituição. Efeitos secundários serão ou poderão ser (já que nalguns ordenamentos jurídicos nem regulamentadas se encontram) sanções dirigidas aos titulares dos órgãos ou agentes do poder político do Estado e às entidades privadas autores ou omissivos da conduta em causa. Embora os efeitos secundários possam ser dissuasoriamente importantes, só existe um efeito principal — o que visa impedir que condutas inconstitucionais sejam aceites num certo ordenamento como se constitucionais fossem, dotadas da plenitude das suas virtualidades jurídicas. Eis porque cremos ser legítimo autonomizar a matéria do valor do acto constitucional dos efeitos secundários ou laterais da inconstitucionalidade." (ibid, p.26)

ato inconstitucional[297] — depreciação da conduta desconforme à Constituição — como efeito principal da inconstitucionalidade e os efeitos secundários ou laterais desta, na medida em que aquele visa a apagar ou esbater uma ofensa intolerável à harmonia do ordenamento jurídico e deve, por isso, sempre existir; ao passo que estes almejam sancionar quem consumou a ofensa, razão por que podem ou não existir, conforme forem ou não considerados úteis por um determinado ordenamento jurídico.

Destaca, ainda, que o valor do ato inconstitucional consubstancia o efeito essencial, primordial, cimeiro da inconstitucionalidade, todavia não se confunde com ela e suas modalidades:

> "pode ser acompanhado de outros efeitos, menores, da inconstitucionalidade, mas nem essa conjugação é inevitável, nem impede a sua autonomia teórica e prática; que, para apreciação do valor do acto inconstitucional, são concebíveis vários sistemas de fiscalização, mas eles se não sobrepõem àquele valor, nem consomem a sua elaboração dogmática; que, entre todos estes planos, existem interdependências, que não são, porém, suficientes para impedirem a autonomia conceptual da questão do valor do acto inconstitucional."[298]

De outra parte, Marcelo Rebelo de Sousa[299] explana, em semelhante entendimento ao que foi anteriormente declinado quanto à separação entre os planos da existência,

---

297 "o valor do acto inconstitucional representa uma depreciação, mais ou menos intensa, de algo que surge como acto do poder político do Estado, mas é desconforme à Constituição." (ibid, p.145)
298 ibid, p.145
299 ibid, p.148-9

validade e eficácia, que "do valor do acto inconstitucional se deve distinguir a sua ineficácia, tal como do valor do acto constitucional cumpre diferenciar a respectiva eficácia", até porque não há necessária e inevitável ligação entre invalidade e ineficácia, trata-se sim de realidades qualitativamente diversas, tanto que é perfeitamente possível haver atos inválidos que são eficazes, isto é, que produzem efeitos.[300]

Nesse sentido, conclui Octávio Fischer que "na declaração de inconstitucionalidade, a atribuição de efeitos 'ex nunc' ou 'ex tunc' não leva em consideração um critério causal (do vício existente), mas, sim, um critério finalístico."[301]

Vale dizer, não se considera o tipo de vício que a norma apresenta, mas sim a consequência que pode acarretar uma ou outra modalidade de efeito. De tal sorte, o efeito *ex tunc* não advém da nulidade da norma, mas da decisão que declara a inconstitucionalidade, a qual poderá ou não retroagir, conforme o regime jurídico que lhe atribuir o ordenamento, no entanto, "independentemente disto, a norma será (desde sempre) inválida/ nula."[302]

Em paralelo à problemática da retroação ou não dos efeitos, situa-se a discussão acerca da natureza declaratória ou constitutiva da sentença que contempla decisão de inconstitucionalidade, a qual, inclusive, constitui fator de distinção entre os sistemas americano e austríaco, uma vez

---

300 "No domínio do valor do acto inconstitucional, várias são as gradações objecto da construção teórica e dotadas de diverso regime jurídico.Em primeiro lugar, surge a diferenciação básica entre invalidade e ineficácia. O acto inconstitucional é, em princípio, *álido por contrariar a norma em que se funda a sua validade. Não é ineficaz." (SOUSA, op.cit*, p. 77)
301 FISCHER, *op. cit*, p.246
302 id.

que se vinculava os efeitos *ex tunc* à sentença declaratória e os *ex nunc* à constitutiva. Fator distintivo que, aliás, restou consideravelmente mitigado com a mencionada aproximação entre tais sistemas.

De qualquer sorte, a par da relativização decorrente da proximidade entre os sistemas, essa distinção das naturezas das sentenças também é passível de refutação de outro jaez.

Deveras, é assaz complicado tentar distinguir decisões judiciais no que concerne à eficácia, uma vez que nenhuma decisão judicial apresenta tão-somente um tipo de eficácia.

Nesse aspecto, com propriedade, leciona Pontes de Miranda[303] há bastante tempo, que não há nenhuma ação pura, nenhuma sentença que seja pura, eis que todos os provimentos judiciais apresentam várias cargas eficaciais, variando apenas o grau em que se manifestam os tipos de eficácia nas decisões, ou seja, há tipos de eficácia que predominam sobre outros, eis por que o mestre alagoano classifica as ações conforme o critério da eficácia predominante.[304]

---

303 PONTES DE MIRANDA, Francisco. **Tratado das Ações**. São Paulo: RT, 1970.

304 Neste aspecto, é salutar transcrever o magistério de Regina Ferrari "São ações de conhecimento as declaratórias, as condenatórias e as constitutivas. Definido as ações declaratórias como aqueles que têm por objetivo a eliminação da incerteza acerca da existência ou não de uma relações jurídica, veremos que todas as sentença, aplicando o direito objetivo em relação a uma pretensão, têm caráter declaratório. (...) Considerando que todas as ações não tem virtude de criar o direito, mas que somente declaram o direito preexistente, podemos concluir que todas as ações são declaratórias, pois mesmo as ações condenatórias ou constitutivas trazem em si a declaração do direito preexistente e a capacidade de acabar com a incerteza jurídica, além de um plus que se resume na condenação ou na constituição de estados ou situações jurídicas, e isto não como uma criação do juiz, mas como atuação da lei". (FERRARI, **Efeitos...**, p. 165-6)

Considerando que, não obstante o esforço classificatório dos autores, não há sentenças puras, isto é, elas contêm, em certa medida, diferentes cargas eficaciais, Regina Ferrari[305] ressalta que, embora os efeitos da sentença constitutiva operem, em regra, *ex nunc*, é possível aceitar a atribuição de efeitos retroativos a essa sentença, em virtude de sua carga declaratória.[306]

Pois bem, analisando a decisão da inconstitucionalidade, à luz da existência de diferentes cargas eficaciais em uma decisão judicial, pode-se dizer que ela apresenta não só eficácia declaratória de invalidade da norma inconstitucional, conferindo certeza à existência do estado de inconstitucionalidade, mas também eficácia constitutiva de ineficácia da norma inconstitucional, ou seja, constitutiva negativa da eficácia. Quanto à carga constitutiva, conforme já explanado, os efeitos da decisão podem operar tanto prospectivamente, quanto retroativamente.

Nesse sentido, Riccardo Guastini, tratando a problemática da eficácia das decisões declaratórias de inconstitucionalidade da Corte Constitucional italiana, afirma o seguinte: "la decisione costituzionale di accloglimento è 'dichiarativa' di invalidità e, insieme, costitutiva, di inefficacia, della legge"[307]

---

305 ibid, p. 172

306 "O efeito voltado para o futuro — *ex nunc* — é o normal das sentenças constitutivas, mas não pertence à sua essência: o essencial é a produção de um estado jurídico que não existia antes de tal decisão". (ibid, p. 168). Oswaldo Palu acentua "Os que assim entendem aduzem que, para entender apenas declaratória a sentença de inconstitucionalidade, seria necessário que a lei inconstitucional o fosse desde o início (nula) e, uma vez reconhecido o vício, nada poderia restar (eficácia sempre *ex tunc*). Uma sentença declaratória tem efeitos *ex tunc*, mas a sentença constitutiva pode ter efeitos *ex nunc* ou *ex tunc*." (PALU, *op.cit.*, p. 168)

307 GUASTINI, Riccardo. **Le Fonti del Diritto e L'Interpretazione**.

Jorge Miranda, por seu turno, leciona que "as decisões de inconstitucionalidade ou de não inconstitucionalidade oferecem-se simplesmente declarativas, sem trazerem inovações ou modificações ao ordenamento jurídico. Contudo, não com pouca frequência, por causa dos efeitos, directos ou colaterais, que os seus autores são chamados ou autorizados a fixar, assumem também natureza constitutiva."[308]

Consentâneo é o entendimento exarado por Vitalino Canas: "(i) por um lado, (...) o TC declara a inconstitucionalidade ou a ilegalidade de uma norma jurídica (segmento certificado); (ii) por outro, o TC fixa, através de comandos dirigidos a certos destinatários, quais as consequências dessa declaração no ordenamento jurídico (segmento-constitutivo)"[309]

Outrossim, Marina Gascón Abellán, ressaltando a dissociação entre o vício e a retroação ou não dos efeitos, enfatiza que: "em sentido rigoroso, a invalidez da lei tão somente poderá ser eventualmente 'declarada' e nunca 'constituída' pelos órgãos competentes, pois o vício se produziu antes do ato de declaração de invalidez. Outra coisa é o regime de eficácia dessas declarações de inconstitucionalidade; é dizer, o tipo de efeitos (ex tunc ou ex nunc) que se lhes atribui."[310]

Milano: Giuffrè, 1993, p.316
[308] MIRANDA, **Manual**....p. 61
[309] **CANAS, Vitalino,** Introdução às decisões de provimento do Tribunal Constitucional. **2ª ed. Lisboa: Associação Académica da Faculdade de Direito de Lisboa, 1994. p.57.**
[310] ABELLÁN, Marina Gascón. Sentido y alcance de algunas distinciones sobre la invalidez de las leyes. In: **DOXA**, n. 20. Alicante: Departamento de Filosofía del Derecho Universidad de Alicante, 1997. p.137.

Como se vê, separando-se os planos do mundo jurídico sobre os quais atua a decisão de inconstitucionalidade, isto é, a carga declaratória atinge o plano da validade e a carga constitutiva o da eficácia[311], resolve-se não só a discussão em torno da eficácia declaratória ou constitutiva da decisão de inconstitucionalidade, mas também refuta-se qualquer alegação de paradoxo/contradição em relação seja à constatação de que a norma inconstitucional, embora inválida, surta efeitos antes da decisão, seja à possibilidade de, no caso concreto, atribuirem-se efeitos prospectivos ou retroativos à decisão.

Neste particular, não se olvide, consoante analisado nos itens anteriores, que os planos da validade e da eficácia não se confundem, logo a norma inválida pode ser eficaz. Isto é, em virtude da presunção de constitucionalidade, uma norma, embora nunca tenha sido válida — mas tão somente haja sido tida como válida em decorrência de tal presunção —, pode produzir efeitos, enquanto não houver a pronúncia de inconstitucionalidade, em decisão que será declaratória de invalidade e constitutiva de ineficácia, ou seja, que reconhecerá a invalidade desde o início e apagará (*ex tunc*) ou conservará (*ex nunc*) os efeitos já produzidos, todavia, em ambos os casos (*ex tunc* ou *ex nunc*), impedirá que, após a decisão, tal norma inconstitucional ainda produza efeitos, isto é, ainda seja eficaz[312].

---

311 PIMENTA, op.cit., p.91

312 No que concerne à possibilidade de o ato nulo produzir efeitos, assevera Jorge Miranda, "De mais difícil explicação se antolha o poder de fixação dos efeitos da inconstitucionalidade. Mas, como nota de novo MIGUEL GALVÃO TELES, se o acto nulo *em princípio* não é apto a desencadear efeitos conformes com o seu conteúdo, excepcionalmente, em particular por razões de proteção da confiança e da boa fé, pode produzi-los. De *putatividade* parece ser a situação, pois a emissão de uma lei, ainda que inconstitucional, pode determinar expectativas ra-

Consentânea é a percuciente observação de Regina Ferrari: "antes da decisão acerca da inconstitucionalidade, a norma é tida como válida e passível de produzir todos os seus efeitos, e só após o pronunciamento de sua invalidade é que deixará de obrigar, não obstante o vício que proporcionou tal consideração ter surgido no momento de sua feitura"[313].

2.3. Ausência de teoria geral das nulidades, não aplicação ao direito constitucional da teoria civilista e nulidade atípica

Não obstante há muito tempo seja utilizada a dicotomia nulidade e anulabilidade para explicar o vício, a sanção, a natureza, o valor jurídico da inconstitucionalidade, e inclusive para distinguir os dois tradicionais sistemas de controle da constitucionalidade (austríaco e americano)[314], reputa-se, no presente trabalho, relevante, ao invés de adaptar a teoria da inconstitucionalidade a institutos já existentes em

---

zoáveis e, na base delas, comportamentos." (MIRANDA, **Manual**..., p.96). Mencione-se, por oportuno, que se voltará à questão da produção de efeitos após a decisão, quando forem analisadas as inovações trazidas, no ordenamento brasileiro, pelas Lei 9868/99 e 9882/99.

313 FERRARI, **Efeitos**..., p. 270-1.

314 A propósito da utilização da dicotomia, Maria Gascón Abellán lembra que a confusão ou equívoco se estende para as noções de nulidade e anulabilidade, pois não se sabe ao certo quando se fala a respeito (i) do tipo de vício (nulidade, "se o vício decorre da violação de uma norma que estabelece condições necessárias de existência" e anulabilidade, "se o vício deriva da violação de uma norma que não estabelece condições de existência, mas apenas limitações da atividade normativa"), (ii) do modelo de controle de constitucionalidade ou (iii) da eficácia das decisões que estabelecem a invalidez da lei".(ABELLÁN, *op.cit.*, p. 134)

outros ramos (está a se falar do nulo e do anulável), fixar o regime jurídico da inconstitucionalidade, isto é, dizer em que consiste a inconstitucionalidade, quais são as suas características, suas implicações, sem olvidar é claro que se trata de vício — contrariedade/desconformidade à Constituição — concernente ao plano da validade. Nesse sentido é o magistério de Regina Ferrari, ao preconizar que "só por uma questão de analogia, por falta de uma teoria própria do direito público que se utiliza a expressão nula e anulável, emprestada do direito privado, em relação à inconstitucionalidade." Sustenta, ainda, que a aplicação da expressão anulável à norma inconstitucional é realizada com o escopo de reconhecer "que ela pode ter produzido efeitos que, por razão de proteção da confiança e da boa-fé, não devem ser desconhecidos, ou seja, não seria lógico determinar que o nulo produziu efeitos."[315]

No entanto, a preservação desses efeitos pode ser lograda de outra forma, é dizer, sem a necessidade de adaptar, mediante analogia, a inconstitucionalidade à figura da anulabilidade do direito civil, conforme, aliás, asseverou-se acima quando se dissociou os efeitos produzidos pela decisão (*ex tunc, ex nunc*) *do vício* de invalidade, atribuindo-se à decisão tanto a natureza/carga eficacial declaratória (quando declara a inconstitucionalidade/invalidade) quanto a constitutiva (ineficácia).

Octávio Fischer[316], também, exterioriza juízo de incompreensão em relação ao fato de a doutrina procurar trabalhar com categorias advindas de outras searas — como o direito civil ou o direto processual — para explicar e resolver questões constitucionais, constatado não só na análise

---

315 FERRARI, **O ato jurídico perfeito**..., p. 233
316 FISCHER, *op.cit.*, p.244

do conceito de validade e existência, mas também, principalmente, nos conceitos de nulidade e anulabilidade.

Na construção do intento acima declinado, insta, desde logo, destacar que a elaboração de uma teoria geral das nulidades é considerada, por Marcos Bernardes de Mello, uma "missão irrealizável, em face da desuniformidade com que as espécies são tratadas no plano do direito positivo"[317].

A respeito, observa, em relação à inconstitucionalidade, Regina Ferrari, que "admitindo a nulidade como a sanção que pune a lei ou ato produzido em desconformidade com o ordenamento jurídico, é necessário considerar que não se pode empregar, sem reservas, no âmbito do direito público, a teoria das nulidades elaborada no plano de direito civil."[318]

---

[317] MELLO, Marcos Bernardes, *op.cit.*, p. 35. Observa, outrossim,: "Guggenheim (*L'invalidité des actes juridiques en droit suisse et comparé*) aponta dificuldades para a elaboração de uma teoria da nulidade, em face da diversidade de tratamento com que o direito positivo resolve as questões da validade em cada um dos seus ramos" (id)

[318] FERRARI, **Efeitos**..., p. 151-2. Continua, em outro trecho, "Isso porque, embora havendo comunhão de origens, a construção civilista não deve ser transplantada para o campo do direito público sem limitações, já que nem sempre a nulidade do direito civil pode ter o mesmo efeito quanto à sua equivalente no direito público, pois as maiores divergências entre ambas são aquelas referentes aos efeitos das mesmas. (...) Miguel Reale considera que 'a teoria dos vícios e defeitos dos atos administrativos, muitos embora apresente características peculiares ao direito administrativo, funda-se em princípios de teoria geral do direito: as divergências mais profundas, em confronto com o direito civil, são as atinentes aos efeitos da invalidação, data e tensão que às vezes se constitui, nos domínios administrativos, entre dois princípios, só abstratamente antinômicos, quais sejam o da conformidade estrita do ato à lei e o da conformidade do ato ao interesse público'. (...) Seabra Fagundes (O controle dos atos administrativos pelo Poder Judiciário. 3ª ed. Rio de Janeiro: Forense. 1957, p.61) nos ensina que a aplicação dos

Outrossim, conclui, com propriedade, Regina Ferrari que a dicotomia nulidade/anulabilidade, no que concerne à inconstitucionalidade, deve ser afastada, porque, uma vez identificada a não concordância da norma inferior com os ditames constitucionais, não haverá a possibilidade de fazer a diferença de graduação entre uma nulidade absoluta e uma relativa, pois a norma viciada padece de um só nível de invalidade, isto é, de inconstitucionalidade.[319]

Deveras, reitere-se, não há porque cogitar a existência de nulidade ou anulabilidade (nos moldes do direito civil ou da teoria geral do direito)[320], uma vez que basta falar que padece do vício de inconstitucionalidade.

---

conceitos vigentes no direito privado só pode ocorrer no direito público mediante um exame cuidadoso e sujeita a inúmeras limitações, havendo casos onde é evidentemente inadaptável. (...) Isso porque a sanção de nulidade tem no direito privado finalidade distinta, já que neste campo visa apenas a restaurar o equilíbrio individual. Já no ramo não privado, a finalidade é a proteção do interesse público, o que nos leva a considerar o tema com maior ou menor flexibilidade, conforme o exija o interesse a proteger."(ibid, p. 152)

319 FERRARI, O ato jurídico perfeito..., p.233. Em outro excerto, preconiza: "considerando, porém, a figura da inconstitucionalidade — e em geral se diz que uma lei inconstitucional é nula —, devemos precisar o seu real sentido, isto é, se ela é empregada no sentido da sua ineficácia ou da sua inexistência, no sentido da nulidade absoluta ou de pleno direito, ou no sentido de sua anulabilidade. (...) Em relação à inconstitucionalidade, a teoria das nulidades propugnada pelos civilistas só nos empresta as denominações ali adotadas, pois, em relação ao tema em questão, não podemos admitir faltarem elementos essenciais à perfeição do ato, é ele considerado intrinsecamente ineficaz, com carência *ab initio* de efeitos; e, no segundo caso, por decorrer de um vício de secundária importância, reúne requisitos aptos a produzir efeitos até e enquanto não lhe seja contestada a validade". (FERRARI, **Efeitos**..., p. 156-7)

320 "A verdade é que, embora as considerações se apresentem da forma mais variada, os princípios do direito civil — sejam estes considera-

A par de exteriorizar uma simples incompreensão em relação ao fato de a doutrina constitucional utilizar as categorias advindas de outros ramos do direito, Octávio Fischer obtempera que, "quando se fala no direito constitucional, que uma norma é incompatível com a Constituição, não há que se tentar importar o binômio nulidade-anulabilidade para resolver tal questão"[321], uma vez que, em se tratando de normas jurídicas e de inconstitucionalidade, a rigor, não é possível delinear esta dualidade, isto é, não há um grupo de normas, cujo defeito seja tão pequeno, cuja aplicação pretérita possa ser convalidada por uma decisão judicial, caracterizando-se, assim, como uma norma anulável.

Vale dizer, a norma contrária ao ordenamento jurídico, mormente, à Carta Constitucional, consubstancia norma que não se compadece com este, sendo, portanto, desde sempre inválida; é dizer, ainda que tenha existido, vigorado, produzido efeito, "se não era compatível com a Constituição, é nula (desde a origem)".[322]

A propósito do intento de construir uma teoria da invalidade compatível ao Direito Constitucional, Marcelo Re-

---

dos como princípios gerais do direito ou não, e reconhecendo ainda a identidade de origem e sua efetiva contribuição para o desenvolvimento do tema — só podem ser aplicados ao campo do direito público muito limitadamente, através de uma adaptação inteligente, que permite a realização e o respeito dos interesses que este visa a proteger." (FERRARI, Efeitos..., p. 154)

321 FISCHER, *op.cit.*, p. 244 Esse autor sintetiza o binômio da seguinte forma: "ato nulo é aquele cuja irregularidade e vício são tão graves que não podem ser convalidados e, portanto, apesar de terem produzido efeitos, são inválidos desde o inicio. Já um ato anulável é um ato que apresenta algum defeito ou algum vício, mas que, em razão da sua gravidade não ser assim tão relevante, o próprio direito possibilita que ele seja convalidado, que ele seja sanado, declarando-se a invalidade apenas "ex nunc"; somente a partir dessa decisão". (ibid., p.244-5)

322 ibid, p.245

belo de Sousa[323], no estudo intitulado o "Valor Jurídico do Acto Inconstitucional", após analisar a aplicação da teoria das nulidades no direito civil e no direito administrativo, indaga a possibilidade de a invalidade decorrente da inconstitucionalidade corresponder à nulidade, anulabilidade ou à nulidade mista.[324]

---

323 Conferir nesse sentido SOUSA, *op.cit.*, p.186 "Percorridos os dois grandes grupos de classificações da invalidade, eis-nos, finalmente, em condições de examinar aquela classificação sobre a qual tradicionalmente se debruça a doutrina constitucionalista, para não dizer a doutrina jurídica em geral — a que começa por distinguir a nulidade e a anulabilidade, e hoje lhes junta, por vários autores, o valor ou valores da invalidades mistas. Qual ou quais desses valores da invalidade é ou são consagrados no Direito Constitucional português actual? A resposta cabal e fundamentada a esta pergunta supõe que recordemos, ainda que de modo sumário, a origem histórica e o tratamento actual da classificação mencionada no Direito Civil e no Direito Administrativo português, apontando, de seguida, os critérios que têm sido propostos para o traçado dessa distinção e indicando, a terminar, qual o preferido, num e noutro domínio, tendo em atenção o enquadramento global do ordenamento jurídico português. Feita essa indagação preliminar, destinada a apurar se existe mesmo um critério distintivo em ramos diversos do Direito Privado e Direito Público, poderemos, então, apreciar o Direito Constitucional vigente e definir o critério nele consagrado, idêntico ou não ao prevalecente nos domínios antes examinados. (...) A distinção entre a nulidade e a anulabilidade nasce do Direito Romano, no tempo do Império, e reporta-se naturalmente apenas a actos privados, mais em concreto ao que hoje apelidamos de negócio jurídico. (...) Assim, a figura unitária da nulidade absoluta ou de direito, associada ao preenchimento de formalidades essenciais, suposto pelo carácter formalista da caracterização do negócio jurídico no Direito romano durante séculos, vem a decompor-se em duas diferenças — a nulidade absoluta e a nulidade relativa, para utilizarmos qualificações que viriam a ser vulgarizadas mais tarde."(SOUSA, *op.cit*, p.203-4)

324 No Direito civil português, "ao lado da nulidade e da anulabilidade, podem perfeitamente surgir as invalidades mistas, em que se confluem excepcionalíssimamente ao mesmo plano interesses de natureza

Em resposta a essa indagação, adotando o critério distintivo do interesse predominante protegido ou tutelado, Rebelo de Sousa afirma que, no Direito Constitucional Português vigente, o interesse público prevalecente[325] é, indiscutivelmente, o da garantia da Constituição, o qual preconiza que a inconstitucionalidade constituiria nulidade e não anulabilidade. Sem embargo da prevalência da garantia da Constituição, os interesses públicos da certeza e da segurança jurídica são, também, relevantes, de sorte a explicar "a mitigação ou atenuação da nulidade típica no Direito Constitucional Português."[326]

---

pública e de natureza privada ou particular. Trata-se de uma figura residual, só verificável nas situações, por natureza muitíssimo raras, em que a ponderação do interesse ou interesses públicos e do interesse ou interesses privados envolvidos os coloca exactamente no mesmo plano, sem prevalência de uns ou de outros."(ibid, p.214)

325 "Contra esse interesse não se compreende que possam prevalecer quaisquer outros interesses públicos — como, por exemplo, o da certeza e segurança do direito mesmo não aplicado, salvando a produção global ainda que suspeita de efeitos do acto inválido; o da natureza do órgão fiscalizador da constitucionalidade ou da via adoptada para essa fiscalização, transformando a intervenção de tal órgão em constitutiva e podendo,a ssim, também, preservar os efeitos já produzidos pelo acto inválido; o da equidade ou mesmo um qualquer outro interesse público de excepcional relevo, repescando, também eles, efeitos jurídicos passados do acto inconstitucional e inválido. Nenhum destes últimos interesses sobressai decisivamente perante o que exprime o princípio da Constitucionalidade — a invalidade é nulidade e não anulabilidade." (ibid, p. 230-1)

326 id. Assevera, ainda, "no domínio do Direito Constitucional prevalece inquestionavelmente o princípio da Constitucionalidade sobre outros interesses públicos, o que configura a invalidade do acto inconstitucional como nulidade; podem ser, porém, relevantes os interesses públicos da certeza e segurança jurídicas, da afirmação da equidade ou qualquer outro interesse público de excepcional relevo ou do sistema de fiscalização da constitucionalidade adoptado, mitigando ou atenuan-

Assim, consagra-se, de acordo com Rebelo de Sousa, no Direito Português, a nulidade atípica, "justificada nuns casos pelo interesse público da certeza e da segurança jurídicas; noutros pelas características do sistema de fiscalização da constitucionalidade; noutros ainda pela equidade ou por um qualquer interesse público de excepcional relevo na apreciação do caso considerado."[327]

Deveras, a invalidade do ato inconstitucional do poder político do Estado assume a modalidade de nulidade, uma vez que se atribui ao princípio da Constitucionalidade uma tal relevância em termos de interesse público que ele não pode ser postergado por quaisquer outros interesses públicos, de sorte que "o desvalor do acto inconstitucional não pode deixar de ser o mais grave de entre todos aqueles que correspondem à sua invalidade."[328]

Entretanto, "dentro das nulidades, a que traduz a ponderação, mitigada ou esbatida embora, de interesses públicos como o da certeza e segurança jurídicas, o da equidade, o que decorre do sistema de fiscalização da constitucionalidade adoptada e ainda qualquer outro interesse público de excepcional relevo é a nulidade atípica."[329]

---

do a nulidade, que se apresenta então como atípica." (ibid, p. 233)
327 SOUSA, *op.cit*, p.233.
328 Id.
329 Afirma, ainda, em seguida, "Não estamos perante uma situação de equilíbrio entre os interesses públicos mencionados e o princípio da Constitucionalidade, que geraria uma invalidade mista, mas em face da prevalência do princípio da Constitucionalidade, determinando a nulidade do acto inconstitucional, só que prevalência essa mitigada ou atenuada, de molde a conformar uma nulidade atípica." (ibid, p. 234) Embora Marcelo Rebelo não faça menção à ideia de concordância prática, dimensão no peso no conflito entre princípios, a proposta dele em termos de nulidade atípica pode ser vista como aplicação dessas técnicas.

Destarte, esse caráter atípico decorre da ponderação constitucional de quatro espécies diversas de interesses público (o da certeza e segurança jurídicas; o que deriva do próprio sistema de fiscalização da constitucionalidade vigente; o da prevalência da equidade e um qualquer interesse público de excepcional relevo, devidamente fundamentado), os quais "cedem perante o interesse público cimeiro da salvaguarda do princípio da Constitucionalidade — do que advém a opção pela nulidade como forma de invalidade do acto inconstitucional —, mas, ainda assim, a Constituição não deixa de os tutelar minimamente, introduzindo atenuações ou desvios à nulidade típica, ou seja consagrando uma atipicidade evidente."[330]

No que concerne ao regime jurídico da nulidade atípica no Direito Constitucional Português, Marcelo Rebelo reconhece que há facetas relevantes do regime da nulidade que são aplicáveis ao ato inconstitucional, todavia há, simultaneamente, desvios à nulidade típica, que importa conhecer e compreender nos seus fundamentos.[331] Desvios esses que não podem ser usados para converter a exceção em regra, nem a atipicidade em elemento mais relevante do que a nulidade, isto é, "a atipicidade pode moderar ou mitigar a nulidade, mas não prevalecer sobre ela ou esvaziá-la de conteúdo."[332]

No delineamento das características[333] da nulidade atípica, Rebelo de Sousa desmembra-as para cada um dos sistemas de fiscalização sucessiva da constitucionalidade:

---

330 SOUSA, *op.cit.*, p. 257
331 ibid, p. 242
332 ibid, p.262
333 "O *interesse público da certeza e da segurança jurídicas* explica algumas das características da atipicidade da nulidade do acto inconstitucional." (ibid, p. 257)

"Quanto ao sistema de fiscalização sucessiva concreta, a característica única que releva da atipicidade da nulidade é a da *eficácia concreta da declaração implícita da nulidade*. Quanto ao sistema de fiscalização sucessiva abstracta, as características relevantes no plano que ora nos interessa são: a) o respeito do caso julgado; b) a repescagem de efeitos jurídicos primários do acto inconstitucional no passado; c) a introdução de limites à repristinação de actos revogados pelo acto nulo; d) a eficácia genérica e abstracta da declaração de nulidade pelo Tribunal Constitucional."[334]

Ao lado dessas características específicas, Marcelo Rebelo agrega os atributos decorrentes do regime comum da invalidade do ato inconstitucional, quais sejam: "invalidade é imediata, incaducável, insanável (e por conseguinte o acto inválido insusceptível de confirmação) e inconvertível (e portanto o acto inválido também insusceptível de conversão)."[335]

Demais disso, da síntese conclusiva de Rebelo de Sousa[336] e da relatividade na delimitação da legitimidade quan-

---

334 ibid, p. 257-8
335 SOUSA, *op.cit,,* p.194-5
336 "b) a nulidade decorre da protecção predominante do princípio da Constitucionalidade, e a atipicidade da tutela da certeza e segurança jurídicas, da lógica do sistema de fiscalização da constitucionalidade vigente, de razões de equidade e também de qualquer outro interesse público de excepcional relevo, devidamente fundamentado; c) a nulidade atípica é uma modalidade de invalidade que respeita apenas aos actos inconstitucionais sujeitos à fiscalização da constitucionalidade, sendo os restantes preservados de qualquer invalidade por força da própria Constituição e, portanto, em última análise, ao abrigo do princípio da Constitucionalidade; d) só existe pois nulidade atípica de um acto inconstitucional para certos tipos de actos expressamente previstos na

to à iniciativa da fiscalização da constitucionalidade na fiscalização sucessiva abstracta."(ibid, 270,1), destaque-se, por oportuno, que a nulidade atípica constitui a única modalidade de invalidade consagrada no Direito Constitucional português e que, dentre as características de seu regime jurídico, vislumbra-se o caráter insanável do vício.

Como se vê, o cerne da nulidade atípica reside no fato de serem preservados alguns dos efeitos do ato inconstitucional, isto é, nem todos os efeitos produzidos pela norma inconstitucional antes do seu reconhecimento judicial são destruídos/apagados, logo não há aplicação radical da retroação (*ex tunc*).

Nessa esteira asseveram Canotilho e Vital Moreira:

"A invalidade, tal como decorre do art. 282º, aproxima-se da figura típica da nulidade, pois a declaração de inconstitucionalidade tem efeitos *ex tunc* (a norma não produz efeitos desde a origem) e *eficácia repristinatória* (repondo em vigor as normas que tenham sido revogadas pela norma declarada inconstitucional). Todavia, o regime da inconstitucionalidade não se encaixa plenamente na figura da nulidade, pois o TC pode alterar aquele regime, por exemplo, retirando os efeitos *ex*

Constituição; e) o regime jurídico da nulidade compreende como características marcantes a imediatividade, a insanabilidade, a redutibilidade, a incaducabilidade, a absolutidade, a necessidade de declaração jurisdicional, o facto de esta poder ser feita por qualquer tribunal e a natureza não constitutiva dessa declaração; f) o regime jurídico da atipicidade traduz-se na característica da eficácia concreta, na fiscalização sucessiva concreta; exprime-se, igualmente, nas características do respeito do caso julgado, de repescagem de efeitos jurídicos passados do acto nulo, do afastamento do regime geral da repristinação dos actos por ele revogados, da eficácia
gaomnes

tunc à declaração de inconstitucionalidade ou anulando o efeito repristinatório (v. art. 282º-4)."[337]

Jorge Miranda, por seu turno, qualifica como "nulidade — se se quiser, uma nulidade *sui generes* peculiar ao Direito constitucional — o valor jurídico dos atos normativos de Direito interno inconstitucionais, que não sejam inexistentes ou irregulares." Propõe a expressão nulidade *sui generes*, uma vez que, embora a norma inconstitucional seja *ab initio* inválida e, em regra, a declaração com força obrigatória geral pelo Tribunal Constitucional retroaja à ocorrência da inconstitucionalidde, não seria incongruente "com a natureza declarativa das decisões dos tribunais as obrigações de todas as autoridades de darem cumprimento a quaisquer normas jurídicas (...) e de todos os cidadãos de lhes darem obediência (...)", na medida em que uma característica da nulidade seria que a norma (a norma a reputar nula) obriga enquanto não seja declarada inconstitucional ou até ser declarada inconstitucional.[338]

Destarte, o regime jurídico da inconstitucionalidade caracteriza-se pelo fato de se tratar de um vício de invalidade (plano de validade), insanável, inconvalidável, a cujo reconhecimento — através da decisão de inconstitucionalida-

---

337 CANOTILHO; MOREIRA, *op.cit.*, p. 275
338 MIRANDA, Manual..., p.95. Assevera, também, que "não vulnera ainda a qualificação a salvaguarda dos casos julgados. Como frisa MIGUEL GALVÃO TELES, esta salvaguarda diz respeito exclusivamente aos **efeitos da declaração de inconstitucionalidade, sem contender com as consequências substantivas da inconstitucionalidade. Quando o art. 282.º, n.º 3, ressalva os casos julgados, não está a permitir que, no plano substantivo, um acto inconstitucional produza efeitos. Aquilo que faz é, num segundo grau, salvaguardar** *juízos* precedentes sobre a inconstitucionalidade diferentes do juízo que veio a prevalecer na decisão com efeito geral." (ibid, p. 96)

de — pode-se atribuir, consoante o caso concreto[339], tanto efeitos retroativos quanto prospectivos, razão por que a decisão judicial de inconstitucionalidade é declaratória da invalidade e constitutiva da ineficácia da norma inconstitucional.

3. A INCONSTITUCIONALIDADE NO DIREITO BRASILEIRO

3.1. Natureza da decisão de inconstitucionalidade no direito brasileiro

Em que pese o anteriormente asseverado sobre a impossibilidade de ser aplicada a dicotomia nulidade e anulabilidade, oriunda da teoria das nulidades delineada na seara do direito civil, ao vício da inconstitucionalidade e sobre a dissociação entre vício e efeitos *ex tunc* e *ex nunc*, cumpre observar que, no Brasil, o tema da natureza da decisão de inconstitucionalidade é, em regra, tratado à luz daquela dicotomia e sem realizar tal dissociação.

Demais disso, trata-se de tema que envolve muita polêmica[340], divergindo-se não somente sobre a natureza da

---

339 Analisar-se-á, ainda, no decorrer deste trabalho, os parâmetros que informarão a adoção ou não dos efeitos retroativos, isto é, da manutenção ou não dos efeitos produzidos, antes da decisão (liminar ou final) de reconhecimento do vício, pela norma inconstitucional, eis que, não obstante seja inválida desde a origem, ela pode ter gerado efeitos.

340 "Analisando os efeitos da inconstitucionalidade no tempo, verificamos não haver na doutrina, tanto nacional como estrangeira, uniformidade de posições, já que enquanto alguns, considerando a norma viciada desde o início, não admitem que ela possa produzir algum efeito desde o seu nascimento, outros, considerando a presunção de validade que acompanha todas as leis e atos do poder público, admitem que a

sanção (nulidade ou anulabilidade), mas também sobre os efeitos decorrentes da decisão se *ex tunc* e, ainda, vinculando-os à natureza da sanção.

Pois bem, historicamente, a doutrina brasileira entende que a lei inconstitucional é nula e a sentença que reconhece tal vício tem natureza declaratória. Rui Barbosa, aderindo à lição da doutrina clássica norte-americana[341] (Marshall, Hamilton), influenciou os autores nacionais, mormente Alfredo Buzaid[342].

Com efeito, Alfredo Buzaid[343], sustentando que o sistema constitucional brasileiro acolhe seja a natureza declaratória (*ex tunc*) da decisão judicial que proclama a inconsti-

---

norma deve ser considerada válida até e enquanto não haja um pronunciamento do órgão competente nesse sentido, produzindo, portanto, efeitos normais até esta data. Mas, por uma questão de sistematização de ideias, consideramos a análise dos efeitos de declaração de inconstitucionalidade em separado, ou seja, primeiro em relação à via de defesa para posteriormente o estudarmos em relação à via de ação". (FERRARI, Efeitos..., p. 185)

341 Segundo a doutrina clássica norte-americana, a lei inconstitucional é nula e írrita, e a jurisdição tem sempre que optar entre validar a norma irregular e desconsiderar a Constituição, ou desconsiderar a norma por inconstitucional validando a Constituição.

342 BUZAID, Alfredo. Da ação direta de declaração de inconstitucionalidade no Direito Brasileiro. São Paulo, Saraiva, 1958. Nesse sentido, não se olvide que "Anhaia Mello afirma que seguimos o sistema americano, o qual se orienta pela nulidade do ato viciado, bem como de seus efeitos, decorrência do caráter declaratório da sentença a inconstitucionalidade". (FERRARI, Efeitos..., p. 185)

343 "Sempre se entendeu entre nós, de conformidade com a lição dos constitucionalistas norte-americanos que toda lei, adversa à constituição é absolutamente nula; não simplesmente anulável. A eiva de inconstitucionalidade a atinge no berço, fere-a *ab initio*. Ela não chegou a viver. Nasceu morta. Não teve, pois, nenhum momento de validade."(BUZAID, *op.cit.*, p.128-129), uma vez que "uma lei não pode, a um tempo, ser e deixar de ser válida".(ibid, p.131)

tucionalidade de lei, seja a sanção de nulidade e não a anulabilidade para a lei inconstitucional, assevera que, haja vista que a doutrina da inconstitucionalidade funda-se na antinomia entre a lei e a Constituição e a solução adotada esteia-se no princípio da supremacia da Constituição sobre a lei ordinária, atribuir à legislação infraconstitucional uma validade transitória importa negar, durante esse lapso temporal, a autoridade da Constituição:

> "Se a lei inconstitucional pudesse adquirir validade, ainda que temporariamente, resultaria daí uma inversão na ordem das coisas, pois, durante o período de vigência da lei, se suspende necessariamente a eficácia da Constituição. Ou, em outras palavras, o respeito à lei ordinária significa desacato à autoridade da Constituição.(...) Lei inconstitucional é, portanto, lei inválida, lei absolutamente nula. A sentença, que decreta a inconstitucionalidade, é predominantemente declaratória, não predominantemente constitutiva. A nulidade fere-se *ab initio*'."[344]

Como se vê, o cerne do entendimento exarado por Buzaid reside na assertiva de que o arrimo da doutrina que defende a nulidade é que, no conflito entre a lei ordinária e a Constituição, esta sempre prepondera sobre aquela, vez que, caso a lei inconstitucional pudesse adquirir validade, ainda que temporariamente, haveria uma inversão na ordem das coisas, já que, durante o período de vigência da lei, se suspenderia necessariamente a eficácia da Constituição.

A fim de evitar que a tese preconizada por Buzaid seja analisada de forma a se dizer que esse autor confunde in-

---

[344] id.

constitucionalidade, isto é, invalidade[345], com inexistência[346] ou com ineficácia, pode-se dizer, conforme anteriormente explanado, que a lei inconstitucional, em nenhum momento, possui validade; todavia, antes do reconhecimento judicial da inconstitucionalidade, tal lei pode ser eficaz, é dizer, pode surtir efeitos no mundo fático e, ainda, por força da presunção de validade, é tida como válida, embora válida não seja.

Ressalte-se, por oportuno, que afirmar "ser tida como válida" ou "presumida como válida" não equivale a dizer que foi válida por uma lapso temporal, mesmo porque o afastamento (elisão) ulterior da presunção de constitucionalidade importa em considerar que, desde a sua origem — salvo o caso de inconstitucionalidade superveniente —, a lei era inconstitucional, inválida, ao passo que, no que concerne aos efeitos produzidos pela lei inconstitucional, a decisão de inconstitucionalidade, na sua carga eficacial constitutiva, determinará se todos os efeitos da lei serão apagados/destruídos ou se alguns serão preservados.

Aliás, nesse sentido, o próprio Buzaid reconhece, citando Esposito, que "até o julgamento pelo Tribunal, elas são

---

345 "No âmbito do Supremo Tribunal Federal tem sido defendida a posição que ora sustentarmos, no sentido de ser a inconstitucionalidade uma invalidade. Assim, por exemplo, no julgamento da representação 1.016 o Min. Moreira Alves enfatizou que a representação de inconstitucionalidade tem por objeto a "validade" da lei em tese. (STF, Rp nº 1016, Rel. Min. Moreira Alves, RTJ nº 95/999)" (PIMENTA, op.cit., p.31)

346 Fazendo analogia com a inexistência, Lúcio Bittencourt preconiza: "a decisão judicial que envolve a declaração da inconstitucionalidade de normas jurídicas federais ou estaduais, por considera-las írritas e nulas, portanto, sem validade, como jamais tendo existido, e consequentemente atinja os seus efeitos a quem quer que seja, envolve o desconhecimento desses atos jurídicos."(BITTENCOURT, op.cit., p. 142)

executórias, embora inválidas, Esposito observou que: as leis inconstitucionais, até a proclamação da Corte, são executórias, mas não obrigatórias; têm eficácia, mas não têm validade. A sentença, que decreta a inconstitucionalidade, é predominantemente declaratória, não predominantemente constitutiva. A nulidade fere-a *ab initio*."[347]

Elival da Silva Ramos[348], por seu turno, afirma que o ordenamento jurídico brasileiro sanciona a lei inconstitucional com nulidade e não com anulabilidade, bem como que a decisão do E. STF nas ações diretas possui natureza declaratória, importando, segundo ele, a ineficácia total, *ab initio*, da lei impugnada. Destaca, ainda, que "a sanção de nulidade é tida como a mais eficiente no que diz respeito à preservação da supremacia das normas constitucionais, por impedir o ingresso do ato legislativo no plano da eficácia desde o seu nascedouro (*ab initio*), automaticamente (*ope iure*)."[349]

Dissociando a fiscalização concreta de constitucionalidade da abstrata, José Afonso da Silva[350] leciona que, na via de defesa, a declaração de inconstitucionalidade surte efeitos *ex tunc* no que tange ao caso concreto, isto é, fulmina a relação jurídica decorrente da lei inconstitucional desde seu nascimento, permanecendo, porém, em vigor, a lei inconstitucional.

Consentâneo é o magistério de Regina Ferrari[351] ao res-

---

347 BUZAID, *op.cit.*,, p.131.
348 RAMOS, *op.cit.*, p.118-9.
349 RAMOS, *op.cit.*,, p. 129
350 SILVA, José Afonso da. **Curso de Direito Constitucional Positivo**. 12ª ed. São Paulo: Malheiros, 1996.
351 "parece-nos fluir claramente desta colocação que a decisão, dada neste sentido, opera retroativamente em relação ao caso que lhe deu motivo, só em relação a este, destruindo os efeitos produzidos pela lei

saltar que, na fiscalização concreta, a eficácia retroativa da decisão fica limitada, salvo se houver ulterior suspensão por parte do Senado[352], ao processo em que foi suscitada a inconstitucionalidade (*inter partes*), de modo que a eficácia é retroativa.

Analisando a eficácia da decisão no controle difuso, Paulo Lyrio Pimenta observa ser indubitável a eficácia declaratória da pronúncia de inconstitucionalidade e, por conseguinte, a aplicação do princípio da nulidade da norma inconstitucional.

Afirma, ainda, que, em sede de controle incidental, a sentença que reconhece a inconstitucionalidade de determinada norma apresenta eficácia declaratória, na medida

---

inconstitucional nos limites da *litis* principal, que proporcionou incidentalmente o exame da inconstitucionalidade."(FERRARI, Efeitos..., p. 186). A propósito, afirma Clèmerson Clève "No direito brasileiro, portanto, assim como no americano, da declaração incidental de inconstitucionalidade decorre, para o caso, a nulidade do ato e, por isso, a decisão judicial fulmina a relação jurídica fundada no ato viciado desde o seu nascimento, continuando, todavia, a lei a vigorar e a produzir efeitos em relação a outras situações, a menos que, do mesmo modo, haja a provocação da tutela judicial pelos interessados." (CLÈVE, **Fiscalização...**, p.112-113).

352 "No modelo brasileiro de controle incidental só existe um ato capaz de eliminar a norma inconstitucional do sistema: a Resolução do Senado Federal (Cf, art.52, X) (...) a suspensão da execução da lei declarada inconstitucional pelo STF apareceu entre nós no texto da Constituição de 1934. Trata-se de uma fórmula original, que foi concebida para superar a inexistência da eficácia vinculante das decisões da Corte Excelsa, como acontece no modelo norte-americano, no qual há *stare decisis*. A origem do instituto explica a primeira função do ato em epígrafe: atribuir eficácia *erga omnes* às decisões definitivas de inconstitucionalidade do Pretório Excelso, prolatadas no controle incidental." (PIMENTA, *op.cit.*, p.92). Por não se tratar do tema atinente ao cerne do presente trabalho, não se abordarão as discussões que envolvem a eficácia da decisão do Senado de suspender execução da lei.

em que certifica a invalidade do ato normativo. Todavia, ressalta haver uma diferença desse em relação ao modelo concentrado, no que concerne à eficácia subjetiva da decisão, uma vez que a declaração de invalidade não atingirá terceiros (eficácia erga omnes) limitando-se as partes litigantes no processo em que a inconstitucionalidade foi resolvida como questão prejudicial (interna); bem como destaca que "a decisão em pauta não apresenta a eficácia constitutiva com o idêntico grau evidenciado no controle abstrato, posto que não tem o condão de expulsar a norma do sistema jurídico."[353]

Conclui, por fim, "que a decisão de inconstitucionalidade do controle difuso também apresenta as cargas eficaciais declaratória e constitutiva, só que esta não importa em eliminação da norma inconstitucional."[354]

---

[353] "Vale dizer, a pronúncia de inconstitucionalidade apresenta a carga eficacial constitutiva em grau mínimo, porque retira a eficácia da norma tão-somente no caso concreto em que se deu a decisão." (ibid, p.93)

[354] Id. Sobre o tema, assevera Mandelli: "Sendo declaratório o provimento judicial, o ato do Poder Público é nulo, pois não retira da Constituição fundamento de validade. Assim, considerando a supremacia da Constituição, o ato é absolutamente inválido. Não há que se falar em anulabilidade, pois o ato é nulo desde seu nascimento. Há uma superioridade hierárquica das normas constitucionais que as fazem preponderar sobre as normas e os atos infraconstitucionais. Embora a Constituição não seja expressa a respeito da sanção decorrente da declaração de inconstitucionalidade, é reconhecida como princípio consitucional implícito a nulidade (e não a anulabilidade) do ato normativo inconstitucional. Aliás, a possibilidade de um controle difuso de constitucionalidade, com influência do sistema de fiscalização americano, realizado por qualquer juiz ou tribunal, fundamenta-se justamente na nulidade do ato considerado inconstitucional. Não fosse o ato nulo, mas meramente anulável, seria de observância obrigatória até a decisão do órgão responsável pelo controle concentrado de constitucionalidade."(MANDELLI, *op.cit.*, p.178)

De outro lado, ressalta Gilmar Ferreira Mendes, a respeito da declaração de nulidade da lei, que: "o dogma da nulidade da lei inconstitucional pertence à tradição do Direito brasileiro."[355]

Em outro excerto atribui hierarquia constitucional ao princípio da nulidade:

"a lei declarada inconstitucional é considerada, independentemente de qualquer outro ato, nula *ipso jure* e *ex tunc*. (...) Essa posição não provocou qualquer mudança no entendimento anterior relativo à nulidade *ipso jure*, até porque, consoante entendimento do STF, o princípio da supremacia da Constituição não se compadece com uma orientação que pressupõe a validade da lei inconstitucional. O reconhecimento da validade de uma lei inconstitucional — ainda que por tempo limitado — representaria uma ruptura com o princípio da supremacia da Constituição. (...) Embora o STF não tenha logrado formular esta conclusão com a necessária nitidez, é certo que também ele parece partir da premissa de que o princípio da nulidade da lei inconstitucional tem hierarquia constitucional."[356]

Deveras, segundo Gilmar Mendes[357], a orientação que

---

355 "A teoria da nulidade tem sido sustentada por praticamente todos os nossos importantes constitucionalistas. Fundada na antiga doutrina americana, segundo a qual *the inconstitutional statuete is not law at all*, significativa parcela da doutrina brasileira posicionou-se em favor da equiparação entre inconstitucionalidade e nulidade. Afirmava-se, em favor desta tese, que o reconhecimento de qualquer efeito a uma lei inconstitucional importaria na suspensão provisória ou parcial da Constituição."(MENDES, Gilmar Ferreira. **Jurisdição Constitucional**. São Paulo: Saraiva, 1996. p.249-250)
356 ibid, p.255
357 ibid, p. 256

considera nula *ipso jure e ex tunc* a lei inconstitucional tem base constitucional, eis que o princípio do Estado de Direito, a aplicação imediata dos direitos fundamentais, a vinculação dos órgãos estatais aos princípios constitucionais ressaltam a supremacia da Constituição.

Nessa esteira, Clèmerson Clève[358] obtempera que o direito brasileiro, influenciado pela doutrina e jurisprudência americanas, define que, tanto na fiscalização concreta quanto na concentrada, a inconstitucionalidade implica a pronúncia de nulidade da lei ou ato normativo, sendo que a decisão judicial fulmina a relação jurídica embasada no ato inquinado desde o seu nascimento. Reconhece, ainda, que, "conquanto a Constituição brasileira não dispunha de modo expresso, como a portuguesa, a respeito da consequência (sanção) decorrente da inconstitucionalidade, a nulidade (e não a anulabilidade) do ato normativo viciado assume a configuração de verdadeiro princípio constitucional implícito."[359]

Haja vista a forte influência norte-americana no direito brasileiro em relação à consagração da pronúncia da nulidade, não se pode olvidar que, ainda após a introdução no Brasil da ação direta de inconstitucionalidade, pela Emenda Constitucional 16/65, quando se passou a realizar um controle concentrado abstrato (adaptação do sistema europeu de controle de constitucionalidade) em um país, historicamente, de controle do tipo norte-americano (difuso e concreto, portanto), continuou-se com o postulado da nulidade *ab initio* da lei inconstitucional.

Não se trata, porém, de paradoxo[360], uma vez que cum-

---

358 CLÈVE, Fiscalização ...,p.243-4
359 CLÈVE, Fiscalização ..., p.245-6
360 "O paradoxo, a meu ver, é o de que adotamos um componente do controle abstrato, com pressuposto e consequências específicas, e ain-

pre dissociar, conforme já asseverado, a sanção aplicada ao vício da inconstitucionalidade e a forma de controle da constitucionalidade de determinada eficácia da decisão, isto é, o fato de se realizar o controle concreto ou de se atribuir, como sanção ao vício da inconstitucionalidade, a nulidade não importa a necessidade de a decisão ter, sempre, efeitos retroativos, eis que será imprescindível analisar a conjuntura específica de cada situação concreta, a fim de se atribuir efeitos *ex tunc* ou *ex nunc*.

Ressalte-se, por oportuno, que essa relativização, consoante já evidenciado, também afetou os tradicionais sistemas austríaco (Reforma Constitucional de 1929) e americano (caso *Linkletter*).

Pois bem, não obstante a estatura constitucional do princípio da nulidade, afirma Gilmar Mendes ser possível identificar na jurisprudência do Pretório Excelso "tentativa no sentido de, com base na doutrina de Kelsen, abandonar a teoria da nulidade em favor da anulabilidade"[361].

Com efeito, em voto proferido no RE 79.343 — BA e repetido no RE 93.356-MT, preocupado com as situações

---

da reverenciamos a teoria norte-americana da nulidade *ab initio* do ato inconstitucional, cujo modelo adotáramos no início da República. Olvidamos que se no modo difuso há fatos subjacentes à ação onde se declara a inconstitucionalidade e, por coerência, a decisão tem de ser retroativa para ter eficácia entre as partes (e alguma valia prática), no sistema abstrato nada disso ocorre. O Brasil fez a mescla de sistemas distintos, sem acolher completamente um ou outro." (PALU, *op.cit.*, p.162-3). Ocorre que a atribuição de efeitos prospectivos não importa concluir que se trata de anulabilidade, a um porque não se pode submeter o direito constitucional à teoria das nulidades do direito civil, a dois porque a nulidade, ainda que *sui generes* (Jorge Miranda) ou atípica (Marcelo Rebelo de Sousa) é perfeitamente compatível aos efeitos *ex nunc*.
361 MENDES, **Jurisdição...**, p.255-6

consolidadas sob a égide de lei declarada inconstitucional, o Ministro Leitão de Abreu defendeu, no Excelso Pretório, posição segundo a qual antes de nulo o ato viciado seria apenas anulável: "acertado se me afigura, também o entendimento de que não se deve ter como nulo *ab initio* ato legislativo, que entrou no mundo jurídico munido de presunção de validade, impondo-se, em razão disso, enquanto não declarado inconstitucional, à obediência pelos destinatários dos seus comandos".

No entanto, essa tentativa de alterar o posicionamento tradicional não logrou êxito, eis que, para o Supremo Tribunal Federal, a lei inconstitucional é nula (ainda que nem sempre a decisão seja retroativa) e a decisão tem natureza declaratória.

A propósito dessa tentativa de modificação do entendimento do STF, Clèmerson Clève observa que o próprio Ministro Leitão Abreu, em julgados posteriores, definiu o escopo buscado com o voto que houvera proferido:

"Não obstante, permaneceu o STF na linha de entendimento que, desde sempre, vem trilhando com apoio na tradição jurídica norte-americana. Em julgamento posterior, reconhecendo que tinha ficado vencido, o Ministro Leitão de Abreu justificou que propunha, na verdade, um temperamento ao dogma da retroatividade integral da decisão judicial, especialmente para o fim de deixar imunes as situações jurídicas formalmente constituídas com base em ato praticado de boa-fé sob lei que só posteriormente se declarou inconstitucional."[362]

---

[362] Reconhece, na sequência, que "alguns temperamentos, todavia têm sido admitidos pelo Pretório Excelso. Fazendo uso da teoria da aparência (funcionário de fato, o Supremo não invalida os atos pratica-

Oswaldo Palu[363], outrossim, ressalta a atenuação promovida pelo STF em relação aos efeitos *ex tunc*, mencionando que, no RE 103619, onde foi relator o Min. Oscar Côrrea, estabeleceu o Supremo Tribunal Federal que:

"Não há negar que exigências de ordem prática têm levado a uma atenuação da doutrina da eficácia *ex tunc* da declaração de inconstitucionalidade, respeitando-se, assim, certos 'efeitos consolidados' produzidos por atos fundados em leis declaradas contrárias à Constituição. E isto se deve ao fato de que, de outra forma, ter-se-iam mais graves repercussões sobre a paz social, ou seja, sobre a exigência de um mínimo de certeza e de estabilidade das relações e situações jurídicas."[364]

---

dos pelo funcionário investido, por força de lei inconstitucional, em cargo público. Inexistindo prejuízo, protege-se a aparência de legalidade dos atos em favor da boa-fé de terceiros. Um segundo temperamento decorre do respeito à coisa julgada. (...) RTJ 100:1.086 e RTJ 71:570. Consultar também Re 122.202 (rel. Min. Francisco Rezek, j. 10.08.1993, BDA 2:97, p. 127-136) : 'Acórdão que prestigiou lei estadual à revelia da declaração de inconstitucionalidade em tese pelo STF. Subsistência de pagamento para gratificação mesmo após a decisão erga omnes da corte. Jurisprudência do STF no sentido de que a retribuição declarada inconstitucional não é de ser devolvida no período de validade inquestionada da lei de origem — mas tampouco paga após a declaração de inconstitucionalidade'. Tratava-se, no caso, de procurar conciliar o princípio da irredutibilidade dos vencimentos dos magistrados com o princípio implícito da nulidade dos atos inconstitucionais; a Suprema Corte, em processo concreto, matizou os efeitos da declaração de inconstitucionalidade, antes pronunciada em processo abstrato." (CLÈVE, Fiscalização...p.251-2)

363 PALU, *op.cit.*, p.177

364 No acórdão do RE 103619, consta ainda: "O Supremo Tribunal já se pronunciou sobre eventual preservação dos efeitos decorrentes de leis declaradas inconstitucionais, tendo-se em vista as circunstâncias fáticas. No RE 78594-SP decidiu-se que apesar de proclamada a ilegali-

Como se vê, os temperamentos realizados pelo STF cingem-se não à sanção de nulidade, mas sim aos efeitos *ex tunc*, isto é, não implicam transformar a sanção em anulabilidade, tampouco reconhecer validade à lei inconstitucional, o que, aliás, é impossível, eis que tal lei, no máximo, poderia ser tida/presumida como válida, mas válida jamais foi.

De outra parte, na seara doutrinária[365], há muito tempo é abordada e preconizada a necessidade de atenuação/mitigação dos efeitos retroativos absolutos.

À guisa de exemplo, Lúcio Bittencourt destaca que o princípio segundo o qual os efeitos da decisão declaratória devem retroagir *ab initio*, como se a lei nunca tivesse existido, não pode ser entendido em termos absolutos, mesmo porque as relações jurídicas que se tenham, constituído de

---

dade de investidura de funcionário público na função de oficial de justiça, em razão da declaração da inconstitucionalidade da lei estadual que autorizou tal designação, o ato por ele praticado é válido. Observou o então relator, Min. Bilac Pinto, em seu voto, que a natureza da lei tem importantes consequências na conceituação dos efeitos da declaração de inconstitucionalidade e de outro, para a natureza da lei impugnada. Mais recentemente sustentou o Min. Leitão de Abreu, em voto proferido no RE 79.343, que a declaração de inconstitucionalidade da lei comporta, quanto aos efeitos *ex tunc* que se lhe atribuem, certos temperamentos."

365 Na doutrina estrangeira, Raul Bocanegra Sierra "O que ocorre é que a ineficácia *ex tunc* das leis inconstitucionais, como não podia ser de outro modo, tem também suas desvantagens ou seus inconvenientes, que exigem, em ocasiões, limitar a atuação retroativa que leva consigo, umas vezes por meio destas medidas fundadas na segurança jurídica, outras, (...). por meio de técnicas que impedem a produção de resultados desnecessários ou perturbadores. Não se pode pretender fechar a realidade em dogmas, (...), quando alguma peça não se encaixa abertamente no conjunto." (SIERRA, Raul Bocaniegra. **El valor de las sentencias del Tribunal Constitucional**. Madrid: Instituto de Estudios de Administración Local, 1982, p.243-244)

boa-fé, "à sombra da lei, não ficam sumariamente canceladas em consequência do reconhecimento da inconstitucionalidade, nem a coisa soberanamente julgada perde, por esse motivo, os efeitos que lhe asseguram a imutabilidade"[366]

Regina Ferrari, por sua vez, afirma que a adoção em termos absolutos da retroação importa ter, "de maneira vertiginosa, instalado o caos na vida social e em suas respectivas relações", eis que a "inconstitucionalidade pode ser arguida a qualquer tempo e, assim, não se teria nunca a certeza do direito, pois nunca estaríamos em condições de saber se um ato praticado validamente sob o império de uma lei seria assim considerado para todo o sempre."[367]

É dizer, "haveria o perigo de que, uma vez arguida a inconstitucionalidade do preceito normativo que disciplinou

---

[366] BITTENCOURT, *op.cit.*, p.417. Sobre isso ressalta Regina Ferrari: "A ineficácia *ab initio* da lei inconstitucional não pode, portanto, ser entendida em termos absolutos, pois que os efeitos de uma norma não podem ser suprimidos por simples decretos judiciário. Para demostrar seu ponto de vista, cita como exemplo situações que nos Estados Unidos têm proporcionado uma atenuação da doutrina da ineficácia absoluta da lei inconstitucional". (FERRARI, **Efeitos...**, p. 278-9). Pimenta, por sua vez, salienta "a flexibilização da eficácia retroativa da pronúncia de inconstitucionalidade, ora defendida, não constituiu qualquer novidade na teoria jurídica. Lúcio Bittencourt, grande estudioso da matéria no Brasil, já chamava a atenção para a necessidade de flexibilizar a nulidade da norma inconstitucional, afirmando o seguinte: "É manifesto, porém, que essa doutrina da ineficácia *ab initio* da lei inconstitucional não pode ser entendida em termos absolutos, pois que os efeitos de fato que a norma produziu não podem ser suprimidos, sumariamente, por simples obra de um decreto judiciário". Outros estudiosos da matéria têm seguido essa trilha, a exemplo de Ronaldo Poletti, Gilmar Ferreira Mendes, Clèmerson Merlin Clève, Regina Ferrari, Sacha Calmon Navarro Coelho, Carlos Roberto Siqueira Castro, e Christina Aires Correa Lima." (PIMENTA, *op.cit.*, p.94-5)

[367] FERRARI, **Efeitos...**, p. 161-2.

sua realização, viesse a ser assim considerado pelo órgão competente, e a inconstitucionalidade declarada, operando *ex tunc*, alteraria toda uma vida social, retrotraindo indefinidamente no tempo."[368]

Na medida em que a lei inconstitucional pode ter produzido efeitos, eis que são autônomos os planos da validade e da eficácia:

> "dizer que a mesma é simplesmente nula, já que inválida desde o inicio, como se não tivesse existido, e que tal característica foi apenas constatada através de uma sentença declaratória, é esquecer que toda lei nasce com a presunção de validade do mundo jurídico, gera direitos, deveres e efeitos no plano do ser físico, e neste não há ato humano nulo ou anulável, visto que, uma vez praticado, jamais deixará de ter sido, 'pois fora do mundo jurídico não há reversibilidade do tempo.'"[369]

---

[368] FERRARI, Efeitos..., p. 161-2. Em outro trecho, obtempera "Depreendemos, pois, que a norma inconstitucional é uma sanção imposta por um órgão competente para tal, pela não concordância da mesma com as disposições normativas superiores, ou seja, com a norma fundamental de tal sistema jurídico. Porém, este reconhecimento pode ter força retroativa, visto que a norma inválida, como a válida, produziu efeitos até a constatação de sua irregularidade. Autores há que, apesar de reconhecerem efeitos *ex tunc* à constatação de invalidade, admitem que os efeitos produzidos pelo ato normativo inválido possam ser reconhecidos pelo ordenamento jurídico, podendo mesmo ser ainda considerados como insuscetíveis de eliminação, sob a alegação de que "o direito pode dar significação a fato, mas não pode impedir que eles ocorram, nem pode eliminar seu registro histórico" (ibid, p. 161)

[369] ibid, p. 283. Sustenta, ainda, "reconhecer, portanto, que a norma inconstitucional é nula, e que os efeitos desse reconhecimento devem operar *ex tunc*, estendendo-os ao passado de modo absoluto, anulando tudo o que se verificou sob o império da norma assim considerada, é impedir a segurança jurídica, a instabilidade do direito e sua própria finalidade." (ibid, p.163)

Não obstante defenda a nulidade *ipso jure* e *ab initio* da lei declarada inconstitucional, tendo em vista que a retroação absoluta pode gerar sérios problemas, mesmo porque não há prazo para a pronúncia de nulidade, a qual pode ocorrer após anos de vigência da lei inconstitucional, Clèmerson Clève[370] propugna a adoção de certa dose de temperamento, a fim de não ensejar injustiça e violação ao princípio da segurança jurídica, mesmo porque não é possível aplicar aos conflitos entre princípios a lógica do *tudo ou nada*[371]:

> "se é verdade que a declaração de inconstitucionalidade importa na pronúncia da nulidade da norma impugnada, se é certo, ademais, que a declaração de inconstitucionalidade torna, em princípio, ilegítimos todos os atos praticados sob o manto da lei inconstitucional, não é menos certo que há outros valores e preceitos constitucionais, aliás residentes na mesma posição hierárquica que o princípio constitucional implícito da nulidade das normas constitucionais, que exigem cumprimento e observância no juiz concreto."[372]

---

370 CLÈVE, Clèmerson Merlin Clève. Parecer. ***Cadernos de Direito Constitucional e Ciência Política***, São Paulo, n.19, abr/jun. 1997.

371 CLÈVE, Parecer..., p.293. "É dizer, não é possível aplicar-se um princípio constitucional a qualquer custo. Muito pelo contrário, é necessário desenvolver certo juízo de ponderação a respeito das situações concretas nascidas sob a égide da lei inconstitucional, inclusive para o efeito de se verificar que, em determinados casos, razões de equidade e justiça recomendam a manutenção de certos efeitos produzidos pelo ato normativo inconstitucional." (Id)

372 Id. Nesse ponto, não se olvide que o conflito entre princípios não é solvido como a colisão entre regras jurídicas, isto é, não há aplicação da lógica do "tudo ou nada" segundo a qual uma das regras em confronto é eliminada do ordenamento jurídico; bem pelo contrário, caso haja

Diferencia, outrossim, os efeitos que se operam no plano abstrato (normativo) daqueles que são produzidos nas relações jurídicas concretas: "a decisão de inconstitucionalidade limita-se a reconhecer a nulidade da lei, ficando para o plano judicial concreto a solução das situações em que eventualmente a incidência de outros princípios constitucionais e valores (boa-fé, segurança, justiça, razoabilidade) aconselha a permanência no plano concreto, de determinados efeitos produzidos"[373]

Nesse aspecto, Paulo Lyrio Pimenta, embora reconheça que a doutrina majoritária e a jurisprudência pacífica do STF têm afirmado reiteradamente a nulidade *ex tunc* da norma inconstitucional, ressalta que:

> "a norma inconstitucional produz efeitos, eis que a invalidade não se confunde com a ineficácia, como examinado anteriormente, à medida que são planos distintos do mundo jurídico. Isso significa que a norma in-

---

conflito entre princípios deve-se recorrer a ponderação, atendendo à dimensão do peso, de modo que não haverá eliminação de um deles. Conferir nesse sentido: DWORKIN, Ronald. **Los Derechos en Serio.** Tradução de Marta Guastavino. Barcelona: Ariel, 1999 e ALEXY, Robert. Teoria de los Derechos Fundamentales. Madrid: Centro de Estúdios Constitucionales, 1993.

[373] Ibid, p.294-5. Logra-se igual resultado com o entendimento que vem sendo desenvolvido nesse trabalho no sentido de que a decisão de inconstitucional apresenta carga eficaciais declaratórias e constitutivas, respectivamente, quanto a declaração da invalidade e quanto a ineficácia da lei inconstitucional. Na parte constitutiva, poder-se-á tanto o *ex tunc* quanto o *ex nunc*. Na Itália, conforme Gustavo Zagrebelsky, a sentença de inconstitucionalidade tem alguns aspectos constitutivos: "... *le sentenze di accoglimento sono (...) decisioni di accertamento alle quali la constituzione ricollega effetti generali sotto certi aspetti constitutivi*" (ZAGREBELSKY, Gustavo. **La giustizia costituzionale.** Bologna: Il Mulino, 1988. p.259).

constitucional jurisdiciza suportes fáticos (eficácia legal), transformando-os em fatos jurídicos, os quais, por sua vez, também podem gerar efeitos jurídicos (eficácia jurídica). Assim sendo, a pronúncia de inconstitucionalidade é insuficiente para apagar os efeitos dos fatos jurídicos decorrentes de norma inconstitucional. Em verdade, a decisão de inconstitucionalidade atua no plano da eficácia legal, não da eficácia jurídica. Ou seja, atinge o plano da norma, não o dos fatos jurídicos."[374]

Destarte, vislumbra-se que a doutrina e a jurisprudência brasileiras têm acolhido a aplicação da eficácia tanto retroativa (*ex tunc*) quanto prospectiva (*ex nunc*) em relação à decisão de inconstitucionalidade, em conformidade ao que exigem as circunstâncias fáticas envolvidas, sem embargo do fato de a retroatividade ser a regra e a irretroatividade, a exceção.[375]

---

[374] PIMENTA, *op.cit.*, p.93. Prossegue, em outro trecho, "A jurisprudência do Supremo Tribunal Federal já se posicionou nessa direção, afastando o princípio da nulidade nos julgamentos que admitiram a predominância da teoria do funcionário de fato, nos quais se aplicou o princípio da segurança jurídica; bem como quando priorizou o princípio da irredutibilidade dos vencimentos, precedentes já mencionados neste estudo. O posicionamento ora abraçado tem fundamento constitucional, vale relembrar. Se por um lado a Constituição consagra o princípio implícito da nulidade da norma inconstitucional, também positiva a segurança jurídica, a moralidade a boa-fé, dentre outros. Não a hierarquia formal entre tais princípios, todos gozam da mesma importância. Como examinado no capítulo III, a hierarquia é móvel, ou seja refere-se apenas ao caso concreto, no qual um dos princípios prevalecerá sobre o outro, pela aplicação da proporcionalidade em sentido estrito, o que não excluiu a possibilidade de a ordem se inverter em outra situação fática." (ibid, p.95)

[375] "Diga-se de passagem que, segundo nosso atual sistema constitucional, a retroatividade é a regra e a irretroatividade é a exceção". (FERRARI, Efeitos..., p. 270)

3.2. O advento das leis 9868/99[376] e 9882/99[377]: modelação dos efeitos da decisão de inconstitucionalidade

Não obstante há muito tempo venha se ressaltando no direito brasileiro e no direito comparado, doutrinária e jurisprudencialmente, as desvantagens da atribuição de eficácia retroativa absoluta à decisão de inconstitucionalidade, uma vez que, embora inválida, a lei inconstitucional pode surtir efeitos no mundo da vida; por força do advento das Leis n° 9.868/99[378] e n° 9.882/99, "o tema da modulação dos efeitos da decisão no âmbito do controle de constitucionalidade tem adquirido crescente importância no Brasil"[379]

A propósito desses diplomas recentes, Octávio Fischer assevera que, "independentemente da sua validade[380], tais

---

376 Lei Federal que dispõe sobre o processo e julgamento da ação direta de inconstitucionalidade e da ação declaratória de constitucionalidade perante o Supremo Tribunal Federal.

377 Lei Federal que regulamenta a arguição de descumprimento de preceito fundamental (art.102, §1°, da Constituição Federal).

378 A Lei 9.868/99 admite o efeito prospectivo da decisão de inconstitucionalidade, disciplinando no art. 27 que: "ao declarar a inconstitucionalidade de lei ou ato normativo, e tendo em vista razões de segurança jurídica ou de excepcional interesse social, poderá o Supremo Tribunal Federal, por maioria de dois terços de seus membros, restringir os efeitos *daquela declaração* ou decidir que *ela só tenha eficácia* a partir de seu trânsito em julgado ou de outro momento que venha a ser fixado".

379 FISCHER, *op.cit.*, p. 317.

380 Tendo em vista os objetivos do presente trabalho, não se analisará a constitucionalidade desses dois diplomas legislativos. De qualquer sorte, apenas se ressalte que há muita polêmica em relação ao fato de o art. 27 da Lei 9868/99 prever a possibilidade de manutenção da eficácia da lei inconstitucional mesmo após a declaração de inconstitucional

leis mostram-se oportunas para legitimar o Judiciário brasileiro a adotar, ainda que tardiamente, 'técnicas mais plásticas' de decisão constitucional e, assim, adequar-se a uma necessária tendência da jurisdição constitucional de diversos países de 'contornar inconveniências de declarações secas de inconstitucionalidades'".[381]

Deveras, hodiernamente, a ausência de um instituto que permita estabelecer limites aos ecos da declaração de inconstitucionalidade pode, muitas vezes, compelir os Tribunais a preferir abster-se de emitir um juízo de censura, declarando a constitucionalidade de lei manifestadamente inconstitucional, a reconhecer e declarar a inconstitucionalidade, uma vez que esse reconhecimento poderia, na espécie, implicar verdadeiro caos na vida social, desvantagens, inconvenientes.

Consentâneo é o magistério de Eduardo García de Enterría: "la alternativa a la prospectividad de las Sentencias no es, pues, la retroactividad de las mismas, sino la abstención en el descubrimiento en su interpretación, la renuncia, pues, a que los Tribunales Constitucionales cumplan una de sus funciones capitales, la de hacer una *living Constitution*, la de adaptar paulatinamente esta a las nuevas condiciones sociales"[382]

Pois bem, em que pese o fato de, na jurisprudência do Excelso Pretório e no entendimento doutrinário brasileiro, sempre ter prevalecido a tese de que (i) a lei inconstitucional é nula, (ii) a natureza da decisão de inconstitucionalidade é declaratório-negativa e (iii) os efeitos da decisão, *ex tunc*; a existência de texto legal expresso (Lei 9868/99), admitindo a atribuição de efeitos *ex nunc*, não importa,

---
(eficácia futura).
381 FISCHER, *op.cit.*, p. 317.
382 ENTERRÍA, **Justiça Costitucional**..., p.154.

reitere-se, a mudança nos postulados teóricos acolhidos pelo STF acerca da lei inconstitucional.

Vale dizer, o advento dessas leis não implica o acolhimento da teoria kelseniana, tampouco considerar não mais nula mas sim anulável a lei inconstitucional; a um porque tais postulados possuem esteio constitucional, logo não podem ser maculados ou modificados por lei infraconstitucional; a dois porque não há vínculo necessário entre nulidade e efeitos retroativos; a três porque a atenuação dos efeitos retroativos também é vislumbrada, conforme já se acentuou, no próprio sistema norte-americano; a quatro porque o próprio STF, antes dessa Lei, em alguns julgados, vinha reconhecendo a necessidade de atenuar a retroação absoluta[383]; a cinco porque a atenuação é decorrente da ponderação entre princípios constitucionais[384], de sorte a não haver eliminação do princípio que esteja em conflito, uma vez que não se aplica a *lógica do tudo ou nada*, mas sim se recorre à dimensão do peso e à concordância prática.

Jorge Miranda, analisando o dispositivo da Constituição Portuguesa que confere ao Tribunal atribuição semelhante à estabelecida pela Lei 9868/99, destaca que essa

---

[383] "O STF já vinha, por sinal, antes da citada lei, mitigando a doutrina da irretroatividade total da norma inconstitucional. No próprio país onde foi criada a teoria da nulidade absoluta da lei inconstitucional (Estados Unidos da América) admite-se, hoje, que os efeitos da sentença não sejam sempre retroativos." **(PALU, *op.cit.*, p. 176)**

[384] "Assim é porque nos principais países onde se tem um desenvolvimento mais profundo da jurisdição constitucional, o primado da Constituição sobre as demais normas abre espaço para a segurança jurídica e para os atos praticados com boa fé. Há, em verdade, uma tentativa de balanceamento desses e de vários outros valores, ao invés da sustentação de um só, em razão das peculiaridades das situações apresentadas aos julgadores."(FISCHER, *op.cit.*, p.201)

atenuação dos efeitos retroativos não equivale à adoção da anulabilidade, mas sim se trata de ponderação[385]:

"o art. 282.º, n.º 4, implica uma atenuação do valor jurídico negativo, não uma alteração qualitativa. O Tribunal Constitucional recebe uma faculdade, aliás sujeita a limites, não mais. E se, exercendo-a, constitui efeitos, não constitui nem deixa de constituir a invalidade. Não se trata, portanto, de anulabilidade."[386]

Octávio Fischer, impugnando afirmações existentes na doutrina, assevera que a possibilidade de modulação dos efeitos da decisão de inconstitucionalidade traz como consequência uma desvinculação entre "retroatividade" e "nulidade", bem como preconiza que, mesmo havendo uma restrição nos efeitos "ex tunc", a norma julgada inconstitucional não deixa de ser nula, "isto porque uma norma não pode ser válida e depois inválida"[387], exceto em caso de inconstitucionalidade superveniente.

Com efeito, "ela pode ser vigente e eficaz até a decisão de inconstitucionalidade, mas, se contrária à Carta Magna, terá sido sempre inválida". Assim, Fischer crê haver afastado uma situação que o deixava bastante perplexo, "consis-

---

385 "Bem pelo contrário, o que cabe sugerir é a contraposição de dois escalões ou subvalores: *a)* uma nulidade *radical* ou *fundamental* (sem chegar à inexistência jurídica), correspondente à violação de preceitos constitucionais atinentes aos direitos, liberdades e garantias mencionadas no art. 19.º, n.º 6, e insusceptíveis de suspensão mesmo em estado de sítio, por virtude da sua superior carga valorativa; e *b)* uma nulidade *não fundamental*, abrangendo os demais casos." (MIRANDA, **Manual...** p. 96-97)
386 id.
387 FISCHER, *op.cit.*, p. 246.

tente em se dizer que o Judiciário pode tornar válido aquilo que segundo a Constituição não é".[388]
Em outro excerto, assevera Octávio Fischer:

"que, na prática, dizer que o efeito "ex tunc" não é do vício, mas da decisão, não apresenta diferença imediata alguma, pois, no período entre a edição da norma e a decisão, a incidência da norma teria sido, em ambos os casos, aceita. Contudo, entendemos que a orientação que seguimos apresenta uma diferença que é pouco mais sutíl e de grande relevância, porque, no primeiro caso (o efeito "ex nunc" ser do vício), estaremos diante de uma situação em que a norma será indevidamente considerada válida e, depois, inválida e, no segundo caso, (o efeito "ex nunc" ser da decisão), será, desde o seu nascimento, considerada inválida."[389]

Consentâneo é o magistério de German Bidart Campos, segundo o qual, "é preferível sustentar que quando um tribunal da jurisdição constitucional declara inconstitucional uma norma, assim o faz porque considera que o vício que nesse momento assinala com sua sentença existe desde que a norma entrou em vigor, ou seja, "ab initio", desde a origem, com o qual — também doutrinariamente — temos que dizer que a sentença é declarativa."[390]

No entanto, isso não importa "concluir que necessariamente o defeito 'ex origine' deva sempre provocar paralelamente um efeito retroativo da sentença que declara a in-

---
388 FISCHER, op.cit., p.246
389 ibid, p. 246-7
390 CAMPOS, German j. Bidart. *El derecho de la Constitucion y su fuerza normativa*. Buenos Aires: Ediar, 1995, p.408-9 — tradução livre —

constitucionalidade", eis que é perfeitamente possível "compatibilizar-se a natureza declarativa da sentença com um efeito voltado para o futuro — *ex nunc* — e, em todo caso, ser o tribunal aquele que, ponderando as circunstâncias concretas da situação, resolva qual dos efeitos adjudica a seu pronunciamento: se para o passado ou só para frente."[391]

No que concerne à assertiva de que a supremacia da constituição exigiria a atribuição de efeitos *ex tunc* à decisão de inconstitucionalidade, Octávio Fischer afirma que com a modulação dos efeitos também se almeja resguardar a supremacia, uma vez que se a modulação for "feita corretamente, não atinge tal princípio, mas antes, protege-o."[392]

Na mesma esteira, é o entendimento de Rui Medeiros:

"o próprio princípio da constitucionalidade em sentido amplo que postula a decisão de limitação de efeitos.(...) E o Tribunal Constitucional, mais do que simples guarda das disposições, é garante dos valores constitucionais. O sentido e o objectivo do princípio da primazia da Constituição está, em última análise, na segurança e defesa da Constituição enquanto ordem jurídica fundamental do Estado e da sociedade. (...)[393]A pre-

---

391 id.

392 Assevera, ainda, "É que ao sustentarmos que o judiciário, diante de uma norma contrária à Constituição, declara a sua invalidade "ab ovo", apenas transportando os efeitos desta decisão para um momento diferente daquele em que se deu a edição da norma (ou do surgimento do vício), não estaremos diante de uma supressão do princípio da supremacia constitucional em razão de outras leis".(FISCHER, *op.cit.*, p. 248)

393 "O princípio da constitucionalidade, se bem que exija o afastamento efetivo e o mais rapidamente possível da inconstitucionalidade, não se contenta apenas com uma imediata maximização parcial (da norma

missa fundamental (...) há-de-estar, por isso, na verificação de que, no caso concreto, a declaração de inconstitucionalidade com limitação de efeitos assegura melhor a normatividade da Constituição do que a simples declaração de inconstitucionalidade."[394]

Deveras, "a supremacia constitucional é mantida porque a modulação dos efeitos temporais da decisão de inconstitucionalidades somente é admitida quando for utilizada para o próprio resguardo dos valores constitucionais e, portanto, daquela."[395]

Oswaldo Luiz Palu, por sua vez, assevera que, a partir da Lei 9.868/99, é possível se estabelecer entendimentos mais coerentes e racionais em relação ao sistema de controle de constitucionalidade, "sem fugir totalmente do que a doutrina brasileira sempre entendeu ocorrer com a lei inconstitucional, ou seja, a exalçar a sua nulidade (e não anulabilidade)."[396]

---

constitucional violada) sem consideração das restantes disposições e princípios constitucionais. O princípio da unidade da Constituição postula uma concordância prática entre os diferentes interesses constitucionalmente protegidos." (MEDEIROS, Rui. **A decisão de inconstitucionalidade: os autores, o conteúdo e os efeitos da decisão de inconstitucionalidade.** Lisboa: Universidade Católica Editora, 1999. p. 725)

394 id.

395 FISCHER, *op.cit.*,p. 249. "Aliás, não fosse assim e tivéssemos que levar aquela visão do princípio da supremacia da Constituição, que implica inexoravelmente nos efeitos "ex tunc", à última instancia, não poderíamos jamais cogitar de institutos como a prescrição, a decadência, o direito adquirido e a coisa julgada, como limites à retroatividade, porque esta, assim, seria total e devastadora." (ibid, p. 249-250)

396 Prossegue, nessa esteira, asseverando: "Assim sendo, parece claro que a inconstitucionalidade é a desconformidade entre os vetores intrínsecos da lei e os da Constituição, sendo a norma, portanto, inválida. Trata-se de aferição no plano da validade, não no plano da vigência ou

Outrossim, conclui que o STF ao declarar a nulidade da lei inconstitucional poderá fazê-lo "com a cassação global, quer dos efeitos passados, *ex tunc*, inclusive o efeito de revogar a legislação anterior contrária, quer da eficácia presente e futura, *ex nunc*" ou poderá, como sanção, aplicar "a nulidade parcial, com a cassação da eficácia presente e futura, mas preservação dos efeitos passados" ou ainda poderá "haver a declaração da inconstitucionalidade sem sanção alguma, durante certo tempo, preservados os efeitos pretéritos, presentes e, até certo limite, futuros da lei inválida (como se disse, discutível no Brasil, eis que prevista apenas em lei e não na constituição)."[397]

Ressalva, porém, que nessa atuação de modelação dos efeitos, "não estará também o STF convalidando a norma inconstitucional em constitucional; sobremais, não é juridicamente válida, *data venia*, no ordenamento pátrio, a con-

---

da eficácia da lei. Lembre-se que uma norma pode ser inválida mas vigente e eficaz, e que os momentos da validade e da vigência podem descoincidir, fato que nunca se negou (*v.g.*, art. 1º **da Lei de Introdução ao Código Civil, lei válida, sem vigência, ou com vigência postergada).**" (PALU, *op.cit.*, p.163)

397 ibid, p.165-6. "Com a Lei 9.868/99 aproximamo-nos mais ainda do modelo europeu; o ordenamento aos poucos abandona a dualidade paradoxal de atribuir efeitos típicos do sistema norte-americano a um modelo de pressupostos totalmente diversos. O controle abstrato não tem fatos subjacentes, sequer necessita de contraditório ou bilateralidade; o processo é objetivo. Não é um tipo de tutela que se situe no processo de cognição comum, mas de tutela abstrata, constitucional, muito próxima da atividade legislativa. Em conclusão, a nulidade da norma inválida (inconstitucional) é a sanção do vício de desconformidade constitucional, nada mais. A sanção da norma inconstitucional é a nulidade, mas, entenda-se, nulidade que pode ser absoluta ou relativa, conforme seja retroativa totalmente, parcialmente, irretroativa ou, até mesmo, prospectiva (art. 27, in fine, da Lei 9.868/99)." (PALU, *op.cit.*, p.166)

validação da lei inconstitucional em ato constitucional por decisão judicial."[398]

Como se vê, com o advento dessas duas leis (Lei 9868/99 e 9882/99), não há a adoção da anulabilidade como sanção a ser aplicada ao vício da inconstitucionalidade. Tampouco a atenuação, a modelação dos efeitos da decisão de inconstitucionalidade implica convalidar[399] a lei inconstitucional.

Demais disso, haja vista a separação entre os planos da validade e da eficácia acima delineada, pode-se afirmar que a modelação dá-se em relação ao plano da eficácia da norma inconstitucional, mesmo porque, embora seja inválida desde o início, tal norma pode surtir efeitos. De tal sorte, a decisão de inconstitucionalidade, conforme já ressaltado, apresenta tanto natureza declaratória ao se declarar a invalidade, quanto natureza constitutiva ao se determinar, mediante modelação, o grau de ineficácia (*ex tunc* e *ex nunc*) da lei inconstitucional.

Destarte, sem embargo da possibilidade de manipulação dos efeitos da decisão de inconstitucionalidade, a lei inconstitucional permanece sendo insanável, inconvalidável.

---

398 ibid., p.177

399 Comentando a possibilidade de serem preservados efeitos produzidos pela lei inconstitucional, Roberto Mandelli observa: "A consideração de determinados efeitos produzidos pelo ato considerado inconstitucional deve sempre estar acompanhada de valores contemplados na Constituição e, ainda, também considerados fundamentais, ou seja, de mesma hierarquia axiológica se comparada ao preceito violado pelo ato infraconstitucional. Dessa forma, o STF não estará convalidando ato infraconstitucional contrário à Constituição, mas estará aplicando a própria Constituição." (MANDELLI, *op.cit.*, p. 181). Ao tratar da força de lei atribuída às decisões de declaração de inconstitucionalidade na Alemanha, Gilmar Mendes ressalta "Não se pode cogitar, portanto, de superação ou da convalidação da eventual inconstitucionalidade da lei que não teve a sua impugnação acolhida pelo Tribunal" (MENDES, Jurisdição..., p.255)

CAPÍTULO III

CONSTITUCIONALIZAÇÃO SUPERVENIENTE?

1. PROBLEMÁTICA E EXEMPLOS DO FENÔMENO DA CONSTITUCIONALIZAÇÃO SUPERVENIENTE

1.1. Definição da problemática

A constitucionalização superveniente[400], também denominada de inconstitucionalidade pretérita[401] (gênero),

---

400 Essa expressão é utilizada por J.J. Gomes Canotilho e Vital Moreira (CANOTILHO; MOREIRA, *op.cit.*, p. 272)

401 Ocorre, no entanto, que a constitucionalização superveniente decorrente de reforma constitucional não é a única espécie de inconstitucionalidade pretérita. Neste aspecto, leciona Jorge Miranda: "A dicotomia *inconstitucionalidade presente-inconstitucionalidade pretérita* apresenta-se sob duas feições: *a)* Inconstitucionalidade presente ou actual como inconstitucionalidade *perante norma constitucional* em vigor e inconstitucionalidade pretérita ou póstuma como inconstitucionalidade perante norma que já não se encontra em vigor; *b)* Inconstitucionalidade presente como inconstitucionalidade *de norma infraconstitucional* em vigor e inconstitucionalidade pretérita como inconstituciona-

consiste em fenômeno no qual uma lei originariamente inconstitucional é compatível com uma emenda constitucional superveniente. Isto é, uma lei infraconstitucional nasce em descompasso com a Constituição, no entanto o texto fundamental é alterado por emenda constitucional, alteração essa que importa a revogação do parâmetro que ensejava a invalidade de tal lei, de sorte a não haver mais, após a emenda, contrariedade à Carta Magna.

Delimitado semanticamente o cerne do presente estudo, urge indagar se, com o advento de reforma que revoga o parâmetro constitucional que dava azo à contrariedade em relação à Lei Fundamental, a lei inconstitucional restará recepcionada, convalidada ou meramente validada?

Ressalve-se, por oportuno, que tal indagação, consoante corroboram os seus próprios termos, reporta à cessação da discordância decorrente de reforma constitucional e não de nova Lei Fundamental, todavia será pertinente explanar também sobre o término da incompatibilidade oriundo do advento de uma nova Constituição, eis que, assim, reforçar-se-á a resposta que será delineada.

No escopo de encontrar uma solução ao questionamento formulado, faz-se mister, inicialmente, verificar como

---

lidade de norma infraconstitucional que já não se encontra em vigor (por ter sido revogada, ter caducado ou, porventura, ter caído em desuso). Sobre a primeira contraposição, já nos pronunciámos, sustentando que só procede relativamente à revisão constitucional, não relativamente à emergência da nova Constituição. A segunda distinção não levanta quaisquer dúvidas. O Tribunal Constitucional português (e, antes, a Comissão Constitucional, tal como os de outros países) tem muitas vezes conhecido da inconstitucionalidade das normas legais já não em vigor, por haver utilidade nesse conhecimento — derivada da regra de eficácia *ex tunc*, de eventual declaração de inconstitucionalidade e da circunstância de, mesmo depois do seu período de vigência, as normas poderem continuar a produzir efeitos jurídicos. Voltaremos ao assunto mais à frente."(MIRANDA, **Manual**..., p. 36)

esse fenômeno tem se manifestado no Brasil e nos Estados Unidos.[402]

1.2. Exemplos no direito brasileiro

Não obstante a doutrina constitucional brasileira, ao tratar da legitimidade da jurisdição constitucional[403], cogite a possibilidade de um controle democrático posterior das decisões da jurisdição mediante a edição de emendas constitucionais[404], há um escasso[405] tratamento doutrinário a respeito da *constitucionalização superveniente*, razão pela qual, no presente item, apenas se fará menção aos exemplos do fenômeno constatados após a Constituição de 1988, bem como à peculiar previsão encontrada na Consti-

---

402 Far-se-á menção apenas aos exemplos encontrados nos EUA de edição de emendas constitucionais visando à correção de decisões da Suprema Corte, pois correspondem aos poucos, quiçá únicos, casos analisados pelas doutrinas brasileira (FISCHER, Octávio. Efeitos da Declaração....; MENDES, Gilmar. Direitos Fundamentais...), espanhola (ENTERRÍA, Eduardo García. La Constitución como norma...) e alemã (LOEWESTEIN, Karl. Teoría de la Constitución. Barcelona: Ed. Ariel, 1976). Recorreu-se, no presente trabalho, tão somente aos exemplos que foram citados pela doutrina consultada, porque não se mostrou, lamentavelmente, realizável a análise das reformas constitucionais de outros países e, também, o imprescindível contraponto dessas alterações com a legislação infraconstitucional respectiva, vez que isso importaria a necessidade de conhecer não só as alterações constitucionais, mas também a repercussão dessas em relação às leis que padecessem de inconstitucionalidade oriunda de contrariedade em relação aos preceitos constitucionais revogados por tais reformas.

403 Conforme se explanou na seção 3 do primeiro capítulo.

404 Embora não desenvolva explanação a respeito de como seria exercido e quais seriam os limites a tal exercício.

405 Mencione-se, desde logo, que a análise mais completa e pertinente foi realizada pelo Professor Celso Antônio Bandeira de Mello.

tuição Polaca (1937) e à explanação realizada por Octávio Fischer sobre o controle de decisões da jurisdição pelo Poder Legislativo.

De qualquer sorte, na medida em que, como objetivo precípuo, almeja-se encontrar uma resposta à indagação formulada — a qual, por sua vez, não se reporta a um determinado caso concreto, mas sim foi feita em abstrato —, a impossibilidade de serem citados muitos exemplos concretos não ensejará prejuízo incontornável ao escopo visado, até porque os casos aos quais se fará menção são suficientes para demonstrar, de forma inequívoca, a pertinência e consistência da temática e da problemática suscitadas.

Deveras, não bastasse a relevância teórica da indagação acima delineada, a existência de exemplos concretos desse fenômeno no direito brasileiro torna assaz pertinente essa análise, uma vez que torna premente a elaboração de uma solução, de uma resposta que se apresente em plena consonância com a supremacia constitucional.

Para tanto, assevere-se, desde logo, que a solução desse questionamento encontra-se, visceralmente, imbricada com a explanação realizada nos itens anteriores, mormente aquela na qual restou evidenciado que o vício da inconstitucionalidade consiste na mais grave invalidade, sendo, assim, insanável, inconvalidável[406], embora possa a lei incons-

---

[406] Não bastasse o já evidenciado nos itens anteriores desse estudo, ressalte-se que, ao tratar da coisa julgada inconstitucional, Carmem Lúcia Antunes Rocha assevera "Como a nulidade é sempre alegável, mais ainda aquela cujo vício seja o da inconstitucionalidade, que é, portanto, inconvalidável, há que se considerar como, processualmente, possível proceder-se à impugnação do julgado fundamentado em norma declarada inválida, nos termos acima descritos. Em princípio, tanto não se dará no mesmo processo no qual se tenha dado o agravo constitucional, mas em outro. (...) Em primeiro lugar, assim não se pode considerar; porque a inconstitucionalidade persiste, é imorredoura e não pode ser

titucional, em virtude da presunção de validade, apresentar eficácia, isto é, produzir efeitos antes da pronúncia de inconstitucionalidade.

Pois bem, a título de exemplo do fenômeno da constitucionalização superveniente no direito brasileiro, citem-se os seguintes:

(i) embora o Supremo Tribunal Federal (STF) tenha, histórica e reiteradamente, afastado a possibilidade de cobrança de IPTU (imposto sobre a propriedade predial e territorial urbana) progressivo, passou a existir, mediante a edição da Emenda n. 29/2000, dispositivo constitucional (§1º, do art. 156)[407] admitindo tal progressividade;

(ii) a Lei 9783[408], de 28 de janeiro de 1999, que dispu-

---

considerada passada. Enquanto subsistirem os efeitos qualificados do julgado, enfaticamente subsistirá o vício a produzir fatos jurídicos ou a respaldar aqueles que foram produzidos e não desfeitos".(ROCHA, Carmem Lúcia Antunes. O Princípio da Coisa Julgada e o Vício de Inconstitucionalidade. In: **Constituição e Segurança Jurídica — Estudos em homenagem a José Paulo Sepúlveda Pertence**. Coord. Carmem Lúcia Antunes ROCHA. Belo Horizonte: Ed. Fórum, 2004. p. 186)

407 "Art. 156 — Compete aos Municípios instituir imposto sobre:
I — propriedade predial e territorial urbana;
(...)
§ 1º — Sem prejuízo da progressividade no tempo a que se refere o art. 182, §4º, inciso II, o imposto previsto no inciso I poderá:
I — ser progressivo em razão do valor do imóvel; e
II — ter alíquotas diferentes de acordo com a localização e o uso do imóvel." (§ 1º com a redação determinada pela Emenda Constitucional n. 29/2000.)

408 Questionada a sua constitucionalidade, mediante a propositura, pelo Conselho Federal da Ordem dos Advogados do Brasil, de Ação Direta de Inconstitucionalidade (ADIN 2010-2), em sede de liminar, em

nha, dentre outras matérias, sobre a contribuição previdenciária dos inativos[409], e a Emenda n. 41, de 16 de dezembro 2003, oriunda da Proposta de Emenda Constitucional (PEC) 136/99[410], que passou a admitir a cobrança da contribuição dos inativos, no entanto tramitam no E. STF *Adins*[411] (ações diretas de inconstitucionalidade) visando a que seja reconhecida a inconstitucionalidade da Emenda n. 41/2003 em relação àqueles que já se encontravam aposentados ou tinham direito adquirido à aposentadoria antes da promulgação da emenda;

(iii) a Lei 9718, de 27 de novembro de 1998, previu que a contribuição para o PIS/PASEP e a COFINS se-

---

30 de setembro de 1999, o STF, por unanimidade, deferiu o pedido de medida cautelar, para suspender, até a decisão final da ação direta, no caput do art. 1o da Lei 9783/99, a eficácia das expressões "e inativo, e dos pensionistas" e "do provento ou pensão". Isto é, reconheceu o STF a inconstitucionalidade da contribuição dos inativos.

409 Artigo 1º — "A contribuição social do servidor público civil, ativo e inativo, e dos pensionistas dos três Poderes da União, para a manutenção do regime da previdência social dos seus servidores, será de onze por cento, incidente sobre a totalidade da remuneração de contribuição, do provento ou da pensão."

410 A despeito da decisão liminar do STF, através da Mensagem Presidencial n. 1542/99, enviou-se a proposta de emenda constitucional nº 136/99, ao Congresso Nacional, que tratava sobre a contribuição social dos servidores públicos aposentados e pensionistas, civis e militares, dos três Poderes, inclusive dos Estados, do Distrito Federal e dos Municípios, incidente, a partir de R$ 600,00, sobre a totalidade dos proventos e das pensões, nas mesmas bases e condições aplicáveis aos servidores em atividade.

411 ADIN — 3105 aforada pela Associação Nacional dos Membros do Ministério Público (CONAMP), e ADIN — 3128, pela Associação Nacional dos Procuradores da República (ANPR)

riam pagas pelas pessoas jurídicas de direito privado, no entanto a Constituição de 1988 apenas previa o empregador como sujeito passivo dessas contribuições, razão pela qual padeceria de inconstitucionalidade a Lei 9718/98, no entanto, com o advento da Emenda Constitucional 20/98[412], restou ampliada a sujeição passiva dessas contribuições de sorte a abranger, além do empregador, a empresa e a entidade a ela equiparada.

(iv) Em face de julgados do STF no sentido da inconstitucionalidade de taxa de iluminação pública, foi promulgada a Emenda Constitucional n. 39/2002 prevendo a possibilidade de cobrança, por Municípios e Distrito Federal, de contribuição para o custeio de iluminação pública.

Octávio Fischer, ao analisar a possibilidade de controle das decisões judiciais e, por conseguinte, da jurisdição constitucional, por força da repercussão social e política por elas ensejadas, cogita a existência de três hipóteses, dentre as quais se enquadraria, embora o autor não utilize essa expressão, a constitucionalização superveniente:

> "Há situações (i) em que, após a aplicação de uma norma pelo Poder Judiciário, o Poder Legislativo convenceu-se de que é necessária a alteração da lei, para fins de neutralizar (para o futuro) a decisão judicial, que se

---

412 Na redação dada pelo constituinte originário ao artigo 195, I, tão somente o empregador era sujeito passivo da contribuição incidente sobre receita ou faturamento, porém a lei infraconstitucional ampliava essa sujeição. A Emenda Constitucional nº 20, por seu turno, alterou o referido artigo para ampliar a sujeição passiva de modo a abranger, além do empregador, a empresa, e a entidade a ele equiparada, bem como ampliou a base de cálculo dessas contribuições.

mostrou indesejada. (...)⁴¹³. Em outros casos, (...) (ii) o Legislativo edita nova norma para se adaptar a um entendimento do Poder Judiciário. (...)⁴¹⁴ Enfim, (iii) vislumbra-se, ainda, uma terceira modalidade de interferência, mais suscetível a críticas, porque o objeto principal é aniquilar os efeitos da decisão judicial, mesmo em relação às situações por esta tratada. Aqui, sim, verifica-se verdadeiro controle legislativo sobre as decisões do Poder Judiciário, pois a edição do novo ato normativo objetivará substituí-las."⁴¹⁵

Lembra, ainda, Fischer que o parágrafo único⁴¹⁶, do art.

---

413 "É o caso no qual, diante de dúvida a respeito de qual alíquota deve ser aplicada a uma operação, surge uma decisão judicial entendendo ser a mesma isenta e o Legislador, não concordando, com isso, elabora nova lei, estabelecendo, para dali em diante, a alíquota pretendida." (FISCHER, *op.cit.*, p.69)

414 "Assim, quando uma decisão judicial declarar que um tributo é inconstitucional porque somente pode ser criado de acordo com certa forma, o Legislativo pode voltar a exercer a sua competência tributária. Outro recente exemplo deste tipo de alteração legislativa foi o que ocorreu com a chamada progressividade do IPTU. Sistematicamente, o Supremo Tribunal Federal vinha decidindo que a única progressividade admitida para esse imposto seria aquela prevista no art. 182, §4°, II da CF/88, não havendo possibilidade, portanto, para a progressão de alíquotas de acordo com a capacidade contributiva. Inconformado, o Poder Legislativo resolveu lançar mão da Emenda Constitucional n° 29/2000, para autorizar os Municípios a utilizarem-se da progressividade em razão do valor do imóvel, bem como da diferenciação de alíquotas, 'de acordo com a localização e o uso do imóvel'." (id)

415 ibid, p. 70

416 Constituição de 1937: "Art. 96 — Só por maioria absoluta de votos da totalidade dos seus juízes poderão os tribunais declarar a inconstitucionalidade da lei ou de ato do presidente da república. Parágrafo único — No caso de ser declarada a inconstitucionalidade de uma lei que, a juízo do presidente da República, seja necessária ao bem-estar do povo,

96, da Constituição de 1937, admitia essa terceira hipótese, isto é, a anulação de decisões judiciais por parte do Poder Legislativo. No entanto, preconiza que, à luz da Constituição de 1988, essa possibilidade é inaceitável, eis que se trata "de um perigoso caminho para a estabilidade constitucional, tornando-se o Poder Judicial frágil e aniquilando, até mesmo, a supremacia constitucional."[417]

à promoção ou defesa de interesse nacional de alta monta, poderá o presidente da República submetê-la novamente ao exame do parlamento; se este confirmar por dois terços de votos em cada uma das Câmaras, ficará sem efeito a decisão do Tribunal." A respeito desse dispositivo, assevera Gilmar Mendes: "Na Constituição de 1937 criou-se a possibilidade de se suspender, mediante ato legislativo, decisão judicial que declarasse inconstitucionalidade do ato normativo. Isso deveria ocorrer através de uma resolução do Parlamento Nacional, aprovada por uma maioria qualificada de 2/3 (dois terços) dos votos (art.96). Esse instituto deveria cumprir dupla função: *confirmar a validade da lei e cassar a decisão judicial questionada*. A lei *confirmada* ganhava, assim, a força de uma Emenda Constitucional. A necessidade desse instituto foi justificada com o caráter pretensamente *antidemocrático* da jurisdição, o que acabava por permitir a utilização do controle de normas como instrumento aristocrático de preservação do poder ou como expressão de um *Poder Moderador*." (MENDES, Gilmar Ferreira. **Direitos Fundamentais e controle de constitucionalidade...**, p.301-2). A propósito de uma tentativa de justificar esse instituto da Constituição Polaca, conferir CAMPOS, Francisco Luiz da Silva. **Diretrizes Constitucionais do novo Estado brasileiro**. RF v. 73 n. 415/417, jan./mar. 1938. p.229)

417 Continua, ainda, asseverando "por exemplo, do modo como estava redigido o citado preceito da Constituição de 1937, se o imaginássemos perante a atual Carta Magna, a interferência do Poder Legislativo levaria uma norma a permanecer no ordenamento, porque necessária ao bem-estar do povo, à promoção ou defesa do interesse nacional de alta monta, apesar de inconstitucional. E, mais, com a cláusula implícita da incontrolabilidade pelo Poder Judiciário". "Mas, mesmo que o controle pelo Legislativo não fosse político e, sim, jurídico, haveria (a) ofensa ao princípio da segurança jurídica, bem como (b) desvio de poder. (...)

Em relação a esse dispositivo presente na Carta de 1937, Gilmar Mendes destaca que, apesar de a doutrina não haver logrado explicitar a sua origem ou a sua fonte de inspiração imediata, "é certo que ele não estava previsto, na Constituição polonesa de 23 de abril de 1935, uma vez que esse texto sequer previa o controle de constitucionalidade. Parece mais correto concluir que esse instituto possui referência na própria experiência norte-americana."[418]

Luís Roberto Barroso, por sua vez, ao tratar especificamente sobre a possibilidade de aprovação de emenda constitucional superadora da interpretação fixada pelo Supremo Tribunal Federal, não tecendo considerações sobre as consequências em relação à lei inconstitucional, assevera:

"salvo em relação às matérias protegidas por cláusulas pétreas, a última palavra acerca de qual deve ser o direito constitucional positivo em dado momento é do Congresso Nacional, no exercício de seu poder constituinte derivado. De fato, discordando o Poder Legislativo da inteligência dada pelo Supremo Tribunal Federal a uma norma constitucional, poderá sempre emendá-la, desde que seja capaz de preencher o quórum de três quintos dos membros de cada casa, observando os demais requisitos do processo legislativo próprio (CF, art.60 e parágrafos). Há precedentes, tanto no direito comparado como na experiência brasileira, nos quais emendas foram aprovadas para alterar interpretações estabelecidas pela Suprema Corte."[419]

Com a possibilidade do Judiciário ser controlado pelo Legislativo, os cidadãos jamais teriam condições de estabelecer uma previsibilidade em relação às condutas dos poderes públicos" (FISCHER, op.cit., pág 71)
418 MENDES, **Direitos**..., p.307
419 BARROSO, Luís Roberto. **O controle de constitucionalidade no**

Pois bem, a propósito das três hipóteses cogitadas, Octávio Fischer conclui somente ser possível a interferência legislativa nas duas primeiras[420], uma vez que se trataria de interferências indiretas, isto é, não se estaria reformando decisão judicial, mas tão somente atribuindo novo tratamento normativo às situações pendentes de decisão pelo Judiciário. Todavia, no que concerne à última hipótese, "em que o poder controlado passa a ser o poder controlador, há verdadeira quebra da ordem constitucional, não sendo, por isso, admitida."[421]

Deste modo, Octávio Fischer[422] comunga do entendimento de Gilmar Ferreira Mendes, para quem a própria ordem jurídica pátria veda a inserção, através de Emenda Constitucional, de norma semelhante àquela já mencionada constante da Constituição de 1937:

"A cassação da eficácia judicial com eficácia retroativa e a preservação da lei inconstitucional outorgam ao modelo de 1937 uma configuração peculiar e, provavelmente, sem paradigma no direito comparado.

---

direito brasileiro — **exposição sistemática da doutrina e análise crítica da jurisprudência**. São Paulo: Saraiva, 2004. p.69

420 "Não descartamos, porém, a possibilidade do Poder Legislativo revogar uma lei que entender ser contrária à Constituição antes do Poder Judiciário declará-la inconstitucional. É que os motivos que levaram à revogação não transformam a atividade legislativa em jurisdicional. Não se admite, porém, que a revogação tenha efeitos retroativos, atingindo situações já consolidadas. Talvez, a única forma de uma revogação ser considerada como um controle de decisões judiciais encontra-se quando o Supremo Tribunal Federal declara constitucional uma norma. Mesmo assim, é vedada a atribuição de efeitos retroativos para tal revogação". (FISCHER, *op.cit.*, p. 72)

421 id.

422 id.

Feitas essas considerações, caberia indagar se instituto semelhante ao concebido pelo constituinte de 1937 — ainda que não idêntico — poderia ser introduzido entre nós mediante proposta de Emenda de Revisão. Mais precisamente, deve-se contemplar a possibilidade de se superar o núcleo de cláusulas imantadas com a garantia da imutabilidade mediante decisão do legislador constituinte, ainda que a deliberação seja tomada por maioria qualificada.

Parece que, diante de um modelo constitucional que consagra as chamadas 'garantias da eternidade', tal fórmula não poderia jamais ser estabelecida"[423]

Muito embora a constitucionalização superveniente não se identifique com a hipótese prevista na Constituição Polaca, em face de eventual tentativa de se atribuir efeito retroativo à emenda superveniente para validar atos anteriores — cuja análise mais detalhada realizar-se-á adiante —, é possível, a título de refutação, utilizar-se esses argumentos trazidos por Gilmar Mendes e Octávio Fischer, mesmo porque tal tentativa surtiria efeitos semelhantes aos ensejados pela previsão do parágrafo único, do artigo 96, da Constituição de 1937.

1.3. Exemplos no direito norte-americano

Nos EUA, a *reforma* de decisões da Suprema Corte através da edição de emendas constitucionais é conhecida como *amending power*:

"As with any wielder of power, the Supreme Court may abuse its position of supremacy. If so, there are

---

[423] MENDES, **Direitos Fundamentais e controle de constitucionalidade...**, p.310

ways of disciplining it. If the Court makes mistakes — it has done so in the past and can be counted on to do so in the future — there are effective ways of correcting them. The Court's decisions are opinions offering themselves for belief. There is, in the long run, nothing to support them but the strength of their reasoning and their faithfulness to American ideals."[424]

Segundo Jeffrey A. Segal e Harold J. Spaeth, a *amending power* ocorreu apenas quatro vezes na história norte-americana:

"o Congresso somente obteve sucesso na reforma de uma decisão judicial quando da edição das Emendas Constitucionais nos 11 (*Chisholm v. Georgia*), 14 (*Scott v. Sandford*), 16 e 26, pois, por mais desastrosa que seja, uma decisão da Suprema Corte raramente 'provoca ação retaliadora dos demais atores políticos'"[425]

---

[424] PRITCHETT, C. Hermann. Judicial supremacy from Marshall to Burger. In: HARMON, M. Judd (ed.) **Essays on the Constitution of the United States**. Port Washington, N.Y.: National University Publications, 1978, p.112. apud FISCHER, *op.cit*, p. 70 Tradução livre: "Como qualquer direção de poder, a Corte Suprema pode extrapolar sua posição de supremacia. Nessas hipóteses, há meios de disciplinar tal situação. Se a Corte comete erros — já praticados no passado, podendo-se prever a existência deles no futuro, há meios efetivos de corrigi-los, caso não se justifiquem por fortes razões e na crença nos ideais americanos."

[425] SEGAL, Jeffrey A.; SPAETH, Harold J. **The Supreme Court and the attitudinal model**. New York: Cambridge University Press, 1993, p.327 *apud* FISCHER, *op.cit*, p. 70. Eduardo García Enterría também analisa esses quatro casos: "He aquí los casos, que tomo de TRIBE: *American Constitucional Law* y ELY: *Democracy*: Enmienda XI, de 1798, que limitó la jurisdicción de los Tribunales Federales, contra la amplia interpretación dada inicialmente por la sentencia *Chisholm* v. *Georgia* de 1973; enmienda XIV, § I, de 1868, para excluir la docrtina

A respeito da correção de decisões da Suprema Corte mediante reforma constitucional (*amending power*), preconiza Eduardo García de Enterría que poderá ser exercido o poder de reforma constitucional, caso o povo entenda que o Tribunal decidiu de modo equivocado.[426]

---

de la sentencia *Scott v. Sandfort*, de 1857, que había declarado que los americanos descendientes de africanos, fuesen esclavos o libres, no podían ser considerados ciudadanos de los Estados Unidos; enmienda XVI, de 1913, que anuló la doctrina de la sentencia *Pollock v. Farmer's Loan and Trust co.*, de 1895, que declaró inconstitucional el impuesto sobre la renta, a menos que precediese al mismo un repartimiento entre los distintos Estados; y la última enmienda XXVI, de 1971, para contradecir la sentencia *Oregon v. Mitchell*, de 1970, según la cual el Congreso carecía de poder para fijar la edad de voto en las elecciones de los Estados; la enmienda fija como edad común para votar en la Federación y los Estados la de dieciocho años, y encomienda al Congreso el desarollo de la regla" (ENTERRÍA, **La Constitución**...,p.202)

[426] "En efecto, si en su función interpretativa de la Constitución el pueblo, como titular del poder constituyente, entendiese que el Tribunal había llegado a una conclusión inaceptable (o porque se tratase de una consecuencia implícita en la Constitución de que ele constituyente no hubiese tenido conciencia clara y que al serle explicitada no admite, o bien — hipótesis no rechazable como real — porque entendiese que la decisión del Tribunal excede del marco constitucional) podrá poner em movimiento el poder de revisión constitucional y definir la nueva norma en el sentido que el constituyente decida, según su libertad incondicionada. Este mecanismo ha funcionado en América justamente en estos términos en cuatro ocasiones, en que se há usado el *amending power*, el poder de enmienda o de revisión constitucional, para 'pasar por encima' (*override*) de otras tantas sentencias del Tribunal Supremo. (...) Ciertamente no son muchas, cuatro veces, especialmente ante el 'activismo judicial' de que el Tribunal Supremo americano ha hecho gala en sus casi dos siglos de existencia, pero esto no es sino una consecuencia de que las innovaciones constantes que el Tribunal ha impuesto han sido aceptadas implícitamente como correctas por el constituyente o, al menos, no han sido reprochadas por éste como contrarias a su sentimiento de la norma suprema, sobre lo que luego insistiremos." (ibid, p.201-2)

Karl Loewestein, por seu turno, ao tratar do *amending power*, assevera:

"Um outro mecanismo de limitação do poder da Corte Suprema assenta-se na possibilidade de nulificação dos efeitos da decisão mediante lei de caráter corretivo. Trata-se apenas de casos em que o Congresso manifesta divergência com interpretação conferida à norma pela Corte Suprema. Esse mecanismo não se aplica às hipóteses de declaração de inconstitucionalidade de índole formal ou material. *Nesses casos*, apenas uma reforma constitucional pode mostrar-se apta a solver o conflito, como já ocorreu após a declaração de inconstitucionalidade da lei de imposto de renda (Pollock v. farmers' Loan & Trust Co., 158 U.S. 601, 1898) através da promulgação da Emenda (1913). Esses casos são raros, uma vez que o Congresso apenas consegue utilizar-se do poder de emenda contra decisão da Suprema Corte em hipóteses de inequívoco relevo. A correção de decisões judiciais mediante lei superveniente é, todavia, frequente, podendo-se falar de um permanente jogo de xadrez entre Congresso e Suprema Corte, no qual aquele logra dar sempre o xeque mate"[427]

Sobre esse caso *Pollock*, Gilmar Mendes preconiza que, "como bem observa Loewenstein, não se cuidou propriamente de 'rejeição' da decisão da Suprema Corte (o que representaria a supressão da independência do Poder Judiciário), mas de posterior reforma constitucional, resguardando-se íntegra a decisão da Corte Suprema."[428]

---

427 LOEWENSTEIN, *op.cit.*, p. 429.
428 MENDES, **Direitos...**, p.308

Gilmar Mendes, embora mencione, conforme se transcreveu acima, que a origem do dispositivo do art. 96 da Constituição Brasileira de 1937 consistiria na prática do direito norte-americano, destaca, outrossim, que, "diferentemente da práxis desenvolvida nos Estados Unidos, a fórmula consagrada pela Carta de 1937 não apenas permitia a constitucionalização de normas consideradas até então inconstitucionais, como também ensejava a cassação da declaração de inconstitucionaldiade proferida pelo Supremo Tribunal Federal."[429]

Como se vê, no mecanismo da *amending power*, não há anulação da decisão da Suprema Corte, eis que permanece íntegra a decisão exarada no exercício da jurisdição constitucional.

Deveras, haja vista a necessidade de preservar a independência e harmonia entre o Poder Judiciário e o Legislativo, é inaceitável a possibilidade de reforma constitucional afetar decisão judicial que lhe seja anterior, mediante a cassação de tal decisão.

2. NOVA CONSTITUIÇÃO E REFORMA CONSTITUCIONAL

2.1. Distinção

Conforme já ressaltado, o escopo precípuo do presente estudo reside em versar sobre as consequências da compatibilidade entre Lei originariamente inconstitucional[430] —

---

429 ibid, p. 310.
430 Segundo Regina Maria Macedo Nery Ferrari, "quando se fala em inconstitucionalidade originária se está a referir àquela que realiza o conflito normativo entre a legislação ordinária inferior e a nova Consti-

diploma que, em sua origem, viola normas da Constituição vigente — e as novas disposições constitucionais trazidas por emenda constitucional superveniente. Tratando-se de questão diversa da compatibilidade de norma inconstitucional (desconformidade em relação à Constituição anterior) com a *nova Constituição*, cumpre distinguir o emergir de uma nova carta Constitucional do exercício do poder reformador.

Pois bem, o advento de uma nova Lei Fundamental, haja vista seu caráter inicial e originário[431], isto é, ser fonte geradora e fundamento de validade de todo o ordenamento jurídico, importa o desalojamento integral[432] da Constitui-

---

tuição, que acontece a partir do momento da criação da norma infraconstitucional, isto é, quando a lei ordinária contradiz *ab initio* a Lei Fundamental, apresentando, desde então, a condição de invalidade."(FERRARI, **Controle**..., p.207). Clèmerson Merlin Clève, também distingue: "Inconstitucionalidade originária e superveniente — afirma-se que a inconstitucionalidade é originária quando, durante a vigência de uma norma constitucional, o órgão legislativo emana um ato que a viole. Superveniente é a inconstitucionalidade que se manifesta num momento posterior: um ato sendo constitucional no momento de sua edição, deixa de sê-lo em virtude de reforma constitucional, diante de renovada interpretação do dispositivo constitucional, ou, ainda, em decorrência de mudança nas circunstâncias fáticas. É que a lei pode adquirir um outro conteúdo mediante a evolução hermenêutica, a mudança do próprio texto ou da ambiência social; e essa nova conformação não mais se compatibiliza com a Constituição."(CLÈVE, **Fiscalização**...p. 54)

431 "A superveniência de uma Constituição desaloja por completo a anterior. Isso se dá em virtude de seu próprio caráter originário e inicial (...). Em termos práticos a nova Constituição revoga a anterior. Dizemos em termos práticos porque do ponto de vista estritamente teórico é bem de ver que inexiste uma estrita revogação porque este é um instituto preordenado a funcionar dentro da ordem jurídica vigente"(BASTOS, Celso. Curso de Direito Constitucional. 18ª ed. São Paulo: Saraiva, 1997. p. 113).

ção anterior, "salvo, eventualmente, aquele (dispositivo) que for expressamente renovado pela própria Constituição".[433]

---

[432] "Decorre, como vimos, da própria essência e da própria natureza da nova Constituição. É bem de ver ainda que esta perda de eficácia da Constituição anterior é total, o que significa dizer que ela se dá em bloco. Não são apenas prescrições isoladas ou avulsas da Constituição anterior que perdem vigência, mas sim o seu conjunto, independentemente de estarem ou não conformes com a nova Lei Maior." (ibid, p. 76)

[433] CANOTILHO; MOREIRA, op.cit., p.253-4. Neste aspecto, observa Celso Bastos: "Há alguns autores que admitem uma sobrevida de algumas normas da Constituição anterior que não estejam em contrariedade com a nova. Esta sobrevivência se daria não na qualidade de normas constitucionais, mas sim de normas ordinárias. Haveria, pois, uma autêntica transmudação da regra que, de constitucional no ordenamento jurídico caduco, passaria a subconstitucional no atual. É fácil notar que, mesmo aqueles que admitem a existência deste instituto, o fazem com uma série de ressalvas, uma vez que está muito mais de acordo com a maneira natural de atuar o direito o soterrar de forma absoluta e definitiva as normas da Constituição anterior. Jorge Miranda, por exemplo, exige que haja norma constitucional que a preveja. Diz ele que a desconstitucionalização não pode estribar-se em mera concepção teórica ou doutrinária." (BASTOS, op.cit., p.76) Também, a esse respeito, anota Oswaldo Luiz PALU: "Figura desconhecida em nosso direito constitucional é a chamada recepção material de normas constitucionais anteriores, que continuam a viger nessa qualidade por terem sido feitas a elas referências nas novas normas constitucionais. Também a desconstitucionalização desconhecemos, que é o fenômeno pelo qual as normas da antiga Constituição passam a vigorar como normas ordinárias, se não desconformes materialmente com a nova ordem constitucional e se não repetidas no novo texto. Tanto a primeira como a segunda dependem de previsão expressa para ocorrer, jamais podendo ser obra teórica ou doutrinária, o que seria verdadeira invasão pela doutrina dos critérios discricionários do Poder Constituinte, originário ou derivado. Há juristas pátrios que aceitam a tese da desconstitucionalização, como Manoel Gonçalves Ferreira Filho; José Afonso da Silva já foi da mesma opinião." (PALU, op.cit, p. 79)

Deveras, as normas da nova Constituição projetam-se sobre todo o sistema jurídico, na medida em que somente uma Constituição pode vigorar em um determinado país em um certo momento, alterando os critérios de validade, princípios e valores subjacentes, ensejando a revogação global da Constituição precedente e produzindo novação em relação à legislação infraconstitucional que lhe seja conforme.[434]

Por outro lado, as reformas ou emendas à Constituição "não aniquilam ou colocam em derrocada todo o Texto, mas tão-somente aqueles preceitos que recebem o influxo da nova norma."[435]

Com efeito, em caso de emenda ou revisão, conforme salienta Oswaldo Luiz Palu[436], a revogação é individualizada, não se opera a novação da legislação infraconstitucional, bem como as normas de revisão retiram seu fundamento de validade da própria Constituição.

A propósito, obtempera Celso Bastos[437] que "se o poder constituinte teve êxito em substituir a ordem constitucional anterior é porque colocou em seu lugar uma nova ordem constitucional", de sorte que "nada da Constituição anterior sobrevive", ou seja, "há uma autêntica revogação total".

No entanto, isso não sucede "quando o direito constitucional anterior é substituído por uma emenda à Constituição editada com fundamento no poder reformador", uma vez que "a emenda constitucional vai modificar especificamente aquela ou aquelas normas que se contraponham a

---

434 À novação sói também denominá-la de recepção, conforme se explanará a seguir.
435 BASTOS, *op.cit.*, p.76
436 PALU, *op.cit.*, p. 78
437 BASTOS, *op.cit.*, p.77

ela sem deixar de ter em conta também a sua repercussão sistemática, no todo constitucional."[438] Consentâneo é o entendimento de Canotilho e Vital Moreira: "a revisão constitucional, embora possa traduzir na alteração de muitas disposições da Constituição, conserva um valor integrativo, no sentido de que deve deixar substancialmente idêntico o sistema constitucional. A revisão serve para *alterar a Constituição, mas não para mudar de Constituição.*"[439] Asseveram, ainda:

"as alterações constitucionais têm de consistir na modificação de pontos concretos e determinados da Constituição e ser inseridas no lugar próprio do texto constitucional (...). Não se pode haver *revisão global* ou *substituição global* do texto constitucional. (...) O *texto revisto* da Constituição — que é publicado juntamente com a lei de revisão (art. 287º-2) — substitui o texto anterior mas não traduz uma *novação* da Constituição. Trata-se de uma *versão diferente*, modificada, da Constituição, mas é, ainda, a *mesma Constituição.*"[440]

Nesse sentido, leciona Regina Maria Macedo Nery Ferrari que:

---

438 Id.
439 CANOTILHO; MOREIRA, *op.cit.*, p. 293. Na sequência, continuam: "Neste sentido, afirma-se que a revisão deve ser solidária com o fundamento político-filosófico da Constituição ou que a fisionomia constitucional não deve ser subvertida pelas leis de revisão. É esta consideração que leva a admitir limites superiores à revisão, sejam eles *limites expressos*, sejam eles, inclusivamente, *limites implícitos*, que pretendem impedir as revisões aniquiladoras da *identidade constitucional.*"(id)
440 ibid, p. 295.

"o surgimento de uma nova Constituição, fruto do exercício do poder constituinte originário, revoga não só a anterior Lei Fundamental, mas, em bloco, todo o ordenamento jurídico nela embasado. Entretanto, este raciocínio não se desenvolve com tal desenvoltura no que tange a alteração parcial da Constituição, fruto do trabalho do poder reformador, quando cada alteração vai agir sobre uma ou algumas normas preexistentes, sem prejuízo de sua repercussão sistemática"[441]

Essa distinção também pode ser abordada através do cotejo entre Poder Constituinte[442] Originário[443], ao qual incumbe a função de criar a Constituição, e o Poder Reformador, ao qual cabe promover, dentro dos limites estabelecidos na Constituição e conforme o procedimento por essa previsto, alterações em normas constitucionais.

A propósito da expressão utilizada, saliente-se ser bastante controvertida a definição do termo para denominar a fonte de onde provêm as modificações constitucionais. Existem várias denominações (Poder Constituinte derivado; Poder Constituinte de segundo grau; Poder Constituído; Função Constituinte). Todavia, haja vista a dicotomia

---

441 FERRARI, **Controle de Constitucionalidade...**, p.208.

442 Embora não constitua objeto e escopo do presente estudo analisar a respeito do Poder Constituinte, mencione-se, por oportuno, que a teorização moderna acerca do Poder Constituinte aparece, finalmente, com a obra de Sieyès, na qual, mediante a distinção entre Poder Constituinte e poder constituído, alça-se a Constituição a um patamar nunca antes atingido de norma basilar do ordenamento com suas prerrogativas básicas.. Nesse sentido, cfr. AGRA, Walber de Moura. Fraudes à Constituição: um atentado ao poder reformador. Porto Alegre: Sérgio Antonio Fabris Editor, 2000. p. 83.

443 "É o antecedente lógico e inexorável do Poder Reformador." (ibid, p. 73)

entre Poder Constituinte e Poderes Constituídos[444] e se enquadrando as modificações como decorrentes do exercício de um poder constituído, reputa-se, neste estudo, mais adequado adotar-se a expressão poder reformador.[445]

---

[444] "A originalidade de Sieyès foi ter criado a concepção do Poder Constituinte Originário e a diferenciado dos poderes constituídos.Este poder reestrutura a distribuição de competência entre os órgãos governamentais e fornece subsídios para a criação de um novo tipo de sociedade. É nítido o caráter destruidor-criador na teorização do Abade; ao mesmo tempo em que destrói as bases da sociedade antiga, ela força os elementos indispensáveis para o surgimento de uma sociedade diferente. Foi o suplemento do modelo feudal e o nascimento do modelo burguês, marcando o apogeu desta classe social. O Poder Constituinte cria a Constituição e se diferencia dos poderes constituídos; havendo dois poderes, o Constituinte e os Constituídos. Por ter criado os demais poderes, o Poder Constituinte Originário goza de supremacia em relação aos demais, e se coloca hierarquicamente acima deles."(ibid, p.101-102).

[445] Defende a mesma terminologia Nelson de Souza Sampaio: "Esse fato aconselha-nos a empregar sempre as expressões poder revisor ou poder reformador, afastando como impróprias todas as outras em que entre palavra constituinte, tais como as de poder constituinte constituído ou poder constituinte de segundo grau."(Sampaio, Nelson de Souza. O Poder de Reforma Constitucional. 3ª ed., Belo Horizonte: Nova Alvorada, 1995.p.109). Neste aspecto, assevera Walter Moura Agra: "Não nos agrada a denominação de Poder Constituinte Derivado. Primeiro, porque ele não é constituinte e sim constituído, quem o gerou foi o Poder Constituinte Originário. E, sendo constituinte, constituindo o ordenamento jurídico, como ele poderia ser derivado, se não antes? O Poder Constituinte não sofre derivação jurídica, pois sua taxionomia reside na seara sociológica. E segundo, porque a expressão Poder Constituinte Derivado, falsamente, passa o sentido de que o Poder Constituinte, quando, a bem da verdade, se situa em nível inferior, já que foi derivado deste. A denominação Poder Constituinte de Segundo Grau não nos seduz por causa da presença da expressão 'constituinte'. A expressão poder Reformador é a que melhor conceitua e define o objeto passível de estudo." (AGRA, Walber de Moura. Fraudes à Constituição: um atentado ao poder reformador. Porto Alegre: Sérgio Anto-

A fim de evidenciar as diferenças oriundas do cotejo entre nova Constituição e emenda constitucional, cumpre confrontar a caracterização do poder constituinte originário com os atributos do poder reformador, bem como analisar o que enseja a necessidade de alteração da Lei Fundamental, quais são os limites impostos a essa atuação e, ainda, tratar da possibilidade de exercício de fiscalização da constitucionalidade.

Pois bem, ao contrário de seu *criador*, o poder reformador tem natureza de poder constituído, incumbindo-lhe modificar a criação do Poder Constituinte, dentro de parâmetros, limites e condições traçados na Carta Constitucional. De tal sorte, o reformador caracteriza-se por ser derivado, limitado e subordinado[446], atributos esses oriundos do fato de ser um poder constituído, isto é, criado pelo Poder Constituinte Originário.

Marcelo Rebelo de Sousa sintentiza "o poder de revisão constitucional é um poder subordinado em relação ao po-

---

nio Fabris Editor, 2000., p.101-102).

446 "Ele é derivado porque é criado pelo Poder Constituinte Originário. Adentra no ordenamento jurídico pela validação realizada pelo Poder Constituinte, de onde haure a extensão de sua norma constitucionais, o Poder Reformador não sofre nenhum tipo de injunção, muito ao contrário, influencia-as, pois pode reformar o processo legislativo. As demais características são consequências da natureza derivada. O Poder Constituinte não padece de nenhuma limitação jurídica, as únicas que lhe não podem ser opostas são de natureza extrajurídicas, advindo o caráter ilimitado deste poder. Já o Poder Reformador encontra limitações metajurídicas e jurídicas. A última característica é a de ser um poder subordinado ao Poder Constituinte Originário. Sendo subordinado, deve se ater aos limites estabelecidos pela Constituição. O fato de ser subordinado não retira de forma alguma o status de ser um poder, é um poder que atua dentro dos limites estipulados, deve se ater aos limites estabelecidos pela Constituição. O fato de um poder que atua dentro de limites estipulados, podendo, dentro desses, reformar a Constituição amplamente."(ibid, p.121).

der constituinte e um poder condicionante em relação ao poder político constituído (...). Como poder subordinado, o poder de revisão constitucional deve respeitar os limites constitucionalmente apostos ao seu exercício"[447]

No que respeita à razão que enseja a necessidade de reforma, não se olvide que a reforma consubstancia o instrumento condizente à adequação jurídica da Lei Maior às modificações produzidas pela sociedade.

Como ensina Hermann Heller[448], toda organização humana perdura enquanto constantemente renasce, de tal sorte a reforma visa a mitigar e a evitar os conflitos sociais decorrentes da antinomia das normas com a realidade, rejuvenescendo a Constituição[449], sem, todavia, extrapolar os limites e condições previstos na Constituição para realização de sua reforma, mesmo porque, havendo afronta a essas limitações, ela padecerá do vício de inconstitucionalidade.

---

447 SOUSA, *op.cit.* p. 298

448 Heller, Hermann. **Teoria do Estado**. Trad. Prof. Lycurgo Gomes da Motta. São Paulo: Mestre Jou. Martins Fontes, 1968. p.295. Asseveram, sobre isso, Canotilho e Vital Moreira: "O processo de revisão constitucional definido na Constituição pretendeu conciliar duas exigências opostas: (a) garantir uma suficiente *estabilidade* da lei fundamental; (b) permitir as *mudanças constitucionais* que se revelem indispensáveis."(CANOTILHO; MOREIRA, *op.cit.*, p.292)

449 Cuidando acerca da relação entre o controle e o sistema de revisão constitucional, Canotilho e Vital Moreira asseveram:"o sistema de revisão é tanto uma garantia de estabilidade da Constituição (sistema de revisão propriamente dito), evitando alterações frequentes e conjunturais, como uma garantia da preservação da própria identidade da Constituição (limites materiais de revisão). Enfim, através da fiscalização da constitucionalidade e do sistema de revisão afirma-se a inequívoca supremacia da Constituição como lei fundamental da ordem jurídica, impondo-se a toda a actividade do Estado (incluindo a de produção normativa) e definindo e demarcando os limites da sua própria alteração." (ibid., p.236)

Nesse sentido, é praticamente pacífica, na doutrina, a possibilidade de exercício do controle de constitucionalidade sobre o processo de reforma constitucional.[450] O Excelso Pretório tem, outrossim, exarado igual entendimento, como se pode observar na Ação Direta de Inconstitucionalidade nº 926-5/DF, cujo relator foi o Ministro Sidney Sanches, em que o E. Supremo pronunciou-se: "As normas de uma Emenda Constitucional, emanadas, que são, do Poder Constituinte Derivado, podem em tese, ser objeto de controle, mediante ação direta de inconstitucionalidade, pelo Supremo Tribunal Federal, quando confrontadas com normas elaboradas pela Assembleia Nacional Constituinte (originária) — art. 102, I, a".

Consentânea é a decisão exarada, em outra ADIN (autos nº 829-3-DF), cujo relator foi o Ministro Moreira Alves: "Não há dúvida de que, em face do novo sistema constitucional, é o STF competente para, em controle difuso ou concentrado, examinar a constitucionalidade, ou não, de emenda constitucional — no caso, a nº 2, de 25 de agosto

---

450 "Já aludimos, em mais de uma passagem, ao controle jurisdicional de constitucionalidade aplicado a reformas da constituição. Bastaria essa extensão do controle jurisdicional para convencer-nos do ilogismo de quantos se obstinam em considerar ilimitado o poder revisor, equiparando-o ao poder constituinte. Não há melhor prova de que o poder de reforma, é, por natureza, constituído pois do contrário teríamos o absurdo de um órgão constituído — o judiciário — a controlar um órgão constituinte." (Sampaio, Nelson. **O Poder de Reforma Constitucional**. 3ª ed. Belo Horizonte: Nova Alvorada, 1995. p. 108.) Ensinam Canotilho e Vital Moreira "As leis de revisão constitucional que não respeitarem os requisitos e os limites constitucionais de revisão não são válidas. O poder de revisão constitucional, como Poder Constituinte derivado que é, está subordinado à Constituição."(CANOTILHO; MOREIRA, *op.cit.*, p. 297).

de 1992 impugnada por violadora de cláusulas pétreas explícitas ou implícitas."[451]

Nessa esteira, destacam Canotilho e Vital Moreira:

"As leis de revisão constitucional que não respeitarem os requisitos e os limites constitucionais de revisão não são válidas. O poder de revisão constitucional, como poder constituinte derivado que é, está *subordinado à Constituição*. (...) O poder de revisão é também um *poder constituído*, fundado na Constituição; não é uma repetição ou renovação do poder constituinte."[452]

---

451 "Entre os problemas mais delicados sobre o âmbito da inconstitucionalidade e que menos têm sido tratados realçamos o da inconstitucionalidade da revisão constitucional como um dos muitos pontos de confluência da teoria da inconstitucionalidade com a teoria da revisão constitucional."(MIRANDA, **Contributo**...,p.20). Canotilho e Vital Moreira relacionam, outrossim, essas teorias: "Na Parte IV a Constituição trata de duas matérias aparentemente distintas e sem relação uma com a outra: a fiscalização da constitucionalidade das leis e demais actos normativos do Estado (Título I) e a revisão da Constituição (Título II). (...) Contudo, o próprio facto de estarem reunidas na mesma divisão da Constituição indicia que existe uma íntima relação entre elas. Por um lado, ambas têm por objecto a *própria Constituição*. Não se trata de definir os princípios fundamentais da República e do Estado (Princípios fundamentais), ou os direitos fundamentais dos cidadãos (Parte I), ou a organização econômica (Parte II), ou a organização do Estado e do poder político em geral (Parte III). Trata-se de definir o *alcance da própria Constituição como lei fundamental*. Por outro lado, existe também uma conexão material entre a fiscalização da constitucionalidade e a revisão constitucional. Ambos são *modos de garantia e de preservação da Constituição*. A fiscalização da constitucionalidade garante-a e preserva-a contra os actos ou omissões do Estado; os limites de revisão da Constituição garantem a sua estabilidade e resguardam-na contra alterações desfiguradoras das suas características essenciais (sem prejuízo da sua adaptação à mudança das condições sociais e políticas)."(CANOTILHO; MOREIRA, *op.cit.*, p. 235)

452 ibid, p.297

Em que pese a aceitação do controle de constitucionalidade e, assim, a possibilidade de existirem reformas constitucionais que padecem de inconstitucionalidade[453], não merece guarida a ideia de inconstitucionalidade de normas constitucionais oriundas do Poder Constituinte originário.[454] A respeito, preconizam Canotilho e Vital Moreira a não aceitação da tese da inconstitucionalidade de normas constitucionais originárias, eis que, para tanto, seria necessário admitir a existência, no bojo da Constituição, de normas de hierarquia diferente, contraditórias entre si.[455] Propõem,

---

453 "As emendas à Constituição (mesmo decorrentes da revisão constitucional) sujeitam-se à fiscalização abstrata da constitucionalidade, as (i) limitações circunstanciais (art. 60 §1º da CF) as (ii) limitações procedimentais (art. 60, I,II,III e §§ 2º,3º e 5º,da CF), assim como (iii) as limitações materiais expressas (art 60, § 4º, da CF) e implícitas (entre estas, o núcleo essencial determinante da identidade da Constituição."(CLÈVE,p.197)."O STF por mais de uma vez admitiu ser competente para fiscalizar a legitimidade das Emendas à Constituição. Concebeu também ser titular de competência em relação à revisão constitucional, já que Emenda e revisão constituiriam modos distintos de manifestação do Poder Constituinte da Reforma. (CLÈVE, **Fiscalização**...p.199)

454 "Se é de excluir a possibilidade de inconstitucionalidade de normas constitucionais originárias, emergentes do poder constituinte (v. *Supra*, Cap. I, 2.3.3.), já o mesmo não acontece em relação às *normas constitucionais derivadas*, emergentes do poder de revisão. Do carácter constitucionalmente subordinado e condicionado das leis de revisão constitucional, resulta a possibilidade da sia inconstitucionalidade e, logo, a necessidade de uma sujeição a fiscalização de constitucionalidade."(CANOTILHO; MOREIRA, *op.cit.*, p.247)

455 "A preeminência normativa da Constituição não se compadece desde logo, com a ideia de *nulidade originária* de qualquer das suas normas. Há de partir-se do princípio de que o poder constituinte democrático não inseriu na Constituição normas ofensivas dos princípios de justiça radicados na consciência jurídica geral. Admitir-se a existên-

por conseguinte, que, "no caso de aparente contradição, e dada a rejeição de qualquer hierarquia dos preceitos constitucionais originários, a unidade da Constituição exigirá sim uma tarefa de *concordância prática*, que assinale a cada norma uma função (regra e excepção, regra geral e regra especial etc.), tendo em consideração as conexões de sentido e o contexto global da Lei fundamental."[456]

Abordando essa questão à luz do direito brasileiro, Clèmerson Clève observa que não é admitida, como ocorre no direito alemão, a inconstitucionalidade de normas constitucionais, ou seja, de normas incluídas no documento constitucional[457], no entanto afirma ser possível, no direito bra-

---

cia originária de 'normas constitucionais inconstitucionais', por hipotética contradição com uma ordem de valores suprapositiva (isto é, supraconstitucional) implica sempre a substituição do aplicador individual da Constituição ao próprio poder constituinte na tarefa de valoração dos princípios fundamentais da Constituição." (ibid, p.44)

456 id.

457 "Não se aceita, entre nós, como na Alemanha, a existência de normas residentes acima da Constituição, determinantes da validade desta, ou residentes na própria Constituição, mas porque hierarquicamente superiores, determinantes da validade de outras normas constitucionais. As eventuais antinomias encontráveis no texto constitucional — e elas, certamente existem —, tratando-se a nossa Constituição de documento de nítida feição compromissória, devem ser solucionadas, no direito brasileiro, por meio de outras técnicas que não envolvam a pronúncia de nulidade. Vigora entre nós o princípio da unidade hierárquico-normativa da Constituição. Ou seja, desde o prisma formal, todas as normas constitucionais resid no mesmo patamar hierárquico. A solução das eventuais antinomias dá-se, particularmente, mediante a utilização do 'princípio da concordância prática' ou da 'cedência recíproca'. Neste caso, os princípios aparentemente contraditórios alcançam interpretação harmonizadora em face da atuação do intérprete que abandona a pretensão de conferir a cada um deles interpretação absoluta ou isolada. Para a solução das eventuais antinomias, faz-se uso também, o que parece elementar, do critério da especialidade: a norma excepcional

sileiro, a declaração de inconstitucionalidade, inclusive por via principal, de certas normas constitucionais oriundas de Emendas e revisões contrastantes com as cláusulas de eternidade (também chamadas de pétreas) e com os demais limites impostos ao poder reformador.[458]

Nessa esteira, transcreva-se, ainda, a jurisprudência pacífica do STF:

> "A tese de que há hierarquia entre normas constitucionais originárias dando azo à declaração de inconstitucionalidade de umas em face de outras é impossível com o sistema de constituição rígida. Na atual Carta magna compete ao STF, precipuamente, a guarda da Constituição (art 102, caput), o que implica dizer que essa jurisdição lhe é atribuída para impedir que se desrespeite a constituição como um todo, e não para, com relação a ela, exercer o papel de fiscal do Poder Constituinte originário, a fim de verificar se este teria, ou não, violado os princípios de direito suprapositivo que ele próprio havia incluído no texto da mesma Constituição. Por outro lado, as cláusulas não podem ser invocadas para sustentação da tese da inconstitucionalidade de normas constitucionais inferiores em face de normas constitucionais superiores, porquanto a constituição as prevê apenas como limites ao Poder Constituinte derivado ao rever ou ao emendar a Constituição elaborada pelo Poder Constituinte originário, e não como abarcando normas cuja observância se impôs ao próprio Poder Constituinte originário com relação às outras que não sejam consideradas como cláusulas pétreas, e portanto, pos-

---

(ADCT) ou especial derroga a norma geral." (CLÈVE, **Fiscalização**..., p.225-7)
458 ibid, p.227

sam ser emendadas. Ação não conhecida por impossibilidade jurídica do pedido"[459]

Em última análise, é indubitável que as Emendas Constitucionais (inclusive as decorrentes da revisão constitucional) sujeitam-se à fiscalização abstrata da constitucionalidade, na medida em que devem observar, sob pena de inconstitucionalidade, as (i) limitações circunstanciais (art.60, §1º, da CF), as (ii) limitações procedimentais (art. 60, I, II, III e §§2º, 3º e 5º, da CF), assim como (iii) as limitações materiais expressas (art.60, §4º, da CF) e implícitas (entre estas, o núcleo essencial determinante da identidade da Constituição) ao poder de reforma constitucional.

Estreitando essa conclusão ao tema objeto do presente estudo, frise-se que, na problemática da constitucionalização superveniente, não se pode olvidar que, mediante a fiscalização da constitucionalidade, é possível haver declaração de inconstitucionalidade da emenda que confere fundamento de validade à norma originariamente constitucional, fortalecendo-se assim os óbices às fraudes e às burlas à Constituição.

Como se vê, o surgimento de uma nova Constituição consubstancia situação completamente diversa da oriunda do exercício do poder reformador, razão pela qual, quando esse é exercido, não é possível falar em novação, recepção (institutos que serão objeto de análise no próximo item), de sorte a restar afastada, desde logo, a possibilidade, no fenômeno da constitucionalização superveniente, de se responder à indagação formulada dizendo-se que a emenda superveniente implica a recepção das leis originariamente inconstitucionais.

---

459 Adin 815-3-DF, j.28.03.1996, DJU 10.05.1996, BDA 10:699, out. 1997.

2.2. Lei fundamental nova e legislação infraconstitucional anterior: recepção/novação e inconstitucionalidade superveniente

Não obstante o Poder Constituinte Originário não esteja adstrito, juridicamente[460], a limites[461] — seja procedimentais, seja materiais — e ainda tenha como principais características[462] ser inicial e autônomo, isso não importa

---

460 "Os limites existentes serão de taxionomia alheias ao mundo jurídico, e a natureza social, as supralegalidades autogenéticas. O período pré-constituinte são os procedimentos necessários para construir o Texto Magno."(AGRA, *op.cit*, p. 75). "O poder constituinte, embora se afirme como poder originário, não se exerce num vácuo histórico-cultural. Ele não parte do nada, e, por isso, existem certos princípios — dignidade da pessoa, justiça, liberdade, igualdade — através dos quais poderemos aferir da bondade ou maldade intrínseca de uma Constituição" (CANOTILHO, **Direito Constitucional e Teoria da Constituição...**, p. 60). Afirma Jorge Miranda: "Daqui não decorre, porém que o Poder Constituinte equivalha a poder soberano absoluto e que signifique capacidade de emprestar à Constituição todo e qualquer conteúdo, sem atender quaisquer princípios, valores e condições. Não é poder soberano absoluto — tal como o povo não dispõe de um poder absoluto sobre a Constituição — e isso tanto à luz de uma visão jusnaturalista ou na perspectiva do Estado de Direito como na perspectiva da localização histórica concreta em que se tem de pronunciar o órgão nele investido. O Poder Constituinte está sujeito a limites" (Miranda, Jorge. **Manual de Direito Constitucional** — Tomo II. 2ª ed., Coimbra:Coimbra Editora, 1998, p. 86.)

461 "Ao final, vem sua característica de ser ilimitado, que é um concatenação lógica das duas mencionadas anteriormente. Se ele começa o ordenamento, não subordinado a cominações normativas, depreende-se que, inexoravelmente, será ilimitado, atuando em um vácuo normativo que desconhecerá limites às estipulações realizadas." (AGRA, *op.cit.*, p. 91)

462 "Inicial porque cria a Constituição que representa a primeira lei do ordenamento jurídico, a base sobre a qual vai se erguer a pirâmide normativa. É a partir do Poder Constituinte que nasce e se desenvolve o

concluir que não exista ordenamento jurídico anterior ao seu exercício, eis por que se faz necessário, a par da análise feita anteriormente sobre a relação entre Constituição nova e a Carta anterior, abordar como se dá a relação da nova Carta com a legislação infraconstitucional. Deveras, muito embora com o surgimento de novas Constituições inicie-se, consoante a teoria constitucional, uma nova ordem jurídica, de modo que o conjunto das normas pretéritas existentes no Estado seja simplesmente superado, a fim de dar lugar a uma nova realidade normativa, é inquestionável a dificuldade prática em se introduzir toda uma nova regulamentação infraconstitucional das relações sociais, razão pela qual o destino da ordem infraconstitucional não é semelhante ao das normas constitucionais anteriores, havendo a aplicação da teoria da recepção.[463]

---

direito positivo. (...) Seu caráter de iniciar um ordenamento anteriormente existente e a partir do vácuo jurídico — inexistindo norma anterior que o valide — estruturar um sistema que o tem como base de validade e, por ser inicial, idealizará os moldes que deverão ser obedecidos para a criação das normas jurídicas. A segunda característica, a autonomia, deriva da inicialidade. Por não ter que se adequar a nenhuma norma, pois é ele quem dá origem à Constituição, inexistem direcionamentos ao seu comportamento, tendo ampla margem de manobra. Autonomia é a capacidade de se auto-estipular, de regulamentar de forma própria, sem interferência jurídica alguma. E não poderia ser de forma diferente, se é inicial, como seria subordinado se não haveria outro poder de qualquer espécie?" (ibid, p.92)

[463] A propósito, assevera André Ramos Tavares: "Kelsen reconhece e enfrenta essa dificuldade de ordem prática. Consoante sua doutrina, no momento em que a nova Constituição é colocada em vigor haveria, com ela, automaticamente, uma verificação de sua conformidade com a nova ordem que se estabelece. No caso de esta ocorrer, imediatamente, numa espécie de processo legislativo simplificado, a norma anteriormente editada passa a ter existência (e validade) perante a nova ordem jurídica. É o que comumente se designa como recepção das normas jurídicas pela nova Constituição. Assim toda norma que fosse incompatí-

Neste aspecto, lecionam Canotilho e Vital Moreira que "uma nova Constituição implica a revogação ou caducidade de todo o direito constitucional anterior (...). Já assim não pode acontecer com o direito ordinário, sob pena de esvaziamento da ordem jurídica. Não há qualquer razão para que o direito não incompatível com a Constituição não continue em vigor ou não seja genericamente renovado."[464] Oswaldo Luiz Palu ressalta que "a regra da recepção implica a expressão prática do princípio da continuidade do ordenamento jurídico"[465]. Paulo Lyrio Pimenta, por seu turno, afirma que "após o advento de uma nova Constituição ocorre o fenômeno da recepção das normas infraconstitucionais compatíveis com o novo texto. Ou seja, o con-

---

vel com o novel Documento Supremo seria, imediatamente, eliminada, servindo a Constituição como uma espécie de filtro" (TAVARES, André Ramos. **Curso de Direito Constitucional**. São Paulo: Saraiva, 2002. p. 152). Kelsen, por seu turno, preconiza: "o conteúdo dessas normas permanece o mesmo, não o fundamento de sua validade. Elas não são mais válidas em virtude de serem criadas da maneira prescrita pela velha constituição. Essa constituição não está mais em vigor; ela foi substituída por uma nova constituição que não é o resultado de uma alteração 'continuam válidas' sob a nova constituição, isso é possível apenas porque a validade lhes foi conferida, expressa ou tacitamente, pela nova constituição. O fenômeno é um caso de recepção (semelhante à recepção do Direito romano). A nova ordem recebe, i.e., adota, normas da velha ordem. A 'recepção' é um procedimento abreviado de criação do Direito. As leis que, na linguagem comum, inexata, continuam sendo válidas são, a partir de uma perspectiva jurídica, leis novas cuja significação coincide com a das velhas leis. Elas não são idênticas às velhas leis, porque seu fundamento de validade é diferente."(KELSEN, Hans. **Teoria Geral do Direito e do Estado**. São Paulo: Martins Fontes, 1990. p.122)
464 CANOTILHO; MOREIRA, *op.cit.*, p. 253-4
465 PALU, *op.cit*, p. 48

teúdo de tais normas permanece inalterado, ocorrendo, em verdade, uma mudança no fundamento de validade."[466] Com efeito, a ordem jurídica erigida pela Carta nova não importa a destruição de todo o direito infraconstitucional anterior, mesmo porque seria assaz penoso e, quiçá, impossível refazê-lo por inteiro, dá-se, portanto, a novação/recepção[467] do direito anterior, é dizer, opera-se a mudança no seu fundamento de validade.

A propósito, explana Norberto Bobbio:

"com a revolução tem-se uma interrupção na continuidade (do ordenamento jurídico); ela é um divisor de águas entre um ordenamento e outro. Mas essa divisão é absoluta? O ordenamento velho e o novo estão em relação de exclusão recíproca entre si? (...) A resposta só pode ser negativa: a revolução opera uma interrupção mas não uma completa solução de continuidade; (...). Como se explica essa passagem? A melhor explicação é aquela que recorre à figura da recepção. No novo ordenamento tem lugar uma verdadeira e autêntica recepção de boa parte do velho; e entendem-se de fato recebidas todas aquelas normas que não sejam explícita ou implicitamente ab-rogadas"[468]

---

466 PIMENTA, *op.cit*, .p.43-44
467 "As Constituições Brasileiras de 1891 (art.83), de 1934 (art.187) e de 1937 (art. 183) estabeleceram cláusulas de recepção, que, tal como cláusulas de recepção da Constituição de Weimar e da Constituição de Bonn (Respectivamente, art. 178, II, e art. 123, I), Continham duas disposições: a) assegurava-se, de um lado, a vigência plena do direito pré-constitucional; b) Estabelecia-se, de outro, que o direito pré-constitucional incompatível com a nova ordem perdida a vigência desde a entrada em vigor da nova Constituição." (MENDES, Jurisdicão... p.422)
468 BOBBIO, Norberto. ***Teoria do ordenamento jurídico***. 5ª ed.

Regina Ferrari, por sua vez, salienta:

"é preciso recordar que uma nova Lei Fundamental 'não faz tábula rasa do Direito ordinário anterior', porque recriar ou reconstruir tudo a partir da nova base seria esforço demasiado pesado e impossível em curto espaço de tempo, além de haver o perigo do comprometimento da segurança jurídica. Dessarte, a Constituição nova recepciona todo o direito ordinário anterior que com ela for compatível, propiciando novação, isto é, a mudança de seu fundamento de validade, sendo sua força jurídica, a partir de agora, validada pela nova Constituição."[469]

Como se vê, a Constituição promove a recepção das normas infraconstitucionais anteriores que lhe sejam compatíveis, conferindo a essas um novo fundamento de validade.

De outra parte, em relação à legislação infraconstitucional que se apresente incompatível com a nova Constituição, Canotilho e Vital Moreira vislumbram, teoricamente, duas soluções distintas:

"(a) fazer cessar automaticamente, com a entrada em vigor da Constituição, a vigência do direito ordinário anterior que seja incompatível com ela; (b) considerar o direito anterior no mesmo pé que o direito posterior, pelo que as normas incompatíveis com a Constituição continuam em vigor enquanto não forem declaradas inconstitucionais nos termos gerais. No segundo caso,

---

Trad. Maria Celeste Cordeiro Leite dos Santos. Brasília: Editora UNB, 1994. p.177
469 FERRARI, **Controle de Constitucionalidade...**, p.208

trata-se de aplicação do regime da *inconstitucionalidade superveniente.*"[470]

Em outro excerto, destacam que a solução adotada pela Constituição portuguesa é que o direito ordinário anterior incompatível com a Constituição deixou de vigorar (por revogação ou caducidade) com o advento da Constituição, no entanto, para saber se uma norma não poderá permanecer em vigor, é imprescindível que se realize "um juízo sobre a sua desconformidade constitucional substancialmente idêntico ao juízo de constitucionalidade das normas posteriores. Um tribunal não pode certamente aplicar uma norma de direito pré-constitucional contrária à Constituição, pois ela deixou de vigorar, mas só a pode considerar revogada ou caducada *depois de a ter considerado contrária à Constituição.*"[471]

No direito brasileiro, antes do advento da Lei 9882/99 que regulamentou a arguição de descumprimento de preceito fundamental, as leis ou os atos normativos anteriores à Constituição não eram admitidos como objeto de ação direta de inconstitucionalidade[472], em virtude de construção

---

470 CANOTILHO; MOREIRA, *op.cit.*, *p.* 254
471 ibid, p. 254-5
472 Ao revés, Canotilho, defende, em certos casos, o controle abstrato e concentrado do direito precedente, colacionando os seguintes argumentos: '(...) pode haver um interesse jurídico relevante na apreciação de constitucionalidade de normas já revogadas. Basta pensar nos diferentes efeitos de revogação de normas e da declaração de inconstitucionalidade. Aquela opera para o futuro, isto é, tem efeito *ex tunc*. Isto justificará, algumas vezes, a admissibilidade dos pedidos de declaração de inconstitucionalidade de normas já revogadas, justamente para se destruírem os efeitos por elas produzidos até o momento de revogação." (CANOTILHO, Direito costitucional e teoria da Constituição..., p. 833 e 834)

jurisprudencial, é dizer, o Excelso pretório sempre entendeu que nesses casos o problema deveria ser resolvido pelo fenômeno da recepção, por se tratar de normas revogadas, pois incompatíveis com a nova ordem constitucional, não se tratando, portanto, de inconstitucionalidade, mas de revogação.[473]

Deveras, não obstante tenha sido, com a promulgação da Carta de 1988, travado novo embate sobre essa questão no STF, reiterou-se a antiga jurisprudência, confirmando-se posição segundo a qual o vício de inconstitucionalidade é congênito à lei e há de ser apurado em face da Constituição vigente ao tempo de sua elaboração, de modo que lei anterior não pode ser inconstitucional em relação à Constituição superveniente; nem o legislador poderia infringir Constituição futura. Assim, a Constituição sobrevinda não torna inconstitucionais leis anteriores com ela conflituantes: revoga-as.[474]

---

473 Nesse sentido, conferir: Clèmerson Merlin Clève, *A fiscalização abstrata de constitucionalidade no direito brasileiro...*, p. 219. Paulo Pimenta salienta "em caso de incompatibilidade entre as normas infraconstitucionais e o novo Texto Magno, tem prevalecido na teoria jurídica o entendimento no sentido de que ocorre uma revogação, e não uma inconstitucionalidade superveniente, A jurisprudência do Supremo Tribunal Federal também tem se posicionado nesta direção. Na vigência da Carta de 1969 a Corte já tinha firmado este entendimento. Quando veio a lume o Texto de 1988 a matéria foi amplamente discutida no julgamento da Ação Direta de Inconstitucionalidade nº 02, tendo prevalecido, na ocasião, o posicionamento do Ministro Paulo Brossard, na direção de que se trata de revogação. Atualmente este entendimento permanece inalterado."(PIMENTA, *op.cit*, p.43-44)

474 Na mesma esteira do entendimento que predominou no STF, assevera Elival Ramos "Com a devida vênia, não nos parece correta a construção doutrinária que proclama a existência de uma 'inconstitucionalidade superveniente'. Se a Constituição é editada posteriormen-

Nesse embate, foram votos vencidos os Ministros Marco Aurélio, Sepúlveda Pertence e Néri da Silveira, eis que, segundo eles, não se cuida de simples revogação, idêntica àquela que resultaria da incompatibilidade entre duas normas de gradação ordinária na constância do mesmo sistema constitucional, mas sim seria 'revogação qualificada', decorrente de inconstitucionalidade superveniente da lei anterior à Constituição."

Segundo entendimento do então Ministro Paulo Brossard[475], "as leis anteriores à Constituição não podem ser inconstitucionais em relação a ela, que veio a ter existência mais tarde. Se entre ambas houver inconciliabilidade, ocorrerá revogação, dado que por outro princípio elementar, a lei posterior revoga a anterior com ela incompatível e a lei

---

te à lei, não serve ela de parâmetro, a despeito de sua inegável superioridade hierárquica, pois, se ao tempo do nascimento da lei a Constituição ainda não existia, como se pode falar na conformidade ou desconformidade daquela com respeito a essa? Tanto é assim que mesmo os que acolhem a tese da ilegitimidade constitucional sucessiva aceitam que não se pode caracterizar a inconstitucionalidade por defeito procedimental em relação às leis anteriores à Constituição (*tempus regit actum*). (...) A inconstitucionalidade é, para nós, um vício contemporâneo ao nascimento da lei, que nele surge a partir de um confronto com o parâmetro constitucional. (...) Não titubeamos, por conseguinte, em aplicar à solução do conflito entre lei ordinária e normas constitucionais subsequentes um critério de sucessão temporal, o que importa em situar o fenômeno no campo da revogação. Se um ato normativo tem o poder de revogar outro de igual nível, consoante ocorre até mesmo em se tratando de Constituições rígidas sucessivas, não vemos como lhe negar o poder de revogar atos inferiores com ele incompatíveis. (...) Pode haver revogação entre atos de níveis hierárquicos diversos. Desde que o ato superior suceda o de nível inferior." (RAMOS, *op.cit.*, p.69)
475 BROSSARD, Paulo. **A Constituição e as leis anteriores**, Arquivos do Ministério da Justiça n. 180 (jul/dez. 1992), p. 125.

constitucional, como lei que é, revoga as anteriores que se lhe oponham".

De outra parte, o Ministro Sepúlveda Pertence[476] obtempera que o debate acerca da inconstitucionalidade ou revogação do direito pré-constitucional em face do direito constitucional superveniente está imantado por uma opção político-constitucional e pragmática, que, diante da inequívoca razoabilidade das orientações, faz prevalecer uma das duas posições ou, ainda, permite desenvolver fórmulas de compromisso, com vistas à preservação de competência da jurisdição ordinária para conhecer de questões nos sistemas de controle concentrado.

Ademais, assevera, Gilmar Ferreira Mendes ser inegável que a aplicação do princípio *lex posterior derogat priori* na relação Lei-Constituição não se encontra isenta de problemas, na medida em que esse postulado pressupõe idêntica densidade normativa[477], no entanto "a Constituição não se destina, todavia, a substituição do direito antigo pelo direito novo. A Constituição não se destina, todavia, a substituir normas do direito ordinário."[478]

Acolhendo a tese da revogação por inconstitucionalidade, leciona Marcelo Neves que, tratando-se de relações internormativas essencialmente diferentes[479], "a interpreta-

---

476 PERTENCE, Sepúlveda. **Ação direta de inconstitucionalidade e as normas anteriores: as razões dos vencidos**, Arquivos do Ministério da Justiça n. 180 (jul/dez. 1992), p.148.

477 "pode-se afirmar que o princípio da lex posterior derogat priori pressupõe, fundamentalmente, a existência de densidade normativa idêntica ou semelhante, estando primordialmente, orientado para a substituição do direito antigo pelo direito novo." (MENDES, **Jurisdição Constitucional**...,p. 164-5)

478 id.

479 "a lei inconstitucional pertence invalidamente ao sistema jurídico enquanto órgão competente não a expulse por inconstitucionalidade

ção mais correta, neste caso, parece-nos ser no sentido de que, por não se tratar de uma simples revogação, mas de uma revogação por inconstitucionalidade, cuja determinação exige a interpretação de normas constitucionais, pressupõe-se um juízo negativo de 'legitimidade constitucional'."[480]

Conquanto reconheça que, para o STF, a alteração da norma constitucional decorrente de reforma constitucional (emenda ou revisão) ou a promulgação de uma nova Carta, acarreta não a inconstitucionalidade superveniente da lei, mas sim a sua revogação, Clèmerson Merlin Clève preconiza que a tese da inconstitucionalidade superveniente, a par de ser mais vantajosa como mecanismo de controle da constitucionalidade, também encontra-se correta e o seu acolhimento não importa a exclusão da ideia de revogação acolhida pelo STF.[481]

(invalidade constitucional), ou mediante revogação; já a lei incompatível com norma constitucional superveniente submeteu-se também, apesar de sua inferioridade hierárquica, à aplicação do princípio *lex posterior derogat priori*, sendo, portanto, lei revogada e, por esta razão, juridicamente inexistente, ou melhor, não mais pertencente ao ordenamento jurídico."(NEVES, *op.cit.*, p. 97-9)

480 id.

481 "Embora correta a tese segundo a qual a antinomia entre a norma preexistente e a Constituição haverá de ser resolvida no plano do direito intertemporal, está fora de questão que a tese de inconstitucionalidade superveniente encontra-se, desde o prisma teórico, formal e técnico, também correta. A vantagem da última tese decorre de sua consequência: o cabimento da ação direta, 'que serve melhor às inspirações do sistema brasileiro de controle da constitucionalidade'. Afinal, permite a solução pronta de controvérsias que, de outro modo, somente com o passar dos anos e esgotadas todas as instâncias e recursos, após inevitável período de dissídios entre juízes e tribunais, alcançariam solução pacificada. Na verdade, as teses de revogação e da inconstitucionalidade não são excludentes. Assim que, para Canotilho, 'na inconsti-

Destarte, seja caso de revogação, seja de inconstitucionalidade, relevante e pertinente seria possibilitar e promover o controle da constitucionalidade abstrato e concentrado das normas infraconstitucionais anteriores conflitantes com a atual Constituição, vez que, de tal sorte, proporcionar-se-ia, de forma mais célere, uma maior segurança jurídica e certeza do ordenamento jurídico vigente.

Em que pesem as posições doutrinárias e jurisprudenciais mencionadas, a possibilidade desse controle restou contemplada em Lei, desde que adotado como parâmetro de sindicabilidade um preceito constitucional fundamental.

De fato, com o advento da Lei 9882/99, o sistema de controle brasileiro passa a contar com um mecanismo objetivo de fiscalização de constitucionalidade do direito precedente[482]; quiçá, essa oportunidade trazida pela regulamentação da arguição seja também útil para superar a resis-

---

tucionalidade superveniente, haja um concurso de revogação (leis que sucedem no tempo) e nulidade (leis de hierarquia diferente em relação de contrariedade).'. 'A inconstitucionalidade (plano da validade) conduz, num caso concreto, à revogação (plano da vigência). Havendo um concurso entre a revogação e a nulidade, ninguém pode contestar que as duas posições estão, desde o estrito prisma técnico, efetivamente corretas: a do Supremo Tribunal Federal e a defendida, entre outros, pelo Ministro Sepúlveda Pertence. É, induvidoso, não obstante, que a última posição é nitidamente mais vantajosa para o sistema constitucional brasileiro, assim como para a sociedade, pois passam a contar com um mecanismo objetivo de aferição da legitimidade constitucional do direito precedente."(CANOTILHO; MOREIRA, op.cit., p.221-2)

482 Lei 9882/99 — "Art.1º (...) Parágrafo único — Caberá também arguição de descumprimento de preceito fundamental:
I — quando for relevante o fundamento da controvérsia constitucional sobre lei ou ato normativo federal, estadual ou municipal, <u>incluídos os anteriores à Constituição;</u>" — grifou-se —

tência do STF, no tocante a um controle abstrato e concentrado de constitucionalidade das leis ou atos normativos anteriores à Constituição, mediante a propositura de ADINS.

Por outro lado, no que atine à relação entre a reforma constitucional e a legislação infraconstitucional, convém transcrever magistério de Canotilho e Vital Moreira:

"A alteração da Constituição por via da revisão constitucional pode ter dois efeitos sob o ponto de vista da inconstitucionalidade. Por um lado, pode tornar inconstitucionais normas que não o eram antes da revisão (*inconstitucionalidade superveniente*); por outro lado, pode fazer com que normas que anteriormente eram inconstitucionais deixem de o ser (*constitucionalização superveniente*)"[483]

Com efeito, o exercício do poder reformador pode ensejar, faticamente, esses dois efeitos (constitucionalização superveniente e inconstitucionalidade superveniente) em relação à constitucionalidade *material*, uma vez que quanto à forma e competência vige o princípio do *tempus regit actum*, devendo ser aferidas pelas normas constitucionais vigentes no momento da entrada em vigor da lei infraconstitucional.

Por fim, reitere-se, não é possível, haja vista as diferenças em relação ao exercício do poder constituinte originário, afirmar que as emendas constitucionais implicam a recepção/novação do direito infraconstitucional anterior.

---

483 CANOTILHO; MOREIRA, *op.cit.*, p.272

3. CONSTITUCIONALIZAÇÃO SUPERVENIENTE? — EXPLANAÇÃO SOBRE AS POSSÍVEIS RESPOSTAS À INDAGAÇÃO FORMULADA

3.1. Premissas de análise

Tecidas, nos itens anteriores desse capítulo, considerações sobre as diferenças entre o surgimento de um nova Lei Fundamental e o exercício do poder reformador, realizada uma definição da constitucionalização superveniente e, inclusive, mencionados exemplos concretos dela; cumpre, então, centrar-se na indagação já exposta, qual seja: com o advento de emenda que revoga o parâmetro constitucional que ensejava a existência de vício de inconstitucionalidade em determinada lei, haverá a recepção ou a convalidação desse documento legislativo?

Pois bem, almejar-se-á, no presente item, formular possíveis respostas a essa pergunta e analisar a subsistência ou não delas, com esteio na doutrina constitucional brasileira e lusa[484] existente sobre o assunto e, posteriormente, contemplar o entendimento do STF a respeito da questão.

Para tanto, não se olvidarão as análises e conclusões obtidas no decorrer do presente estudo, mormente as concernentes ao caráter insanável do vício da inconstitucionalidade, à relevância da supremacia constitucional em relação à tutela efetiva dos direitos fundamentais, às diferenças entre o poder constituinte originário e o poder reformador.

---

[484] Está a se falar dos entendimentos de Canotilho, Vital Moreira, Jorge Miranda, Celso Antônio Bandeira de Mello, Paulo Lyrio Pimenta.

3.2. Cotejo com a inconstitucionalidade superveniente e com a novação

Mediante cotejo em relação à inconstitucionalidade superveniente e à recepção, almejar-se-á haurir subsídios à solução da indagação acima formulada.

Desde logo, destaque-se a afirmação de Canotilho e Vital Moreira de que tanto a inconstitucionalidade como a constitucionalização supervenientes só operam *para o futuro* (*ex nunc*), razão pela qual "a norma não passa a ser inconstitucional ou deixa de ser inconstitucional senão a partir da revisão constitucional que operou a inconstitucionalização ou a constitucionalização."[485]

Transcreva-se, também, por oportuno, lição de Jorge Miranda:

"Com a inconstitucionalidade cuida-se da validade ou invalidade de cada norma e cada acto jurídico-público, a qual resulta como consequência automática e se conhece por via do juízo de concordância ou discordância com a norma constitucional. (...) No caso de modificação, a inconstitucionalidade pode sobrevir ou desaparecer. Seja como for (e ressalvada a interpretação sistemática), a Constituição permanece, quando se dá ou deixa de se dar a inconstitucionalidade."[486]

Com efeito, sendo a inconstitucionalidade a desconformidade formal ou material em relação à Constituição, constatada tal discordância, resulta, de imediato, a existência do vício de inconstitucionalidade. A emergência de

---

[485] CANOTILHO; MOREIRA, *op.cit.*, p.272-273
[486] MIRANDA, Contributo...p. 239.

emenda constitucional não poderá apagar a constatação anteriormente verificada, isto é, se era discordante em relação à Lei Fundamental e, assim, afrontava à supremacia constitucional, a emenda não poderá fazer com que se volte no tempo, para se dizer que tal desconformidade não existiu. Eis por que se afasta, desde logo, a possibilidade de atribuição de eficácia retroativa à reforma constitucional.

Pois bem, analisando o efeito consistente na inconstitucionalidade superveniente, Regina Ferrari realiza cotejo com o advento de uma nova Lei Fundamental[487] e indaga:

"quando se identifica um conflito entre normas infraconstitucionais, que até certo momento encontravam-se de acordo com os dispositivos constitucionais, e uma norma ou princípio constitucional novo, que surge devido a uma alteração do texto constitucional por via de um processo de reforma constitucional, o que acontece? É nesta hipótese que se menciona a inconstitucionalidade superveniente, ou seja, quando o conflito entre normas de hierarquia diferente surge não em virtude de uma nova Lei Fundamental, fruto do exercício do poder constituinte originário, mas de uma alteração pontual, aposta pelo poder constituído, pelo poder reformador."[488]

Embora o objetivo precípuo da presente explanação não seja a inconstitucionalidade superveniente, apenas

---

[487] "não há dúvida de que o surgimento de uma nova Constituição acarreta o desaparecimento não só da Constituição anterior, mas da legislação infraconstitucional anterior que com ela conflite. Todavia, a Constituição pode ser reformada ou revisada por um poder criado e disciplinado pela própria Lei Fundamental." (FERRARI, **Controle da Constitucionalidade...**, p.207)

[488] FERRARI, **Controle da Constitucionalidade...**, p.207.

mencione-se que a abordagem conferida, no direito brasileiro, a essa questão tem-se centrado na discussão, exposta anteriormente, sobre a admissibilidade ou não de controle abstrato-concetrado, uma vez que o Excelso Pretório tem entendido que o controle da constitucionalidade em tese, por sua própria natureza, destina-se tão somente à defesa da Constituição vigente.[489]

Na medida em que se visa a enfrentar indagação referente à cessação ou não da ocorrência da inconstitucionalidade, em virtude de reforma que revoga a norma constitucional que servia de parâmetro para estabelecer a relação de inconstitucionalidade, é pertinente fazer breve análise sobre o desaparecimento da incompatibilidade ensejadora da inconstitucionalidade oriundo do advento de uma nova Lei Fundamental, eis que, assim, evidenciar-se-á não ser possível confundir essas duas situações, tampouco tratá-las como se fossem igual fenômeno.

A esse respeito, destaca André Ramos Tavares que, não obstante tenha sido pouco estudado pela doutrina, possui importante repercussão prática a questão da possibilidade, ou não, de uma norma que, sob a égide da Constituição já

---

[489] "O parâmetro constitucional a ter em conta para efeitos de juízo de inconstitucionalidade é a *Constituição actual*, mesmo em relação às normas anteriores (i. é, anteriores a 25 de Abril de 1976, data da entrada em vigor da CRP). (...) Na verdade tendo o direito ordinário anterior sido mantido em vigor por efeito da Constituição (art. 290º-2), ele só pode ser aferido 'a luz desta. Por outro lado, uma vez que tal direito foi confrontado com ela sob o ponto de vista de inconstitucionalidade *material* e não da inconstitucionalidade orgânico ou formal, visto que as normas constitucionais de competência e de forma só valem o futuro. (...) Por isso, sob o ponto de vista da inconstitucionalidade, é irrelevante saber se o direito anterior era ou não válido à luz do direito constitucional anterior; o que importa é saber se ele *existia* em 25 de Abril de 1976 e se é ou não *materiamente compatível* com o novo parâmetro constitucional." (CANOTILHO; MOREIRA, *op.cit.*, p. 272-3)

substituída, era inválida, mas que, pelo prisma da nova ordem constitucional, seria perfeitamente válida, uma vez que surge dúvida em relação à admissão da recepção dessa norma.

Segundo André Ramos Tavares, trata-se de situação que comporta soluções diversas, as quais dependem do regime de sanção adotado para a lei inconstitucional pelo ordenamento jurídico e da espécie de controle de constitucionalidade adotado[490].

Por fim, conclui pela aplicação do princípio geral do *tempus regit actum*[491], uma vez que apenas admite a existência de relação de inconstitucionalidade com uma Constituição vigente[492], isto é, como preconiza Jorge Miran-

---

490 A propósito, Elival da Silva Ramos conclui: "(...) o controle concentrado é, usualmente, destinado apenas à salvaguarda da Constituição em vigor, sob pena de órgão controlador (em geral um órgão de cúpula do Judiciário) se ver às voltas com ínumeros questionamentos em face da Constituição (ou Constituições) pretérita, em detrimento de uma atuação mais ágil no tocante à defesa da Constituição vigente. Logo, se o sistema acolher apenas o controle concentrado (o que é incomum) e dele excluir a averiguação de inconstitucionalidade em face da Constituição revogada, estará o Constituinte, na verdade, convalidando, implicitamente as leis viciadas. Mas se, por outro lado, o sistema, tal qual ocorre no Brasil, abrigar os métodos concentrado (em via principal) e difuso (em via incidental), a arguição após a revogação do parâmetro já não poderá ser feita diretamente (método concentrado), admitindo-se, porém, *incidenter tantum* **(método difuso)"(RAMOS,** *op.cit*, p. 161)
491 "Analisar-se-ão, sem sombra de dúvida, os requisitos de validade do ato normativo à luz dos requisitos exigidos à época em que este surgiu no mundo jurídico. Contudo, uma vez que não se trata mais de norma constitucional, rigorosamente falando, não estabelecerá uma relação de inconstitucionalidade, mas apenas de invalidade da lei, em face dos requisitos que, a sua época, eram exigidos." (TAVARES, Curso de...,p.161)
492 "a relação de incompatibilidade entre as normas infraconstitucio-

da[493], o único juízo de constitucionalidade que se pode estabelecer tendo como objeto as normas anteriores é com a nova Carta.

Tendo em vista a adoção da teoria da recepção conforme se explanou acima, "a única exigência para que o direito anterior sobreviva debaixo da nova Constituição é que não mantenha com ela nenhuma contrariedade, não importando que a mantivesse com a anterior, quer do ponto de vista material, quer do formal, todavia isso não quer dizer que a nova Constituição esteja a convalidar vícios anteriores. Ela simplesmente dispõe *ex novo*."[494]

Vale dizer, ainda que a nova Constituição recepcione leis que contrariavam a Constituição anterior, não haverá a convalidação do vício, isto é, se havia desconformidade no regime anterior, permanecerá a constatação da inconstitucionalidade em relação a tal lapso temporal, vez que, reitere-se, não há como apagar, olvidar tal discordância.

Ainda, no que concerne à emergência de uma nova Constituição, Elival Ramos[495] constrói análise à luz da dicotomia nulidade e anulabilidade, ou seja, conforme a sanção prevista pelo ordenamento jurídico para o caso de inconstitucionalidade.

Muito embora não seja aplicável tal dicotomia ao vício da inconstitucionalidade, conforme anteriormente explanado, é pertinente colacionar o entendimento desenvolvido por esse autor.

Elival, partindo da hipótese de a lei incompatível com a Constituição ser cominada com a sanção de nulidade ou

---

nais anteriores e a Constituição anterior não mais pode ser qualificada, apropriadamente, de inconstitucionalidade." (ibid, p.161-2)
493 MIRANDA, Manual T.II..., p.245
494 BASTOS, *op.cit*, p.78
495 ibid., p.77-8

com a sanção de anulabilidade, advindo uma nova Constituição, identifica o emergir de situações concretas diversas:

(i) Se a lei já havia sido reconhecida como inconstitucional por um órgão competente, ela foi desconstituída, e, nesse sentido, não se pode recepcionar o que já não existia em sua integralidade;

(ii) Ao revés, se a lei não foi declarada, no regime anterior, inconstitucional, por decisão judicial, a questão requer uma análise à luz do regime da inconstitucionalidade adotado tanto pela Constituição pretérita como pela nova, sendo que se continuará a demandar uma explanação à luz dos requisitos de validade contidos na Constituição pretérita, ainda que isso não possa mais ser denominado, rigorosamente, controle de constitucionalidade (pois este só se dá em face de uma Constituição atual).

Sob as premissas constitucionais anteriores, verifica-se que era ela inválida, por violar alguma das exigências então imprescindíveis para que obtivesse validade jurídica. No entanto, como se está agora, sob a vigência de uma nova Constituição, cumpre indagar, primeiramente, qual das sanções deve ser aplicada, no caso de diferirem: a do regime anterior ou a da novel ordem jurídica? Evidente que, para manter-se a coerência também aqui, a sanção a ser aplicada outra não pode ser senão a do regime pretérito (*tempus regit actum*). É dizer, se era cominada a sanção de nulidade, os fatos pretéritos serão alcançados pela sentença, já que se considerará a lei nula *ab initio*; todavia, se a sanção era a de anulabilidade do ato, decretada a partir da sentença, ocorrerá situação bastante peculiar, pois, como sua invalidade só surtiria efeitos a partir de seu reconhecimento por sentença, ou seja, *ex nunc*, de nada mais adiantaria tal reconhecimento, isto é, se a lei era inválida, mas a invalidade só poderia ser reconhecida a partir do momento em que fosse declarada, e como não havia sido declarada, então, o magistrado, antes de aplicar a sanção, teria de dar a norma por recepcionada.[496]

Por outro lado, haja vista as diferenças anteriormente evidenciadas entre Lei Fundamental nova e reforma constitucional, na cessação da incompatibilidade decorrente do advento de reforma constitucional, não é, reitere-se mais uma vez, possível cogitar a possibilidade de ocorrência do fenômeno da recepção, novação do direito infraconstitucional anterior.

Nesse sentido, assevera Celso Bastos que "com relação à revisão constitucional há de observar-se o seguinte: a introdução de uma emenda à Constituição não gera novação com relação às normas que extraiam sua validade do Texto anterior e agora passam a fazê-lo do Texto emendado."[497]

Preconiza, por seu turno, Regina Ferrari que, "na hipótese de alteração pontual da Constituição, advinda do trabalho do reformador ou revisor, não se opera tal novação: a alteração pontual ou circunstancial da Lei Fundamental só tem efeitos negativos sobre as normas ordinárias anterio-

---

[496] Elival Ramos salienta que as consequências, no plano da relação de inconstitucionalidade, dependerão do regime da sanção de invalidade, visto que "a sanção de nulidade apresenta como característica básica o fato de impedir, desde o início, que o ato legislativo produza seus efeitos, operando independentemente de sentença (de pleno direito). Ao passo que a sanção de anulabilidade implica a validade condicional da lei, admitindo a produção de efeitos até que sobrevenha a decisão judicial anulatória, a qual, portanto, é indispensável para a operatividade da sanção."(RAMOS, *op. cit.* p. 75)

[497] BASTOS, *op.cit*, p.78

res. No caso, não existe espaço para recepção, mas só para invalidação, decorrente da contradição"[498]

Canotilho e Vital Moreira, outrossim, afirmam que, quanto aos efeitos das alterações constitucionais sobre o direito ordinário anterior à lei da revisão, "não são necessariamente aplicáveis as soluções estabelecidas na Constituição em relação ao direito ordinário anterior a ela própria: caducidade do direito contrário à Constituição, convalidação do direito anterior não contrário à Constituição, (art. 290º-2)." Isso porque, "a situação é substancialmente diferente no caso de revisão constitucional", eis que "não se verifica aqui uma *descontinuidade constitucional*".[499]

Deveras, o tema que constitui o cerne do presente trabalho não se confunde com aquele relativo à compatibilidade de norma originariamente inconstitucional com a *nova Constituição*, vez que se anseia examinar a consonância em face de *Emenda Constitucional*.

Aliás, cuida-se de questões visceralmente distintas, até porque a Constituição significa ruptura com a Constituição precedente, já que a nova não encontra seu fundamento de validade na anterior; ao passo que uma Emenda Constitucional modifica, mas não rompe com a Constituição anterior, bem pelo contrário continua com a anterior Constituição, encontra nela seu fundamento de validade, a ela se integra, não afetando a persistência da ordem jurídica de que faz parte.

De tal sorte, há um laço incindível entre a Emenda e a Constituição emendada, resultando uma solidariedade jurídica entre os termos antigos da Carta e suas emendas que formam um mesmo *documento fundamental*.

---

[498] FERRARI, **Controle**...,p. 208
[499] CANOTILHO; MOREIRA, *op.cit.*, p. 272-273

Vale dizer, na hipótese de Emenda Constitucional, o fenômeno é outro, vez que o sistema não está rompido, a Constituição continua em vigor e, portanto, persiste sendo a fonte de validade de quaisquer normas.

Com efeito, na medida em que não há uma sucessão de ordens constitucionais globais, e sim, apenas, alterações parciais *dentro da mesma ordem constitucional*, não se vê fundamento para a caducidade *ipso jure* do direito anterior contrário à lei de revisão, mas sim se tratará de uma *inconstitucionalidade superveniente*, tampouco, no que respeita ao direito ordinário anterior inconstitucional à face da Constituição antes da revisão, deverá "considerar-se como retroactivamente convalidado, só por deixar de ser contrário à Constituição após a revisão", eis que admitir a convalidação retroativa importa, "abrir a porta para 'revisões' antecipadas por via de lei ordinária, feitas 'à conta' de futura revisão constitucional."[500]

Não bastasse isso, asseveram Canotilho e Vital Moreira que "a razão invocada para convalidar o direito ordinário anterior à Constituição — designadamente a de que os órgãos de fiscalização da constitucionalidade não podem ser guardiões da uma ordem constitucional perimida — não colhe aqui (reforma), pois a *ordem constitucional continua a ser a mesma*, embora parcialmente alterada. Portanto, a 'convalidação' não poderá retroagir ao tempo anterior à lei de revisão"[501]

Pois bem, realizadas algumas transcrições a respeito do entendimento de alguns autores sobre o fenômeno da *Constitucionalização Superveniente*, convém, então, reiterar a ressalva de que a análise desse fenômeno encontra-se

---

[500] CANOTILHO; MOREIRA, *op.cit.*, p. 296-7.
[501] id.

permeada pelo estudo levado a cabo nos capítulos e itens anteriores, notadamente quanto ao caráter insanável e inconvalidável do vício da inconstitucionalidade e quanto às diferenças verificadas entre a reforma constitucional e o exercício do poder constituinte originário.

A propósito, cumpre transcrever o magistério de Celso Antônio Bandeira de Mello ao ubicar[502] o tema da Constitucionalização Superveniente e, desde logo, afastar a possibilidade de aplicação da teoria da recepção[503]:

"A persistência de normas infraconstitucionais anteriores à nova Constituição não é uma implicação lógica

---

502 "Frisa-se tal ponto para exibir que a questão que nos propomos a defrontar concerne a um tópico desligado do tema da pertinência de uma norma a um dado sistema e sua 'recepção' em outro. O que entra em pauta não é, pois, a questão da prorrogação da 'existência' de uma norma (por via da 'recepção'), mas exclusivamente o tema da validade dela, já que, embora incompatível com dicções constitucionais precedentes, apresenta-se, entretanto, como compatível com as dicções novas introduzidas pela Emenda." (BANDEIRA DE MELLO, Celso Antonio. **Leis originalmente inconstitucionais compatíveis com emenda constitucional superveniente.**Repertório IOB de Jurisprudência. 2ª quinzena de janeiro de 2000. nº 2/2000.p.67-8)

503 "Uma vez que uma Constituição é inauguração de um sistema sem conexões jurídicas com aquele que o antecedeu, perempto o sistema anterior, tudo que a este pertencia, que nele se estribava e dele derivava, em princípio, teria que desaparecer (...) Sem embargo, sabe-se que, mesmo perante a sobrevinda de uma nova Constituição, as normas infraconstitucionais preexistentes nem por isto perimem. (...) A razão deste entendimento é puramente prática. É o imperativo de mantê-las vivas para superar a dificuldade de ter que começar a legislar da estaca zero. Daí a interpretação corrente, absolutamente generalizada, segundo a qual a Constituição nova, implicitamente, 'recepciona' regras anteriores a ela e com ela compatíveis, as quais passam a se fundamentar no sistema novo, sendo certo que as incompatíveis perimem ipso jure."(BANDEIRA DE MELLO, *op.cit.*, p.67-8)

> (...). Pelo contrário, o raciocínio abstrato conduziria à conclusão oposta. É a necessidade concreta (...) que leva ao expediente de haver como 'recepcionadas' normas preexistentes. (...) Já na hipótese de Emenda Constitucional, o fenômeno é outro, pois o sistema não está rompido, a Constituição continua em vigor e, portanto, persiste sendo a fonte de validade de quaisquer normas. Assim, em face de Emendas não há sequer porque propor o tema da continuidade das normas anteriores, isto é, o tema da 'recepção' visto que não comparecem razões que infirmariam as leis precedentes. Em suma: elas não teriam porque ser 'recepcionadas', pois no sistema estavam e nele continuam."[504]

De fato, o tema que no presente trabalho cogita-se, tal como no artigo de Celso Antônio Bandeira de Mello, é completamente distinto da recepção ensejada pelo advento de uma nova Constituição, vez que reside em indagar se as disposições da Emenda trazem consigo (ou não) o efeito de *vir a ofertar um 'suporte de validade', a posteriori*, para leis originariamente inconstitucionais, isto é, para leis que surgiram em descompasso com o texto anterior, alterado pela emenda.

No que pertine à questão da revogação do parâmetro da relação de inconstitucionalidade, Elival Ramos ensina:

> "em princípio se constata o caráter anódino de tais revogações, ao menos para a caracterização da inconstitucionalidade, pois se é este um defeito de origem, que atinge o ato legislativo no seu nascedouro, o fato da Constituição, contendo os requisitos de validade, ou da

---

[504] id.

lei, que os desatendeu, ter sido revogada não tem o condão de apagar completamente o vício do mundo jurídico. Se ele já existiu um dia, não há como ignorá-lo"[505]

Com efeito, se a revogação global da Constituição não tem o condão de apagar o vício, a revogação apenas de uma ou algumas normas constitucionais, mediante reforma constitucional, *a fortiori*, não apaga o vício da inconstitucionalidade, de modo a não ser possível ignorá-lo após o advento da emenda.

3.3. Análise de quatro alternativas de resposta à indagação formulada

O tema da Constitucionalização Superveniente pode ser explanado, conforme Celso Antônio Bandeira de Mello, por meio do exame de quatro alternativas de solução da indagação que constitui o *leitmotiv* do presente estudo, alternativas essas que implicam necessária digressão a assuntos já abordados.

A primeira alternativa preconiza: uma regra que não foi, no passado, oficialmente reconhecida como inconstitucional, é existente e válida desde o início, pois a invalidade dependeria de haver sido constituída no pretérito, logo, se antes da Emenda nada lhe poderia censurar, seria um sem sentido pretender recusar uma validade que a norma nunca deixou de ter.

A respeito dessa alternativa, Celso Antônio ressalta ser a que demanda maiores detenças, vez que sua sustentação depende de conceitos de intensa controvérsia doutrinária, tal como existência, validade de uma norma, bem como

---

[505] BANDEIRA DE MELLO, *op.cit*. p.75

pressupõe ser a anulabilidade a sanção atribuída à inconstitucionalidade.[506] Embora, tendo em vista a explanação já feita desses conceitos, seja, de plano, improcedente essa tese, convém transcrever como esse consagrado autor a refuta:

"O entendimento segundo o qual um ato é 'válido' enquanto não for expelido do sistema, pois validade e existência são uma coisa só, atrela-se ao pensamento de Kelsen[507] (...) Esta intelecção (...) é incorreta e inaceitável. Com efeito, para que se possa predicar validade ou invalidade de uma norma encartada em dado Direito Positivo, cumpre antes, lógica e juridicamente, que tal norma exista naquele sistema. (...) É certo que enquanto não for expelida do sistema pelos meios previstos

---

506 Nas palavras do autor: "entende que, enquanto uma norma não for expulsa do sistema pelos meios previstos, ela é, só por isto, *válida*. Logo, descaberia considerar inconstitucional determinada regra que esteja dentro do sistema, ficando, pois, liminarmente excluída a hipótese de pretender negar-lhe a admissibilidade." (ibid, p.67)

507 Sintetizando o pensamento de Kelsen, Celso Antônio leciona: "O fato de que uma norma seja válida significa que existe. Uma norma que não seja válida não é uma norma, por não ser uma norma que existe. Daí sua conclusão de que falar-se em lei inconstitucional — antes que órgão autorizado para expelir a lei assim o decida — é um sem-sentido, pois a declaração de inconstitucionalidade é sempre constitutiva." De outra parte, para refutá-lo assevera: "Os dois tópicos não podem ser confundidos porque o tema da existência de um ato, de uma norma, diz com sua referebilidade a um dado sistema normativo, concerne a sua 'pertinência' ao sistema no qual se encarta ou se propõe a encartar-se. Uma lei pertence ao Direito Positivo brasileiro (ou inglês, ou francês ou espanhol), porque 'promana' daquele sistema jurídico. (...) Este 'promanar', este 'radicar-se', significa que a lei foi produzida com fundamento naquele sistema, o que equivale a dizer, com fundamento (...) na Constituição do País, por ser ela que unifica e dá identidade ao sistema. (...)" (BANDEIRA DE MELLO, *op.cit.*, p.66-7)

como idôneos para tanto, a norma nele permanecerá e produzirá seus efeitos, o que, todavia, não significa que possua atributos de validade[508]. (...) Em suma: a existência de uma norma, sua pertinência a um sistema jurídico, nada predica quanto à sua validade ou invalidade.(...) Invalidade, pois, é a antítese da validade. Ato inválido é o que foi expedido em descompasso com as exigências do sistema normativo. Ao nosso ver, a demonstração mais cabal e irretorquível de que existência (...) e validade são noções absolutamente inconfundíveis tem-se no fato de que, no exame da inconstitucionalidade *incidenter tantum*, o juiz não aplica uma norma jurídica por considerá-la inconstitucional, ou seja, 'carente de validade', 'inválida', mas nem por isto a expulsa do sistema (falece-lhe atribuição para fazê-lo), o que só ocorre na ação direta de inconstitucionalidade."[509]

Enfim, conclui que "verificada, então, a improcedência dos fundamentos teóricos que alicerçariam a primeira alternativa exegética dantes mencionada, demonstrada está a improcedência da tese segundo a qual uma regra que não foi, no passado, oficialmente reconhecida — e pelos meios próprios — como inconstitucional é existente e válida desde o início."[510]

Com efeito, a par do fato de que existência, validade e eficácia não se confundem — conforme se analisou no ca-

---

[508] "Pode ter nascida em descompasso com a norma superior, contradizendo formal ou materialmente preceitos que teria de respeitar. Estará vigorante, será eficaz — se não pender de algum termo inicial — mas nem por isso ter-se-á de concluir que é válida." (id)
[509] id
[510] ibid, p.65.

pítulo II —, não se olvide que a lei, embora inválida por contrariar a Carta Magna, poderá surtir efeitos enquanto não houver pronúncia, todavia essa eficácia não importa atribuir validade a tal lei, mesmo porque se trata de diploma que apresenta o vício da inconstitucionalidade, isto é, a mais grave invalidade existente em um ordenamento jurídica. Logo, não se pode dizer que se trata de lei válida por força de ainda não ter havido pronúncia, eis que válida nunca foi, deve ser, por conseguinte, refutada essa primeira alternativa.

Frise-se, a respeito, que a norma inconstitucional consubstancia uma norma existente, inválida, que pode ser eficaz, isto é, que pode operar efeitos, sendo que a decisão de inconstitucionalidade, proferida pelo órgão competente para tanto, atingirá o plano da eficácia, a par de declarar a inconstitucionalidade, de modo que a partir dessa declaração tal norma, em regra, não surtirá mais efeitos. Quanto aos efeitos produzidos, antes dessa decisão, verificar-se-á, consoante se analisou no capítulo segundo, a possibilidade ou não de preservar alguns desses efeitos, não obstante tenham sido decorrentes de norma inválida.

Enfim, a presunção de validade permite tal produção de efeitos, no entanto se trata de mera presunção de validade, logo não é possível falar que ela foi válida, mas tão somente que era presumida como válida, porém válida não era, logo urge afastar a primeira hipótese delineada.

De outra parte, a segunda alternativa defende que, com o simples fato da superveniência de emenda com a qual seja compatível, a lei originariamente constitucional adquire suporte de validade retroativo, eis que a inconstitucionalidade se examinaria entre as normas presentes.[511]

---

511 Sobre a questão das 'normas presentes', afirma Celso Bastos: "Mais delicado problema se coloca quando a norma subconstitucional

Conforme aduz Celso Antônio, essa alternativa, diferentemente da anterior, carece de estribo em melhores bases teóricas, uma vez que, vigorando explicitamente o princípio da irretroatividade das leis, nada justificaria a retroatividade do suporte de validade superveniente[512], mesmo porque, conforme o entendimento exarado anteriormente dos lusitanos Canotilho e Vital Moreira, o fenômeno da constitucionalização operaria apenas efeitos prospectivos:[513]

"a regra (...) é a da não-retroação, motivo por que os termos de Emenda não têm porque retroagir para conferir validade inicial a uma lei que originalmente dela apresenta algum vício diante da norma constitucional então em vigor. Com a substituição desta, desaparece a relação de antinomia. Alguns autores preferem achar que continua a haver o vício de inconstitucionalidade, mesmo debaixo da situação gerada pela emenda. Pensamos contrariamente. A inconstitucionalidade há de ser aferida a partir de uma relação atual de incompatibilidade entre a lei e a Constituição." (BASTOS, op.cit., p.78)

512 Acrescenta Celso Antônio: "Deveras, se se estivesse perante hipótese de Constituição nova, poder-se-ia entender que, pela falta de relação entre ela e precedente, a posterior não teria razão para zelar pela lisura das regras infraconstitucionais que a precederam, assim como não teria (ou pelo menos não o teria obrigatoriamente) que evitar a retroação de seus dispositivos, *conquanto seja certo que, mesmo em tais casos, em favor da segurança jurídica,as* Constituições — salvo no que elas mesmas hajam disposto em contrário — *sempre têm sido entendidas como não retroativas*, até porque, a ser de outro modo, instaurar-se-ia o caos social." (BANDEIRA DE MELLO, op.cit., p.65)

513 "De outra parte, se, como assinalado, o princípio, a regra, é a irretroação, mesmo no caso de Constituição nova, maiormente o será no caso de simples Emenda, motivo pelo qual, a admitir-se que sua superveniência ofereceria suporte de validade para lei originariamente inconstitucional, por certo tal suporte não poderia senão conferir-lhes efeitos a partir da Emenda" (ibid, p.64-5)

carecia. Quando se está perante a Emenda, está-se — consoante já foi reiteradamente dito — sempre perante a mesma Constituição. Donde, já não se poderá dizer que ela é indiferente ou irrelevante, a lisura da obediência aos seus termos anteriores, dadas as repercussões futuras disto (...) Logo, o exame de sua validade há de ser feito normalmente, isto é, confrontando-a com as normas superiores vigentes ao tempo em que foi editada."[514]

A par desse argumento da irretroatividade, poder-se-ia cogitar, outrossim, como se ressaltou em relação ao instituto previsto na Constituição de 1937, que a admissão de uma convalidação retroativa enseja efeitos semelhantes à anulação da decisão da jurisdição constitucional, logo cumpre ser refutada com esteio, também, no princípio da independência e harmonia entre os Poderes Judiciário e Legislativo, eis que tal anulação equivaleria à supressão momentânea desse princípio.

Na terceira hipótese de solução, pugna-se a outorga de validade à lei originariamente inconstitucional compatível a emenda dali para frente, isto é, após a emenda, teria validade. Celso Antônio explana o fundamento dessa alternativa e o considera um argumento forte, embora depois o refute:

"Não lhes poderia reconhecer validade desde o passado, tanto porque isto implicaria atribuir força retroativa à Emenda, quanto porque, se isto fosse tolerável, franquear-se-ia a burla ao próprio sistema, efetuável mediante produção de leis inconstitucionais em antecipação a Emendas futuras ou, dito pelo inverso, blo-

---

[514] id.

quear-se-ia o reconhecimento de inconstitucionalidades, graças ao expediente de produzir emenda sucessiva, o que representaria uma fragilização do sistema."[515]

Acentua, ainda, em outro trecho, que :"a razão impediente do efeito retroativo não é apenas prática, como apontaram os autores. É também teórica, conforme dantes procuramos demonstrar. Acolhê-la implicaria — repise-se — atribuir ao ordenamento a contradição essencial de justificar, e por antecipação, burlas a si próprio, isto é, fraudes à Constituição, dando-lhe previamente seu apoio."

Em que pese reconheça a força dos argumentos trazidos nessa terceira hipótese, Celso Antônio conclui pela sua não aceitação:

> "dita razão, em seu aspecto teórico, inibe não apenas a retroação mas também a própria validação da norma originariamente inconstitucional que seja consoante com o teor da Emenda superveniente. Eis por que, não é de acolher esta que indicamos como terceira alternativa exegética. Incorre no ilogismo (...) de pressupor que o ordenamento constitucional compactua com sua

---

515 BANDEIRA DE MELLO, *op.cit.*, p.64. Trata-se de argumento fortíssimo e que demonstra a repercussão negativa (não apenas no presente, mas também para o futuro do próprio sistema) implicada na tese da validação retroativa de norma inconstitucional. De fato, é impossível acolher-se um critério exegético por força do qual irroga-se ao ordenamento jurídico a assunção da ideia de que compactua com burlas que lhe hajam sido feitas e de que compactuar-se com as que lhe venham a ser feitas e que validará comportamentos produzidos em desacordo com seus ditames. Ou seja, isto corresponderia a atribuir ao ordenamento a proclamação de que, desde que sejam praticadas tais burlas, outorgar-lhes-á seu aval (e, ademais, irrestrito, segundo aqueles que lhe atribuem validação retroativa.)"(id). Conferir nesse sentido CANOTILHO; MOREIRA, *op.cit.*, p.269

própria violação, postergando a evidência de que o primeiro objetivo, a própria razão de existir de um ordenamento jurídico, é ser respeitado. Não o de ser fraudado e, ademais, com a garantia prévia de que avalizará a burla que lhe seja feita. Dessarte, não pode ser aceito o entendimento de que a Emenda Constitucional confere validade, mesmo que não retroativamente, a inconstitucionalidades originárias."[516]

Deveras, àquele que desrespeita a supremacia da Constituição, ao produzir lei desconforme aos ditames constitucionais, não se pode conceder a garantia de que bastará a aprovação de uma emenda constitucional para que a ofensa praticada seja olvidada.[517]

Pois bem, sendo inegável que as emendas constitucionais, editadas nos limites que lhes são cabíveis, implicam modificações ao quadro constitucional anterior, pode-se dizer que servirão, dali por diante, como bom fundamento de validade para as normas produzidas em sua consonância.

Logo, como preconiza a quarta alternativa, após o advento da emenda, poderão ser produzidas leis conformes

---

[516] BANDEIRA DE MELLO, *op.cit.*, p.64

[517] "se ante os termos de uma dada Constituição, certa norma não pode ser produzida porque confrontaria com a Lei Magna, é direito, é garantia, dos administrados serem liberados dos gravames que tal norma lhes causaria, mediante exibição, na esfera própria, de sua inconstitucionalidade. Mas, se for reconhecido ao próprio autor da inconstitucionalidade, ao próprio violador do Direito, ou seja aquele mesmo que arremeteu contra tais garantias, o poder de eficazmente fraudar, com o aval do ordenamento jurídico, a proteção que derivava do sobredito ordenamento, ter-se-á proclamado com isto a inanidade de tal proteção, a imoralidade como regra de conduta do Poder Público, a astúcia cavilosa como padrão do Direito e a vileza perante a sociedade como princípio ético do Estado."(BANDEIRA DE MELLO, *op.cit.*, p.63-4)

aos novos termos constitucionais, sem, todavia, abrigar o que dantes era inconstitucional.[518]

Com efeito, não acolher essa última hipótese "implicaria incorrer no contra-senso de reputar lógico que o ordenamento milite em desfavor da própria higidez e, demais disso, em considerar que o Direito prestigia ou é indiferente à fraude, à burla e não apenas a si próprio como aos integrantes da sociedade."[519]

Aliás, essa burla é sobremaneira evidente "nos casos em que a Emenda Constitucional é editada pouco depois da lei inconstitucional. Evidenciando que buscar remendar o vício que maculava dita lei."[520]

Prossegue, nessa esteira, Celso Antônio:

"Se fosse reconhecível ao Estado o direito de proceder de molde a absorver vantagens por meio de expedientes astuciosos por via dos quais frustrasse aos administrados colher os resultados da segurança que o próprio ordenamento lhes propiciava, estar-se-ia não apenas deprimindo garantias constitucionais, mas também premiando a má-fé, o que seria inaceitável, maiormente perante a Constituição brasileira que, expressamente, no art.37, consagra o princípio da moralidade administrativa, o qual, *a fortiori*, terá de vigorar perante o pró-

---

518 "nada mais natural, então, que sejam, *em sucessão a ela, editadas leis conformes* a estes novos termos (...), por muito gravosas que possam ser aos administrados, se comparadas com os termos dantes possíveis. Isto, todavia, não postula, nem lógica, nem jurídica, nem eticamente — e muito menos concorre para sustentação e prestígio do ordenamento — que deva recolher o que *dantes era inconstitucional para abrigá-lo* com um manto de resguardo, *ainda que para infundir-lhe tal atributo tão-só para o futuro.*" (ibid.p.63)
519 id.
520 BANDEIRA DE MELLO, *op.cit.*, p.63

prio Estado brasileiro no exercício de função ainda mais elevada, como o é a legislativa, maiormente a de Emendas Constitucionais."[521]

Assim sendo, é imprescindível acolher a conclusão proferida por Celso Antônio, perfilhando-se assim a quarta alternativa:

"na conformidade das considerações feitas, não há senão concluir que, dentre as alternativas exegéticas em tese suscitáveis perante o tema de leis originariamente desconformes com a Constituição, mas comportadas por Emenda Constitucional superveniente, a única merecedora de endosso é a que apresentamos como a quarta delas, ou seja: aquela segundo a qual a sobrevinda de Emenda não constitucionaliza a norma inicialmente inválida. Dessarte, seus efeitos poderão ser impugnados e desaplicada tal regra. Para que venham a irromper validamente no universo jurídico efeitos correspondentes aos supostos na lei originariamente inválida será necessário que, após a Emenda, seja editada nova lei, se o legislador entender de fazê-lo e de atribuir-lhe teor igual, pois, só então, será compatível com o enquadramento constitucional vigente."[522]

Essa conclusão estriba-se, também, no fato de que a Emenda Constitucional — diferentemente de uma nova Constituição — não rompe com o ordenamento jurídico anterior, mas, pelo contrário, funda-se nele, nele se integra e representa sua continuidade, donde seria inadmissível

---

521 Id.
522 Ibid, p.62.

entender que tem o efeito de 'constitucionalizar', ainda que *ex nunc*, leis originariamente inconstitucionais. Até porque tal assertiva ensejaria fraude ao próprio ordenamento, pois confortaria sua burla, efetuável, mediante produção de leis inconstitucionais em antecipação a Emendas futuras, bem como impediria o reconhecimento de inconstitucionalidades, graças ao expediente de produzir emenda sucessiva.[523]

Deveras, as demais alternativas implicariam abraçar o imenso contra-senso de reputar lógico que o ordenamento milite em seu próprio desfavor, é dizer, o de que previamente assume que, se for burlado, tal burla será aprovada, validada e confortada pelo aval protetor de uma reforma constitucional superveniente.

Deste modo, finaliza Celso Antônio que é inadmissível que Emenda Constitucional superveniente à lei inconstitucional, mas com ela compatível, atribua validação prospectiva, apenas seria possível que o legislador, se esse for o seu talante, produza, após o advento da reforma, nova lei com igual teor àquela originariamente constitucional.[524]

---

523 Nesse sentido cf. BANDEIRA DE MELLO, *op.cit.*, p.62.

524 "Antes, ter-se-á de entender se o legislador deseja produzir nova lei e com o mesmo teor, que o faça, então, editando-a novamente, já agora — e só agora — dentro de possibilidades efetivamente comportadas pelo sistema normativo. Tal solução, única tolerável, é, quando menos, irretorquível nos casos em que a Emenda sucede a breve prazo a lei inconstitucional, patenteando o intuito de coonestar-lhe o vício. Em situações desta compostura, admitir a validação sucessiva da lei seria, em guisa de interpretar, promover consagração da imoralidade como regra de conduta do Poder Público, a astúcia cavilosa como padrão do Direito e a vileza perante a sociedade como princípio ético do Estado. Nisto haveria ofensa frontal não apenas ao princípio da moralidade administrativa, previsto no art. 37 da Constituição (e maiormente vigorante para o Poder Público quando exerça a altaneira função de elaborar Emendas Constitucionais), mas também ao princípio geral de Direito que recla-

Consentânea é a posição defendida por Jorge Miranda, ao afirmar que "se a norma ordinária era contraria à Constituição antes da revisão (embora não declarada inconstitucional) e agora fica sendo conforme à nova norma constitucional, nem por isso é convalidada ou sanada: ferida de raiz, não pode apresentar-se afora como se fosse uma nova norma, sob pena de se diminuir a função essencial da Constituição".[525]

Vale dizer, tratando-se de vício insanável, inconvalidável, não é possível cogitar a possibilidade de a reforma constitucional recepcionar leis originariamente inconstitucionais, tampouco convalidar, sanar tal vício seja retroativa, seja prospectivamente, mesmo porque se trata da mais grave invalidade que pode ser verificada no ordenamento jurídico.

O entendimento de Celso Antônio Bandeira de Mello e de Jorge Miranda é perfilhado por Paulo Roberto Lyrio Pimenta:

> "Uma norma originariamente inconstitucional pode ser validada posteriormente por meio de Emenda Constitucional? (...) Em primeiro lugar, cabe observar que a edição da Emenda à Constituição não importa em ruptura da ordem constitucional. (...) Não entra em jogo aqui o problema de recepção de normas infraconstitucionais (...) Desse modo, a Emenda não tem o condão de conferir novo fundamento de validade a determinada norma originariamente inválida.(...) Parece-nos, por tais razões, que as normas originariamente inconstitucionais não podem, em nenhuma hipótese, ser valida-

---

ma obediência aos cânones da lealdade e da boa-fé e proscreve a má-fé como pauta e conduta."(id)
525 MIRANDA, **Manual de Direito Constitucional**, t. ll...,p.244

das posteriormente com a promulgação de Emenda Constitucional."[526]

Em outro excerto, Paulo Roberto Lyrio Pimenta menciona que "em matéria tributária esse tema foi bastante discutido com o advento da Lei 9.718/98, que alterou a base de cálculo da Cofins, em desconformidade com a prevista no art. 195 da Constituição. Na tentativa de atribuir validade à norma infraconstitucional, foi promulgada a Emenda Constitucional nº 20, que modificou a base prevista originariamente no texto constitucional. Não temos dúvidas em afirmar a inconstitucionalidade desta norma, situação que não foi corrigida quando veio a lume a referida Emenda."[527]

Pois bem, quanto ao outro exemplo, relativo à contribuição previdenciária dos inativos, inicialmente criada pela Lei 9783/99, que teve, na ADIN 2010-2, sua eficácia suspensa em virtude do deferimento do pedido de medida cautelar, e, posteriormente, prevista na Emenda Constitucional n. 41/2003, promulgada em dezembro de 2003, ressalte-se, por oportuno, que, em relação a esse caso, sequer se pretendeu recorrer ao argumento da constitucionalização superveniente para fundamentar a convalidação da Lei 9783/99, eis que houve a edição da Medida Provisória n. 167/2004, em 19 de fevereiro de 2004, prevendo a realização da cobrança de tal contribuição. Persiste, no entanto, a relevância desse exemplo, no sentido de se indagar qual será a tramitação e a decisão conferida à mencionada ADIN 2010-2 pelo Excelso Pretório.

Registre-se, por oportuno, que a quarta alternativa acima aventada corresponde justamente ao entendimento reiterado exarado pelo STF a propósito do tema, conforme se

---

[526] PIMENTA, op.cit., p.32-3
[527] id.

constata nos seguintes julgados: AI 777306/MG; AI 731286/MG; RE 486302/MG; AI 611481/MG; AI 711963/MG; RE 490676/MG; ADI 2158/PR; ADI 2189/PR; RE 390840/MG; RE 346084/PR.

No que concerne à possibilidade e relevância do exercício da fiscalização abstrata em relação à cessação, por força de reforma constitucional, da relação de incompatibilidade ensejadora de inconstitucionalidade, cumpre citar magistério de Canotilho e Vital Moreira:

> "Pode suceder, como se viu, que uma norma vigente tenha sido inconstitucional no passado, tendo deixado de o ser a partir de certo momento, por efeito da revisão constitucional (...) Esta inconstitucionalidade *pretérita* não perde relevância em relação ao período em que se verificou, sendo-lhe aplicáveis os mecanismos da sistema de fiscalização da constitucionalidade, incluindo a declaração de inconstitucionalidade com força obrigatória geral com referência ao período em causa. (...) Diferente é o caso das normas que tenham sido inconstitucionais à face de normas constitucionais *anteriores à CRP* e tenham deixado de o ser à face desta. Por princípio, o sistema de fiscalização da constitucionalidade não pode servir para fiscalizar senão o cumprimento da Constituição vigente, ainda que em versão anterior."[528]

Destarte, além de apenas ser possível a adoção, como resposta correta, da quarta e última alternativa explanada, isto é, com o advento da emenda, não haverá convalidação nem retroativa, nem prospectiva, havendo, tão somente, a possibilidade de ser produzida, após a emenda, lei com

---

[528] CANOTILHO; MOREIRA, *op.cit*, p. 268-9.

igual teor da anterior que era inconstitucional face à Constituição não alterada; cumpre ressaltar a necessidade de o STF não julgar prejudicadas as ADINS quando há a revogação do parâmetro da inconstitucionalidade oriunda de reforma constitucional, visto que, desse modo, evitar-se-ão tentativas de fraudes à Constituição conforme mencionado anteriormente.

CONCLUSÃO

1. A consagração constitucional dos direitos fundamentais importa limitação a todos os poderes do Estado, desde que acompanhada do reconhecimento da supremacia da Constituição relativamente ao poder legislativo ordinário, sob pena de o Estado readquirir, pela via do legislador, os poderes que perdera com o reconhecimento do caráter *supra-estadual* desses direitos. Vislumbra-se, assim, a estreita relação de dependência entre a consagração e efetivação desses direitos e a supremacia da Constituição

Somente haverá Estado de Direito quando, no âmago das suas preocupações e dos seus fins, figurar a proteção e garantia dos direitos fundamentais, que não deixam de ser o ponto de partida e de chegada do seu conceito e que, por sua vez, exigem a consagração da supremacia, na medida em que os direitos fundamentais correspondem àquelas posições jurídicas concernentes às pessoas, que, do ponto de vista do direito constitucional positivo, foram, por seu conteúdo e importância, retiradas da esfera de disponibilidade dos poderes constituídos.

O Estado de Direito corresponde ao Estado vinculado e limitado, juridicamente, em favor da proteção, garantia e realização dos direitos fundamentais, que surgem como indisponíveis em face dos detentores do poder e do próprio Estado, justificando-se, assim, a supremacia constitucional, por meio da qual confere-se à Constituição, no ordenamento jurídico, preeminência, de modo a ocupar, na hierarquia normativa, o mais elevado escalão e consubstanciar a mais relevante e eficaz garantia dos direitos fundamentais.

2. A Constituição deve ser preservada não por uma razão tautológica, tampouco por anseios doutrinários, mas sim porque implica preservar os valores mais básicos e fundamentais acolhidos pela sociedade e plasmados no corpo constitucional, mormente na qualidade de direitos fundamentais.

A tutela efetiva da supremacia da Constituição não prescinde da existência de uma especial proteção em face de violações decorrentes de atos normativos dos poderes constituídos, inferiores às suas normas, qual seja a correspondente ao mecanismo da fiscalização/controle da constitucionalidade.

3. A supremacia enseja a necessidade de fiscalização da constitucionalidade das leis e conduz ao reconhecimento da inconstitucionalidade, importando tanto uma verificação externa — dos requisitos formais de elaboração do ato —, quanto uma verificação interna — dos requisitos materiais ou substanciais, de conteúdo —, visando em ambas a aferir a compatibilidade com o dispositivo constitucional.

O escopo último do controle reside na preservação do poder do povo, expresso em uma Constituição social e democrática, de modo que os instrumentos de fiscalização devem se prestar à proteção dos direitos fundamentais, visando a impedir o desmantelamento do Estado Social Democrático de Direito.

Essa relação de dependência entre a fiscalização, a proteção aos direitos fundamentais, a supremacia e a manutenção do Estado Democrático de Direito não pode ser negligenciada, mesmo porque o esteio do controle não pode ser restringido à exigência de unidade sistêmica e hierárquica do direito, sob pena de recair nas vicissitudes da falsa ideia de que a defesa da Lei Fundamental justifica-se por si só.

4. O exercício da jurisdição constitucional não corresponde a um poder de revisão dos atos dos demais poderes, uma vez que se arrima na supremacia da Constituição em relação a uma lei de menor hierarquia e se destina a preservar a vontade do povo expressa pelo poder constituinte originário; mas sim constitui um corolário do Estado Democrático de Direito, na medida em que assegura o afastamento dos atos que ofendam à Carta Magna, protegendo, assim, os direitos fundamentais (escopo último da supremacia).

5. A jurisdição constitucional assentou-se como o mais importante instrumento de contenção do poder político nas democracias contemporâneas e, por conseguinte, de proteção dos direitos fundamentais, tornando-se, inclusive, 'elemento integrante da própria definição do Estado de direito democrático', na medida em que preserva determinados princípios e direitos, que se encontram *subtraídos* do embate político cotidiano, da atuação de maiorias legislativas ocasionais. No entanto, ela encontra-se em tensão dialética permanente com a democracia, havendo questionamentos em relação à sua legitimidade pelo fato de os membros das cortes constitucionais não serem eleitos pelo povo.

Sem embargo desses questionamentos, a jurisdição constitucional encontra-se comprometida não só com os direitos fundamentais, mas também com a democracia, sendo imprescindível a fundamentação racional de suas decisões, uma vez que essa corresponde essencialmente a um 'diálogo', no qual sucedem perguntas e respostas nas bases das quais se apresentam diferentes argumentos e contra-argumentos.

Seja qual for o esteio que se confira à legitimidade democrática da jurisdição constitucional, é insofismável que o legislador democraticamente legitimado tem de submeter-se a um ato de legitimidade democrática superior que é a Constituição, pois, enquanto aquele resulta de uma maioria conjuntural (a lei emanada do legislador democraticamente eleito num dado momento histórico), a Constituição advém de uma maioria à qual se chegou após um longo caminhar histórico e que se impõe aos demais poderes constituídos, devendo ser assegurada a sua supremacia, que, reitere-se, consiste na mais eficaz proteção aos direitos fundamentais e, por conseguinte, ao Estado Democrático de Direito.

6. A inconstitucionalidade consiste na desconformidade do conteúdo do ato normativo (inconstitucionalidade material) ou do seu processo de elaboração (inconstitucionalidade formal) em relação a algum preceito ou princípio constitucional e, assim, caracteriza o mais alto nível de invalidade presente em um sistema jurídico.

Tratando-se de um vício que consiste na contrariedade em relação à Carta Constitucional, pode-se dizer que a diferença ou a variação de um regime em relação a outro dá-se quanto à sanção, isto é, quanto às consequências previstas pela Constituição para a sua restauração, e não quanto ao significado atribuído à constatação do vício.

7. Para se abordar a inconstitucionalidade como um vício que, em regra, refere-se ao âmbito da validade, é imprescindível distinguir esse dos planos da existência e da eficácia.

Pois bem, no plano da existência, não se indaga se o fato jurídico é válido ou é inválido, se é eficaz ou se ainda não o é, ou se nunca o será, eis que essas são indagações que somente devem e podem ser feitas, respectivamente, nos planos da validade e da eficácia. De outro lado, somente se poderá falar em validade e eficácia, caso o fato jurídico exista, isto é, tenha adentrado no plano da existência, uma vez que o ser válido (valer), ou inválido (não-valer) pressupõe a existência do fato jurídico; da mesma forma, para que haja eficácia (=seja eficaz) é necessário que o fato jurídico exista. A recíproca, todavia, em ambos os casos, não é verdadeira, eis que o existir independe, completamente, de que o fato jurídico seja válido ou de que seja eficaz.

8. Norma existente é a norma posta no sistema, enquanto norma válida é aquela que está em conformidade com a norma que representa o seu fundamento, tanto a que giza a regra de competência e o procedimento, quanto a que determina o conteúdo.

A norma não é válida por apresentar conformidade com a realidade, ou seja, por ser eficaz. A validade está na ordem do dever-ser e a eficácia na do ser. Logo, validade e eficácia não se identificam, é dizer, na seara do dever-ser, a norma é inválida, todavia, no prisma do ser, ela pode produzir efeitos.

À luz da distinção entre os três planos do mundo jurídico, caberia dizer que a norma inconstitucional consubstancia uma norma existente, inválida, que pode ser eficaz, isto é, que pode operar efeitos; sendo que a decisão de inconstitucionalidade proferida pelo órgão competente para tanto atingirá o plano da eficácia, a par de declarar a inconstitucionalidade, de modo que a partir dessa declaração tal norma não surtirá mais efeitos. Quanto aos efeitos produzidos, antes dessa decisão, verificar-se-á, conforme os direitos e princípios envolvidos no caso concreto, a possibilidade ou não de preservar alguns desses efeitos, não obstante tenham sido decorrentes de norma inválida.

9. A presunção de validade/constitucionalidade permite tal produção de efeitos, no entanto se trata de mera presunção, logo não é possível falar que a lei inconstitucional foi válida, mas tão somente que era presumida/tida como válida, porém válida não era.

A propósito, não se olvide que a decisão de inconstitucionalidade e, por conseguinte, a aplicação da respectiva sanção constituem uma escolha pela preservação da supremacia constitucional, pelo equilíbrio do sistema, não se trata de escolha aleatória, mas sim de decisão que importa em absorver a insegurança gerada pela inconstitucionalidade nos planos normativo e fático.

Na declaração de inconstitucionalidade, a atribuição de efeitos 'ex nunc' ou 'ex tunc' não está vinculada a um critério causal (do vício existente), mas sim a um critério finalístico. Isto é, não se considera o tipo de vício que a norma apresenta, e sim a consequência que pode acarretar uma ou outra modalidade de efeito. De tal sorte, o efeito 'ex tunc' não advém da nulidade da norma, mas da decisão que declara a inconstitucionalidade, a qual poderá ou não retroagir.

10. Haja vista a existência de diferentes cargas eficaciais em uma decisão judicial, a decisão de inconstitucionalidade apresenta tanto eficácia declaratória de invalidade da norma inconstitucional, conferindo certeza a existência do estado de inconstitucionalidade, quanto eficácia constitutiva de ineficácia da norma inconstitucional, ou seja, constitutiva negativa da eficácia, sendo que, em relação à carga constitutiva, os efeitos da decisão podem operar tanto prospectivamente, quanto retroativamente.

Separando-se os planos do mundo jurídicio sobre os quais atua a decisão de inconstitucionalidade, isto é, a carga declaratória atinge o plano da validade e a carga constitutiva o plano da eficácia, não somente se resolve a discussão em torno da eficácia declaratória ou constitutiva da decisão de inconstitucionalidade, mas também se refuta qualquer alegação de paradoxo em relação seja à constatação de que a norma inconstitucional, embora inválida, surta efeitos antes da decisão, seja à possibilidade de, no caso concreto, atribuir-se efeitos prospectivos ou retroativos à decisão.

11. Não obstante seja utilizada a dicotomia nulidade e anulabilidade para explicar o vício, a sanção, a natureza, o valor jurídico da inconstitucionalidade, e inclusive para distinguir os dois tradicionais sistemas de controle da constitucionalidade (austríaco e americano), deve ser afastada qualquer tentativa de adaptar a teoria da inconstitucionalidade a institutos já existentes em outros ramos do Direito. Incumbe, por outro lado, fixar o regime jurídico da inconstitucionalidade, isto é, dizer em que o vício consiste, quais são as suas características, suas implicações, sem olvidar que se cuida de vício — contrariedade/desconformidade à Constituição — concernente ao plano da validade.

O regime jurídico da inconstitucionalidade caracteriza-se pelo fato de se tratar de um vício de invalidade (plano de validade), insanável, inconvalidável, a cujo reconhecimento — através da decisão de inconstitucionalidade — pode-se atribuir, consoante o caso concreto, tanto efeitos retroativos quanto prospectivos, razão por que a decisão judicial de inconstitucional é declaratória da invalidade e constitutiva da ineficácia da norma inconstitucional.

12. Apesar da impossibilidade de aplicar a dicotomia nulidade e anulabilidade, oriunda da teoria das nulidades delineada na seara do direito civil, ao vício da inconstitucionalidade e da necessária dissociação entre vício e efeitos *ex tunc* e *ex nunc*, no Brasil, o tema da natureza da decisão de inconstitucionalidade é, em regra, tratado à luz daquela dicotomia e sem realizar tal dissociação, na medida em que predomina, como princípio constitucional implícito, a orientação que considera nula *ipso jure, ab initio e ex tunc* a lei inconstitucional.

Em relação aos efeitos *ex tunc*, verificam-se temperamentos em decisões do STF que reconhecem a impossibilidade de retroação absoluta da decisão. Tais moderações, eis que não se cingem à sanção de nulidade, mas sim aos efeitos *ex tunc*, não implicam transformar a sanção em anulabilidade, tampouco reconhecer validade à lei inconstitucional, o que, aliás, é impossível, eis que tal lei, no máximo, poderia ser tida/presumida como válida, mas válida jamais foi.

13. O advento das Leis n° 9.868/99 e n° 9.882/99, permitindo a atenuação dos efeitos retroativos da pronúncia de inconstitucionalidade, não implica, de igual sorte, que se passe a considerar não mais nula mas sim anulável a lei inconstitucional, tampouco importa a possibilidade de convalidação da lei inconstitucional; a um porque tal postulado possui esteio constitucional, logo não podem ser maculados ou modificados por lei infraconstitucional; a dois porque não há vínculo necessário entre nulidade e efeitos retroativos; a três porque a atenuação dos efeitos retroativos também é vislumbrada, conforme já se acentuou, no próprio sistema norte-americano; a quatro porque o próprio STF, antes dessas Leis, em alguns julgados, vinha reconhecendo a necessidade de atenuar a retroação absoluta; a cinco porque a atenuação é decorrente da ponderação entre princípios constitucionais, de sorte a não haver eliminação do princípio que esteja em conflito, uma vez que não se aplica a lógica do tudo ou nada, mas sim se recorre à dimensão do peso e à concordância prática.

14. Por força da separação entre os planos da validade e da eficácia, a modelação dá-se em relação ao plano da eficácia da norma inconstitucional, mesmo porque, embora seja inválida desde o início (exceto em caso de inconstitucionalidade superveniente), tal norma pode surtir efeitos. De tal sorte, a decisão de inconstitucionalidade apresenta tanto natureza declaratória ao se declarar a invalidade, quanto natureza constitutiva ao se determinar, mediante

modelação, o grau de ineficácia (*ex tunc* e *ex nunc*) da lei inconstitucional.

15. A constitucionalização superveniente, também denominada de inconstitucionalidade pretérita (gênero), consiste em fenômeno no qual uma lei originariamente inconstitucional é compatível com uma emenda constitucional superveniente, de sorte a não haver mais, após a emenda, contrariedade à Carta Magna.

Na medida em que o vício da inconstitucionalidade consubstancia a mais grave invalidade e é, por conseguinte, insanável, inconvalidável, embora possa a lei inconstitucional, em virtude da presunção de validade (que faz com que ela seja tida como válida), apresentar eficácia, isto é, produzir efeitos antes da pronúncia de inconstitucionalidade, deve ser refutada a possibilidade de, com a edição de emenda superveniente, haver convalidação do diploma legislativo que se apresentava desconforme à Lei Fundamental antes do exercício do poder reformador.

16. O surgimento de uma nova Constituição consubstancia situação completamente diversa da oriunda da reforma constitucional, razão pela qual, quando essa é exercida, não é possível falar em novação, recepção das leis que apresentavam vício de inconstitucionalidade.

17. Àquele que desrespeita a supremacia da Constituição, ao produzir lei desconforme aos ditames constitucionais, não se pode conceder a garantia de que bastará a aprovação de uma emenda constitucional para que a ofensa praticada seja olvidada.

Sendo inegável que as emendas constitucionais, editadas nos limites que lhes são cabíveis, implicam modificações e não substituição ao quadro constitucional anterior, pode-se dizer que servirão, dali por diante, como bom fundamento de validade para as normas produzidas em sua consonância.

18. Tratando-se de vício insanável, inconvalidável, não é possível cogitar a possibilidade de a reforma constitucional recepcionar leis originariamente inconstitucionais, tampouco convalidar, sanar tal vício seja retroativa, seja prospectivamente, mesmo porque se trata da mais grave invalidade que pode ser verificada no ordenamento jurídico.

BIBLIOGRAFIA

1. ABELLÁN, Marina Gascón. Sentido y Alcance de Algunas Distinciones sobre la Invalidez de las Leyes. **DOXA**, Alicante: Departamento de Filosofía del Derecho Universidad de Alicante, n. 20, 1997.
2. AGRA, Walber de Moura. **Fraudes à Constituição: um atentado ao poder reformador.** Porto Alegre: Sérgio Antonio Fabris Editor, 2000.
3. ALEXY, Robert. **Teoría de la Argumentación Jurídica: la teoria del discurso racional como teoría de la fundamentación jurídica.** Trad. Manuel Atienza e Isabel Espejo. Madrid: Centro de Estudios Constitucionales, 1997.
4. ALEXY, Robert. **Teoria de los Derechos Fundamentales.** Madrid: Centro de Estudios Constitucionales, 1993.
5. ASSUNÇÃO ESTEVES, Maria de. Legitimação da Justiça Constitucional e Princípio Maioritário. In: Colóquio no 10° aniversário do Tribunal Constitucional, 1995, Coimbra. **Tribunal Constitucional. Legitimidade e Legitimação da Justiça Constitucional.** Coimbra: Coimbra Editora, 1995.
6. BARROSO, Luís Roberto. **Interpretação e Aplicação da Constituição.** 4. ed. Rio de Janeiro: Renovar, 2001.
7. **BARROSO, Luís Roberto.** O Controle de Constitucio-

nalidade no Direito Brasileiro: exposição sistemática da doutrina e análise crítica da jurisprudência. **São Paulo: Saraiva, 2004.**
8. BASTOS, Celso. Curso de Direito Constitucional. 18. ed. São Paulo: Saraiva, 1997.
9. BIELSA, Rafael. Supremacía de la Constitución — lineamento general del principio. **Revista de Ciencias Juridicas y Sociales**, Universidade de Santa Fé, Argentina, n. 109-112, páginas 7 e ss, ano XXIII.
10. BINENBOJM, Gustavo. **A Nova Jurisdição Constitucional Brasileira.** Rio de Janeiro: Renovar, 2001.
11. BITTENCOURT, Lúcio. **O Controle Jurisdicional da Constitucionalidade das Leis.** 2. ed. atual. por José Aguiar Dias. Rio de Janeiro: Forense, 1968.
12. BOBBIO, Norberto. **Liberalismo y Democracia.** México: Fondo de Cultura Económica, 1989.
13. BOBBIO, Norberto. **Teoria do Ordenamento Jurídico.** 5. ed. Trad. Maria Celeste Cordeiro Leite dos Santos. Brasília: Editora UNB, 1994.
14. BROSSARD, Paulo. A Constituição e as Leis Anteriores. **Arquivos do Ministério da Justiça,** n. 180, jul/dez. 1992.
15. BUZAID, Alfredo. **Da Ação Direta de Declaração de Inconstitucionalidade no Direito Brasileiro.** São Paulo: Saraiva, 1958.
16. CAMPOS, German J. Bidart. **El derecho de la Constitucion y su fuerza normativa.** Buenos Aires: Ediar, 1995.
17. **CANAS, Vitalino.** Introdução às Decisões de Provimento do Tribunal Constitucional. **2. ed.** Lisboa: Associação Académica da Faculdade de Direito de Lisboa, **1994.**
18. CANOTILHO, José Joaquim Gomes. **Direito Consti-**

tucional e Teoria da Constituição. Coimbra: Almedina, 1999.
19. CANOTILHO, José Joaquim Gomes; MOREIRA, Vital. **Fundamentos da Constituição.** Coimbra: Coimbra Editora, 1991.
20. CARRIÓ, Genaro. **Notas sobre el derecho y el lenguaje.** Buenos Aires: Abeledo Perrot, 1971.
21. CLÈVE, Clèmerson Merlin Clève. Parecer. **Cadernos de Direito Constitucional e Ciência Política.** São Paulo, n.19, abr/jun., 1997.
22. CLÈVE, Clèmerson Merlin. **Atividade Legislativa do Poder Executivo.** 2. ed. São Paulo: RT, 2000.
23. **CLÈVE, Clèmerson Merlin.** Fiscalização Abstrata da Constitucionalidade no Direito Brasileiro. **2. ed. São Paulo: RT, 2000.**
24. DWORKIN, Ronald. **Los Derechos en Serio.** Tradução de Marta Guastavino. Barcelona: Ariel, 1999.
25. DWORKIN, Ronald. **Uma Questão de Principio.** São Paulo: Martins Fontes, 2000.
26. ENTERRÍA, Eduardo Garcia de. **La Constitucion como norma y el Tribunal Constitucional.** 3. ed. Madrid: Civitas, 1985.
27. **ENTERRÍA, Eduardo García. Justicia Constitucional: la doctrina prospectiva en la declaración de ineficacia de las leyes inconstitucionales.** Revista de Direito Público, **92/5.**
28. FAGUNDES, M. Seabra. **O controle dos atos administrativos pelo Poder Judiciário.** 3. ed. Rio de Janeiro: Forense. 1957.
29. FERRARI, Regina Maria Macedo Nery. **Controle de Constitucionalidade das Leis Municipais.** 3. ed. São Paulo: RT, 2003.
30. **FERRARI, Regina. Maria Macedo Nery.** Efeitos da

Declaração de Inconstitucionalidade. **5. ed. rev. e atual.** São Paulo: RT, 2004.
31. FERRARI, Regina. Maria Macedo Nery. Normas Constitucionais Programáticas: normatividade, operatividade e efetividade. São Paulo: RT, 2001.
32. FERREIRA, Pinto. **Princípios Gerais do Direito Constitucional.** 6. ed. São Paulo: Saraiva, 1983.
33. FISCHER, Octávio Campos. **Os Efeitos da Declaração de Inconstitucionalidade no Direito Tributário Brasileiro.** Rio de Janeiro: Renovar, 2004.
34. VEGA GARCÍA, Pedro de. **Jurisdicción constitucional y crisis de la constitución.** Estudios políticos constitucionales, México: UNAM, 1980.
35. GARGARELLA, Roberto. **La justicia frente al gobierno — Sobre el carácter contramayoritario del poder judicial.** Barcelona: Ariel, 1996.
36. GAVAZZI, Giacomo. **Delle antinomie.** Torino: Gisppichelli, 1959.
37. GUASTINI, Riccardo. **Distinguiendo: estudios de teoría y metateoría del derecho.** Barcelona: Gedisa, 1999.
38. GUASTINI, Riccardo. **Le Fonti del Diritto e L'Interpretazione.** Milano: Giuffrè, 1993.
39. HABERLE, Peter. **Hermenêutica constitucional: a sociedade aberta dos intérpretes da constituição:contribuição para a interpretação pluralista e 'procedimental' da Constituição.** Trad. Gilmar Ferreira Mendes. Porto Alegre: Sérgio Fabris, 1997.
40. HABERMAS, Jürgen. **Direito e Democracia entre Facticidade e Validade.** vol. I. Trad. Flávio Beno Siebeneichler. Rio de Janeiro: Tempo Brasileiro, 1997.
41. HABERMAS, Jürgen. **Más Alla del Estado Nacional.** Tradução de Manuel Jiménez Redondo. Madrid: Editorial Trotta, 1997.

42. HELLER, Hermann. **Teoria do Estado**. Trad. Prof. Lycurgo Gomes da Motta. São Paulo: Martins Fontes, 1968.
43. KELSEN, Hans. **Teoria Geral do Direito e do Estado**. São Paulo: Martins Fontes, 1990.
44. KELSEN, Hans. **Teoria Pura do Direito**. 2. ed. São Paulo: Martins Fontes, 2000.
45. KELSEN, Hans. **La giustizia constituzionale**. Milano: Giuffrè, 1981.
46. KELSEN, Hans. **Teoria Pura do Direito**. 3. ed. Coimbra: Arménio Amado, 1974.
47. LOEWESTEIN, Karl. **Teoría de la Constitución**. Barcelona: Editora Ariel, 1976.
48. MANDELLI JUNIOR, Roberto Mendes. **Arguição de Descumprimento de Preceito Fundamental — Instrumento de Proteção dos Direitos Fundamentais e da Constituição**. São Paulo: RT, 2003.
49. MARSHALL. **Decisões constitucionais de Marshall**. Trad. Américo Lobo, Rio de Janeiro: Imprensa Nacional, 1903.
50. MEDEIROS, Rui. **A decisão de inconstitucionalidade: os autores, o conteúdo e os efeitos da decisão de inconstitucionalidade**. Lisboa: Universidade Católica Editora, 1999.
51. MELLO, Celso Antonio Bandeira de. **Leis Originalmente Inconstitucionais Compatíveis com Emenda Constitucional Superveniente**. Repertório IOB de Jurisprudência, nº 2/2000, 2ª quinzena de janeiro de 2000.
52. MELLO, Marcos Bernardes. **Teoria do Fato Jurídico — Plano da Validade**. 5. Ed. São Paulo: Saraiva, 2001.
53. MENDES, Gilmar Ferreira. **Direitos Fundamentais e Controle da Constitucionalidade**. São Paulo: Ed. Celso Bastos, 1998.

54. MENDES, Gilmar Ferreira. **Jurisdição Constitucional**. São Paulo: Saraiva. 1996.
55. MIRANDA, Francisco Cavalcante Pontes de. **Tratado de Direito Privado**. Tomo IV, Prefácio. 3. ed. Rio de Janeiro, Bosch, 1972.
56. MIRANDA, Francisco Cavalcante Pontes de. **Tratado das Ações**. São Paulo: RT, 1970.
57. MIRANDA, Jorge. **Contributo para uma Teoria da Inconstitucionalidade**. Reimpressão. Coimbra: Coimbra Editora, 1996.
58. MIRANDA, Jorge. **Manual de Direito Constitucional — Tomo II**. 2 ed., Coimbra: Coimbra Editora, 1998
59. MIRANDA, Jorge. **Manual de Direito Constitucional**. Tomo VI — Inconstitucionalidade e Garantia da Constituição. Coimbra: Coimbra Editora, 2001.
60. MOREIRA, Vital. Princípio da Maioria e Princípio da Constitucionalidade: Legitimidade e Limites da Justiça Constitucional. **Legitimidade e Legitimação da Justiça Constitucional**. Coimbra: Coimbra Editora, 1995.
61. MORO, Sérgio. **Jurisdição Constitucional como Democracia**. Curitiba, 2002. Tese — Programa de Pós-Graduação da UFPR.
62. MÜLLER, Friedrich. **Métodos de trabalho do direito constitucional**. Trad. Peter Neumann. Porto Alegre: Síntese, 1999.
63. NEVES, Marcelo. **Teoria da Inconstitucionalidade das Leis**. São Paulo: Saraiva, 1988.
64. NOVAIS, Jorge Reis. **Contributo Para Uma Teoria do Estado de Direito: do Estado de direito liberal ao Estado social e democrático de Direito**. Coimbra: Coimbra Editora, 1987.
65. OST, François. Prefácio. In: FALCÓN Y TELLA, M. J. **Conceito e fundamento de validade do direito**. 2. ed. Porto Alegre: Ricardo Lenz Editor, 2000.

66. PALU, Oswaldo Luiz. **Controle de Constitucionalidade**. 2. ed. São Paulo: RT, 2001.
67. PERTENCE, Sepúlveda. Ação Direta De Inconstitucionalidade e as Normas Anteriores: As Razões dos Vencidos. Arquivos do Ministério da Justiça, n. 180 jul/dez. 1992.
68. PIMENTA, Paulo Roberto Lyrio. **Efeitos da decisão de inconstitucionalidade em direito tributário**. São Paulo: Dialética, 2002. p.19
69. PRITCHETT, C. Hermann. **Judicial supremacy from Marshall to Burger**. In: HARMON, M. Judd (ed.) Essays on the Constitution of the United States. Port Washington, N.Y.: National University Publications, 1978.
70. QUEIROZ, Cristina. **Interpretação Constitucional e Poder Judicial — Sobre a Epistemologia da Construção Constitucional**. Coimbra: Coimbra Editora. 2000.
71. ROCHA, Carmem Lúcia Antunes. O Princípio da Coisa Julgada e o Vício de Inconstitucionalidade. In: ROCHA, Carmem Lúcia Antunes (coord.). **Constituição e Segurança Jurídica — Estudos em homenagem a José Paulo Sepúlveda Pertence**. Belo Horizonte: Ed. Fórum, 2004.
72. SALDANHA, Nelson. **Formação da Teoria Constitucional**. 2. ed. Rio de Janeiro: Renovar, 2000.
73. Sampaio, Nelson. **O Poder de Reforma Constitucional**. 3ª ed., Belo Horizonte: Nova Alvorada, 1995.
74. SARLET, Ingo Wolfgang. **A Eficácia dos Direitos Fundamentais**. 2. ed. Porto Alegre: Livraria do Advogado, 2001.
75. SCHMITT, Carl. **La Defensa de la Constitución**. Madrid: Tecnos, 1998.
76. SEGAL, Jeffrey A.; SPAETH, Harold J. **The Supreme**

Court and the attitudinal model. New York: Cambridge University Press, 1993.
77. SIERRA, Raul Bocaniegra. **El valor de las sentencias del Tribunal Constitucional**. Madrid: Instituto de Estudios de Administración Local, 1982.
78. SILVA CAMPOS, Francisco Luiz da. Diretrizes Constitucionais do novo Estado Brasileiro. **Revista Forense**. v. 73, n. 415/417, jan./mar, 1938.
79. SILVA RAMOS, Elival da. **A Inconstitucionalidade das Leis — Vício e Sanção**. São Paulo: Editora Saraiva, 1994.
80. SILVA, José Afonso da. **Curso de Direito Constitucional Positivo**. 12. ed. São Paulo: Malheiros, 1996.
81. SOUSA SAMPAIO, Marcelo Ribeiro Nelson de. **O Poder de Reforma Constitucional**. 3. ed. Belo Horizonte: Nova Alvorada, 1995.
82. SOUSA, Marcelo Rebelo de. **O Valor Jurídico do Acto Inconstitucional**. Tomo I. Lisboa: Coimbra Editora, 1988.
83. SOUZA NETO, Cláudio Pereira. **Jurisdição Constitucional, Democracia e Racionalidade Prática**. Rio de Janeiro: Renovar, 2002.
84. SOUZA SANTOS, Boaventura de. **A Crítica da Razão Indolente: contra o desperdício da experiência**. v. 1, São Paulo: Cortez, 2000.
85. STERN, Klaus. **Derecho del estado de la República Federal Alemana**. Madrid: CEC, 1987.
86. TAVARES, André Ramos. **Curso de Direito Constitucional**. São Paulo: Saraiva, 2002.
87. TAVARES, André Ramos. **Tribunal e Jurisdição Constitucional**. São Paulo: Celso Bastos Editor, 1998.
88. TRIBE, Laurence. **American Constitutional Law**. 3. ed. New York: The Foundation Press, 2000.

89. VENTURA, Luigi. **Le Sanzioni Costituzionali.** Milano: Giuffrè, 1981.
90. VIEHWEG, Theodor. **Tópica e Jurisprudência.** Trad. Tércio Sampaio Ferraz Jr. Brasília: Senado Federal, 1978.
91. ZAGREBELSKY, Gustavo. **La giustizia costituzionale.** Bologna: Il Mulino, 1988.